ILS SONT FOUS
CES CHAMPIONS !

DES MÊMES AUTEURS
CHEZ LE MÊME ÉDITEUR

Champions en or (illustrations de Philippe Lorin), 2019.

LIONEL CHAMOULAUD
PIERRE LAGRUE

ILS SONT FOUS CES CHAMPIONS !

Jeux Olympiques : 500 histoires incroyables

Dessins de Deligne

l'Archipel

Notre catalogue est consultable à l'adresse suivante :
www.editionsarchipel.com

Éditions de l'Archipel
34, rue des Bourdonnais
75001 Paris

ISBN 978-2-8098-3983-8

Avant-propos

Grandioses et nobles, les Jeux Olympiques véhiculent une image, une symbolique empreinte d'excellence et de perfection. Il s'agit d'un rendez-vous planétaire, capable de réunir les peuples de tous les continents en espérant apporter la paix – la mythique trêve olympique. Pour preuve : la pandémie de Covid-19 qui a provoqué l'annulation des Jeux de Tokyo en 2020 a laissé un trou béant dans l'actualité mondiale. En effet, en quinze jours, une ville devient l'épicentre de la planète ; la puissance de l'événement nous fait presque oublier que ce sont des femmes et des hommes qui « font » les Jeux ! En tournant les pages du grand livre de l'olympisme, on passe de l'exploit exemplaire à la bassesse minable, de la belle histoire à une autre, plus petite, moins connue mais tout aussi touchante, drôle, absurde, sinistre ou triste. Le sport, les sportifs, les organisateurs ne sont que le reflet de notre nature profonde ; ils ne sont ni au-dessus ni au-dessous du reste de l'humanité. Grâce au pouvoir de l'image, une médaille d'or offre la gloire éternelle. Mais la mondovision peut aussi propulser sur le devant de la scène des sportifs maladroits ou malchanceux : les bêtisiers télévisés passent en boucle leur déconfiture ; le cinéma retrace parfois leur aventure (*Rasta Rockett*, 1993 ; *Eddy the Eagle*, 2016). Nous avons voulu ici non pas traiter la grande histoire des Jeux Olympiques, mais plutôt évoquer les événements surprenants, méconnus ou tombés dans l'oubli. C'est cette vision, par le petit bout de la lorgnette, que nous vous proposons.

Ainsi, alors qu'on s'émerveille devant les cérémonies d'ouverture grandioses des Jeux, se souvient-on que le premier défilé des nations, en 1908 aux Jeux de Londres, fut marqué par des incidents quasi diplomatiques ? Qui se rappelle que le credo olympique est né la même année des suites du sermon d'un évêque, lequel voulait gourmander les concurrents américains et britanniques trop belliqueux ? Le relais de la flamme olympique constitue un magnifique symbole de paix : nous sommes pourtant obligés de souligner qu'il fut inventé par les nazis à l'occasion des sinistres Jeux de Berlin en 1936.

La politique a trop souvent envahi les enceintes sportives : ce fut le cas dès 1904, aux Jeux de Saint Louis, où l'Amérique blanche tenta de valider les thèses du « racisme scientifique » dans le cadre d'un honteux Anthropology Day. Et se souvient-on que les nazis ne voulaient pas organiser les Jeux de 1936, avant de comprendre tout l'intérêt de ceux-ci pour leur régime nauséabond ? Que le mouvement ouvrier international tenta de mettre en place en 1936 des « olympiades populaires » pour contrer ces Jeux nazis ? Qu'un match de water-polo opposant la Hongrie à l'URSS en 1956, alors que l'Armée rouge réprimait dans le sang l'insurrection de Budapest, se termina en bataille rangée ? Que le Printemps de Prague s'invita en 1968 à Grenoble ? Et qui connaît l'Australien Peter Norman, le troisième homme du podium de Mexico, un Blanc qui s'associa à la démarche du Black Power et fut mis au ban dans son pays ?

L'introduction de la breakdance aux Jeux de Paris, en 2024, a suscité la polémique. C'est l'occasion de rappeler que le programme olympique, au gré des éditions, comporta de bien curieuses disciplines : nage sous l'eau, croquet, grimper à la corde, sauts sans élan, tir à la corde, lancer de la pierre de 25,4 kg, tumbling, tandem cycliste...

Désormais, tout est parfaitement calibré, organisé ; les victoires et les destins se jouent au millimètre. Bien sûr, ce ne fut pas toujours le cas... Avec la collection d'historiettes qui suivent, nous voulons mettre en avant toutes ces curiosités.

Ainsi, se souvient-on que la première Américaine couronnée championne olympique, Margaret Abbott, ne savait pas qu'elle participait aux Jeux ? Qu'il existe un champion olympique

inconnu ? Que le premier Français champion olympique d'athlétisme, Michel Théato, était… luxembourgeois ? Qu'un journaliste devint champion olympique par hasard ? Qu'un gymnaste unijambiste, George Eyser, fut multimédaillé olympique ? Qu'en 1908 le Britannique Wyndham Halswelle remporta le 400 mètres sans difficulté, puisque tous ses rivaux avaient déclaré forfait ? Que le tireur suédois Oscar Swahn fut médaillé à 72 ans ? Que la presse organisa une sorte de « concours de Miss » virtuel aux Jeux de 1928, année des premières compétitions féminines d'athlétisme ? Qu'en 1952 le père de Jean Boiteux plongea tout habillé dans la piscine pour féliciter son fils ? Que le premier sportif disqualifié pour dopage, le Suédois Hans-Gunnar Liljenwall, déclara pour sa défense qu'il avait bu deux bières ? Que l'escrimeur polonais Jerzy Pawlowski était un agent double travaillant pour la CIA ? Que David Khakhaleichvili, champion olympique de judo en 1992, ne fut pas en mesure de défendre son titre en 1996 car il était coincé dans les embouteillages ? Et que Pierre de Coubertin lui-même fut champion olympique, dans une « discipline » que nous vous laissons découvrir !

Le respect des règles et le fair-play sont à la base de la compétition sportive, du moins en théorie. Rappelons donc que le « vainqueur » du marathon de 1904 avait fait une partie du parcours en voiture ; qu'en 1924 l'escrimeur italien Oreste Puliti, disqualifié par le juge-arbitre, provoqua ce dernier en duel ; qu'en 1964 le boxeur espagnol Valentin Loren mit KO l'arbitre qui l'avait disqualifié, ou qu'il fallut, en 1988, plonger la salle dans le noir pour que le pugiliste sud-coréen Byun Jung-il, furieux de sa défaite, se décidât à quitter le ring. Quant au pentathlonien soviétique Boris Onischenko, il avait tout simplement truqué son épée !

Mais durant les Jeux naissent aussi de belles histoires. Ainsi, le rideau de fer olympique n'empêcha pas l'Américain Harold Connolly et la Tchécoslovaque Olga Fikotová de nouer une idylle, alors que le tireur américain Matt Emmons fut consolé de son échec par la Tchèque Kateřina Kůrková… qu'il épousa.

En 2024, les Jeux se dérouleront à Paris : ce seront – bien sûr – les plus beaux de tous les temps. Il n'est pas inutile de souligner que les deux premières célébrations de l'olympiade à Paris laissent des souvenirs contrastés. En 1900, les Jeux se transformèrent en un gigantesque capharnaüm : organisés dans le cadre de l'Exposition universelle, ils s'étalèrent sur 135 jours ; des « sports » tels que le croquet, le tir aux pigeons vivants ou la pêche à la ligne furent au programme ; des épreuves de natation se déroulèrent dans la Seine sans que la circulation fluviale fût arrêtée ; des marathoniens s'égarèrent dans les rues de la ville. En 1924, les Jeux ne furent sauvés que grâce au Racing-Club de France, qui finança la rénovation et l'agrandissement du stade de Colombes. Mais ils virent aussi la naissance du village olympique : celui-ci était alors constitué de baraques en bois au confort spartiate, avec un restaurant dont le menu comprenait une demi-bouteille de vin au déjeuner ! En outre, ces Jeux furent les premiers à être retransmis par la TSF.

Cet ouvrage vous fera certainement découvrir des anecdotes, nous espérons surtout qu'il vous surprendra et saura vous distraire.

I

Histoire

Cérémonies et symboles

La devise olympique fut inventée par un père dominicain

On connaît la devise olympique : « *Citius, Altius, Fortius* » (« Plus vite, plus haut, plus fort »). On pense souvent qu'elle fut imaginée par Pierre de Coubertin. Il n'en est rien. Elle est due au père dominicain Henri Didon. Ecclésiastique et pédagogue reconnu en son temps, Henri Didon fut engagé en 1890 comme prieur par l'internat Albert-le-Grand d'Arcueil, dont les élèves connaissaient des résultats scolaires médiocres. Le père Didon fut chargé de réformer l'institution, et son projet s'appuya sur la valorisation de l'âme, de l'esprit, mais aussi du corps. Ainsi, il organisa un championnat de l'Association athlétique de l'école Albert-le-Grand et prononça, en clôture de cette manifestation, le 7 mars 1891, un discours. C'est à ce moment que les mots latins *citius, altius, fortius* devinrent la devise de l'école. Pour le père Didon, *citius* (« plus vite ») se rapporte à l'esprit, aux études ; *altius* (« plus haut ») a trait à l'élévation de l'âme, au chemin vers Dieu ; *fortius* (« plus fort ») est le domaine du corps, façonné par le sport. Pierre de Coubertin rencontrera Henri Didon peu après. Didon aidera Coubertin à organiser des compétitions sportives entre établissements scolaires, religieux et laïques. Les deux hommes se lieront d'amitié. Coubertin, séduit par la devise « *citius, altius, fortius* », voulut en faire, dès 1894, la devise olympique. Elle le deviendra officiellement en 1924, à l'occasion des Jeux de Paris.

Le credo olympique est dû à un évêque

« L'important, c'est de participer » : cette formule éculée, répétée à l'envi à l'occasion des Jeux Olympiques ou d'autres événements sportifs, résume de manière réductrice le credo olympique, qui est né en 1908 lors des Jeux de Londres, à la suite d'un sermon de Mgr Ethelbert Talbot, évêque de l'Église épiscopale de Pennsylvanie. En effet, ces Jeux de Londres furent l'occasion d'un sévère affrontement sportif entre Américains et Britanniques, dans le cadre d'un « trophée du Championnat olympique », instauré sur une idée du comte Eugenio Brunetta d'Usseaux, membre du Comité international olympique (CIO) depuis 1897. Ce dernier proposa en 1907, lors de la session du CIO tenue à La Haye, qu'un classement officiel fût établi entre les nations aux Jeux de Londres, le pays vainqueur recevant une statuette de Pallas Athéna que le comte apportait dans ses bagages. Les Américains déclarèrent qu'ils allaient remporter haut la main le trophée. Les Britanniques répliquèrent à leur manière : ils établirent eux-mêmes les règles, désignèrent les juges – tous anglais. Dès le début des compétitions, les Américains contestèrent pêle-mêle le règlement du saut à la perche, le système de classement retenu, le fait que des officiels britanniques conseillent au grand jour les athlètes anglais alors que les entraîneurs américains n'étaient pas même autorisés à se rendre sur le stade ! Le jury d'honneur britannique balaya ces accusations, qu'il estimait sans fondement. La situation s'envenima, le trophée du Championnat olympique fut annulé.

Le 19 juillet 1908, un dimanche, Mgr Talbot, présent à Londres dans le cadre de la cinquième conférence des évêques anglicans, prêcha en la cathédrale Saint-Paul et prononça un sermon destiné aux concurrents belliqueux : « S'il n'y a qu'une chose à retenir de tous les mensonges sur les enseignements de l'Olympie antique, c'est que les Jeux en eux-mêmes sont au-dessus des questions de race et de récompenses. Saint Paul nous apprend à quel point le prix est insignifiant. Notre récompense n'est pas corruptible mais incorruptible, et même si seule une personne peut porter la couronne de lauriers,

tout le monde peut partager la même joie de la compétition. » Quelques fidèles rapportèrent la phrase de l'évêque, en la résumant, sous la forme suivante : « L'important dans ces olympiades n'est pas tant d'y gagner que d'y prendre part. » Le sermon ne connut guère d'écho durant cette IVe olympiade, les décisions contestables et les chamailleries continuant de se multiplier.

Néanmoins, Pierre de Coubertin reprit la phrase de Mgr Talbot en l'adaptant. Il la prononça, semble-t-il, à l'occasion d'une allocution durant les Jeux de Stockholm, en 1912 : « Le plus important aux JO n'est pas de gagner mais de participer, car l'important dans la vie ce n'est point le triomphe mais le combat. L'essentiel, ce n'est pas d'avoir vaincu mais de s'être bien battu. » Les paroles du baron ne connurent à l'époque pas plus d'écho que le sermon de l'évêque. Il fallut attendre 1932 et les Jeux de Los Angeles pour que le credo olympique fût connu et reconnu : on pouvait le lire sur le grand panneau d'affichage lors de la cérémonie d'ouverture.

Chaque couleur du drapeau olympique ne représente pas un continent précis

Le drapeau olympique, imaginé par Pierre de Coubertin, est né en 1913. À l'époque, les tensions montaient en Europe, les nationalismes s'exacerbaient. Coubertin voulait encourager le monde à plus d'unité, et promouvoir la paix. Ainsi, l'entrelacement des anneaux est censé symboliser la rencontre fraternelle entre tous les sportifs du monde, unis par l'idéal olympique. On dit souvent que chacune des couleurs des anneaux olympiques représente un continent précis : bleu pour l'Europe, noir pour l'Afrique, jaune pour l'Asie, vert pour l'Océanie, rouge pour l'Amérique. Mais voici la description qu'en donna Pierre de Coubertin lui-même (*Textes choisis*, 1931) : « Le drapeau olympique, on le sait, est tout blanc avec, au centre, cinq anneaux enlacés : bleu, jaune, noir, vert, rouge ; l'anneau bleu en haut et à gauche à côté de la hampe. Ainsi dessiné, il est symbolique ; il représente les cinq parties du monde unies par l'olympisme et ses six couleurs reproduisent celles de tous les drapeaux nationaux qui flottent à travers l'univers de nos jours. » Affirmer que chacun des cinq anneaux représenterait un continent précis, auquel serait associé une couleur, est donc faux. En revanche, au moins une des six couleurs (si l'on compte le blanc) se trouvait à l'époque sur tous les drapeaux des pays du monde : chaque État pouvait reconnaître sur le drapeau olympique au moins une de ses couleurs nationales. Le premier drapeau olympique fut transporté à l'hôtel de ville de Lausanne en 1915, quand le CIO y installa son siège. Il fut hissé pour la première fois aux Jeux d'Anvers, en 1920.

L'hymne olympique n'est immuable que depuis 1958

L'hymne olympique fut créé par deux artistes grecs pour les premiers Jeux d'Athènes, en 1896. Spyrídon Samáras, compositeur alors célèbre mais tombé dans l'oubli depuis lors, signa la musique ; Kostís Palamás, un poète reconnu, écrivit les paroles. Mais cet hymne olympique originel ne perdura pas. Aucun hymne ne fut interprété aux Jeux de Paris (1900) et de Saint Louis (1904). En 1908, à Londres, on joua l'hymne national britannique. Dès lors, à l'occasion des cérémonies, les Comités d'organisation laissèrent libre cours à leur imagination – ou à leur manque d'imagination – en ce qui concerne l'hymne : aucun hymne, hymne national ou hymne spécialement créé pour les Jeux.

Le choix d'un hymne spécifique refléta souvent l'air de l'époque. Ainsi, en 1936, pour les Jeux de Berlin, la composition de l'hymne olympique fut confiée à Richard Strauss. Dans un premier temps, on retint des paroles du poète Wilhelm von Scholz pour accompagner la musique du maître, mais le régime nazi jugea ce texte trop « nationaliste ». Comme ils voulaient duper l'opinion mondiale avec ces Jeux, les nazis remplacèrent ces paroles par un texte mièvre et neutre écrit par un obscur acteur, Robert Lubahn. En 1948, pour les Jeux de Londres, le Comité d'organisation choisit une musique composée en 1936 par Roger Quilter pour accompagner le *Non nobis, Domine !* de Rudyard Kipling. En 1956, pour les Jeux de Melbourne, un texte de Pindare fut retenu, et on lança un concours international pour la musique : la partition dodécaphonique du Polonais Michal Spisak fut retenue. Néanmoins, un imbroglio juridique concernant les droits d'auteur s'ensuivit. En 1958, lors de sa session annuelle tenue à Tokyo, le CIO décida donc que la cantate créée par Spyrídon Samáras et Kostís Palamás en 1896 deviendrait pour toujours l'hymne olympique officiel à partir des Jeux de Rome, en 1960.

Le serment olympique fut modifié deux fois

Lors de chaque cérémonie d'ouverture des JO, un sportif du pays hôte est chargé de prononcer le serment olympique, dit « serment des athlètes ». Cette tradition fut inaugurée en 1920, aux Jeux d'Anvers, par l'escrimeur belge Victor Boin. Le serment, rédigé par Pierre de Coubertin, était le suivant :

« Nous jurons que nous nous présentons aux Jeux Olympiques en concurrents loyaux, respectueux des règlements qui les régissent et désireux d'y participer dans un esprit chevaleresque, pour l'honneur de nos pays et pour la gloire du sport. » Mais le texte du serment olympique fut modifié. En 1964, le verbe « jurer », à connotation religieuse, fut remplacé par le verbe « promettre » ; l'expression « pour l'honneur de nos pays », très nationaliste, laissa la place à la formule « pour l'honneur de nos équipes ». Dans sa version actuelle, adoptée en 1999, l'engagement pour un sport sans dopage est exigé : « Au nom de tous les concurrents, je promets que nous prendrons part à ces Jeux Olympiques en respectant et suivant les règles qui les régissent, en nous engageant pour un sport sans dopage et sans drogues, dans un esprit de sportivité, pour la gloire du sport et l'honneur de nos équipes. »

Il existe une flamme olympique de secours

Le cérémonial qui entoure la flamme olympique est ritualisé. Rien ne doit le perturber, aucune anicroche n'est permise. Certaines précautions sont donc indispensables. Ainsi, la flamme olympique est allumée lors d'une cérémonie organisée par le Comité olympique grec à Olympie, devant les ruines du temple d'Héra, grâce aux rayons du soleil qui frappent un miroir parabolique. Mais les caprices de la météorologie pourraient contrarier la cérémonie. Aussi, une « flamme de secours » aura été allumée auparavant selon ce procédé traditionnel par un jour de beau temps et conservée dans une lampe de sécurité : elle servira si le soleil n'est pas au rendez-vous le jour J.

La naissance des médailles d'or, d'argent et de bronze

Les trois premiers des épreuves olympiques sont récompensés, respectivement, par une médaille d'or, d'argent

ou de bronze. Ce ne fut pas toujours le cas. Ainsi, en 1896, aux Jeux Olympiques d'Athènes, chaque vainqueur recevait une médaille d'argent, créée par le Français Jules-Clément Chaplain, ainsi qu'un rameau d'olivier et un diplôme ; le deuxième recevait une médaille de cuivre, une branche de laurier et un diplôme ; le troisième avait… la satisfaction d'avoir participé, ce qui est l'essentiel. En 1900, à Paris, toujours pas d'or, d'argent et de bronze. C'est aux Jeux de Saint Louis, en 1904, que des médailles d'or, d'argent et de bronze récompenseront les lauréats. Le design de ces médailles fut créé par Dieges and Clust, une entreprise de joaillerie de New York fondée en 1898. Ce design s'inspirait des médailles d'argent décernées à Athènes en 1896, avec Zeus et une Victoire ailée surmontant le globe sur le revers. Ce fut le début d'une longue tradition.

Le premier défilé des nations fut marqué par des incidents

Les cérémonies d'ouverture des Jeux Olympiques sont désormais grandioses, et le défilé des nations n'est qu'un des éléments du spectacle retransmis en mondovision. On ignore souvent que cette cérémonie n'a pas toujours existé, et que le premier défilé des nations se déroula en 1908, à l'occasion des JO de Londres. Le 13 juillet, sous un ciel assombri par la pluie, les sportifs de chaque pays défilèrent derrière leur drapeau national. Et cette procession fut marquée par plusieurs incidents. Les Finlandais refusèrent de défiler derrière l'oriflamme de la Russie, leur suzeraine. Ralph Rose, le porte-drapeau de la délégation des États-Unis, refusa de baisser le Stars and Stripes en passant devant le roi Édouard VII. En outre, certains concurrents américains d'origine irlandaise affichèrent la couleur de l'Irlande opprimée par la Couronne britannique.

Des médailles pour les hommes, un diplôme pour les femmes...

Le mouvement olympique fut longtemps quelque peu misogyne... Ainsi, aux Jeux Olympiques de Londres, en 1908, les trois premiers des compétitions masculines reçurent des médailles d'or, d'argent et de bronze, ce qui deviendra la norme, alors que les femmes, qui furent officiellement autorisées à participer aux compétitions de tennis, de patinage artistique et de tir à l'arc, reçurent un diplôme. La discrimination se nichait jusque dans les récompenses...

La première affiche officielle des Jeux fut censurée

Les affiches des Jeux sont toutes célèbres, et le CIO en gère les droits de reproduction avec un féroce appétit financier.

Néanmoins, ce n'est qu'en 1912, à l'occasion des Jeux de Stockholm, que cette affiche fut pour la première fois « officielle », car la ville d'accueil était désormais contractuellement chargée d'organiser « la promotion et la publicité des Jeux ». L'artiste suédois Olle Hjortzberg dessina ainsi l'affiche qui, dans le style Art nouveau, figurait une procession d'athlètes portant leur drapeau. Traduite en seize langues, elle fut diffusée dans trente pays. Cependant, Olle Hjortzberg dut revoir son dessin original afin d'atténuer la nudité du personnage central – qui évoquait pourtant l'Antiquité – et de modifier la représentation des vingt et un drapeaux sélectionnés. Le CIO imposera plus tard de multiples restrictions concernant l'usage de tout ce qui touche à l'olympisme et à sa représentation. La « censure » de l'affiche des Jeux de 1912 fut donc la première manifestation de cette politique.

Impossible de hisser le drapeau olympique à Saint-Moritz

La cérémonie d'ouverture des Jeux Olympiques d'hiver de Saint-Moritz, en 1928, fut perturbée par les caprices de la météorologie. Durant la nuit précédant l'événement, un violent orage se déchaîna, arrachant les drapeaux destinés à orner le stade olympique. Les dégâts furent hâtivement réparés, mais la cérémonie d'ouverture se déroula sous une tempête de neige. Cela n'empêcha pas 1 200 officiels et concurrents, précédés de leurs drapeaux nationaux, de défiler. Néanmoins, au moment de hisser le drapeau olympique au mât principal, une poulie cassée empêcha le bon déroulement de la cérémonie. Notons que le rapport officiel de ces Jeux passe l'incident sous silence.

Pourquoi le Colisée de Rome figura longtemps sur les médailles olympiques

En 1923, le CIO lança un concours destiné aux sculpteurs-médailleurs, invités à présenter des projets pour dessiner les médailles qui seraient remises aux lauréats à partir des Jeux d'Amsterdam, en 1928. Le projet de l'Italien Giuseppe Cassioli fut retenu. À l'avers figurait Niké, la déesse grecque de la Victoire, tenant la couronne, et la paume du vainqueur, avec une représentation du Colisée en arrière-plan. Dans la partie supérieure droite de la médaille, il restait un espace pour inscrire le nom de la ville d'accueil des Jeux ainsi que le millésime de l'olympiade. Au revers figurait une foule portant en triomphe un athlète. Giuseppe Cassioli se montra quelque peu chauvin en la circonstance, car le Colisée se trouve, comme on le sait, à Rome. Pour célébrer les olympiades, il eût mieux valu choisir un des nombreux monuments de la Grèce antique. Toujours est-il que, pour l'avers, le dessin de Giuseppe Cassioli demeura inchangé jusqu'en 2004, date des JO d'Athènes : les organisateurs grecs, chatouilleux pour ce qui est de leur mythologie et de leur histoire, remplacèrent le Colisée par le stade Panathénaïque, théâtre des premiers Jeux d'Athènes, en 1896. Par ailleurs, Niké tenait désormais dans sa main une couronne et des épis... Quant au revers, il avait été modifié en 1972, à l'occasion des Jeux de Munich. Sur une idée de Gerhard Marcks, un artiste du Bauhaus, la foule et l'athlète triomphant avaient été remplacés par Castor et Pollux, les Dioscures, fils de Léda dans la mythologie grecque. Il faut noter que, à partir de 1972, le dessin du revers fut laissé au libre choix de la ville d'accueil des Jeux.

Pourquoi Pierre Lewden prononça un serment olympique séparé en 1928

En 1928, à la veille de la cérémonie d'ouverture des Jeux Olympiques d'Amsterdam, les athlètes français, conduits par le secrétaire général de la Fédération française d'athlétisme,

Paul Méricamp, se rendirent au stade olympique pour reconnaître les installations. Or l'irascible gardien de ce stade leur en interdit l'entrée alors que, quelques minutes plus tôt, le cerbère avait ouvert les portes à une cohorte que Paul Méricamp soupçonnait être la délégation allemande. Les choses s'envenimèrent et le planton porta la main au visage de Paul Méricamp ; bagarres et bousculades s'ensuivirent... Le capitaine George Van Rossem, secrétaire général du Comité d'organisation des Jeux d'Amsterdam, présenta rapidement des excuses. Mais, le lendemain, l'un des bus qui conduisaient les sportifs français au stade olympique pour le défilé inaugural de la cérémonie d'ouverture se vit refuser l'entrée, faute d'un laissez-passer officiel. L'accrochage prit des proportions démesurées : les Français ne participèrent pas à la cérémonie d'ouverture, et les ministères des Affaires étrangères français et néerlandais durent intervenir afin d'éviter l'incident diplomatique ! Comme l'équipe de France, dont Pierre Lewden était le porte-drapeau, n'avait pas défilé, Pierre Lewden fut contraint de prononcer, en petit comité, un serment olympique séparé.

La cérémonie du podium n'a pas toujours existé

« Seule la victoire est jolie », déclara en 1978 le marin français Michel Malinovsky, amer à l'issue de sa défaite lors de la première édition de la Route du rhum, quand le Canadien Mike Birch le devança de 98 secondes. Mais, aux Jeux Olympiques, les deuxième et troisième places ont aussi une belle saveur, car ces champions battus ont l'honneur de monter sur le podium. Le « podium » est un objectif en soi, au point qu'on affirme que la place la plus difficile à accepter est la quatrième, celle qui fait qu'on reste, au sens figuré, « au pied du podium ». On pense que la cérémonie de remise des médailles sur le podium a toujours existé. Or ce n'est pas le cas. L'attribution de médailles d'or, d'argent et de bronze aux trois premiers des épreuves date, on l'a vu, des Jeux de Saint

Louis en 1904 ; mais aucune cérémonie n'y était associée. C'est en 1932, aux Jeux de Los Angeles, que fut instaurée à titre définitif la cérémonie du podium. Celui-ci était installé au cœur du gigantesque stade de 100 000 places – le Memorial Coliseum –, à l'issue de chaque épreuve ; les trois médaillés étaient applaudis par le public, tandis que le drapeau national des lauréats était hissé aux mâts. À cette époque où les stades prenaient de grandes dimensions, cet ordonnancement permettait aux spectateurs de mieux admirer les médaillés. Cette cérémonie du podium, imaginée par les Américains avec l'accord d'Henri de Baillet-Latour, président du CIO, est aujourd'hui solidement ancrée…

Le relais de la flamme olympique fut inventé par les nazis

Le relais de la flamme olympique est désormais symbole de paix et d'amitié entre les peuples. Pourtant, il naquit en 1936, à l'occasion des Jeux de Berlin, organisés par les nazis. Carl Diem, secrétaire général du Comité d'organisation de ces Jeux, en eut l'idée, laquelle fut reprise par Joseph Goebbels, ministre de la Propagande du Reich. Pour légitimer l'instauration de ce relais – celui-ci n'existait pas aux Jeux d'Olympie –, Carl Diem se référa à une cérémonie liée à certaines fêtes de la Grèce antique (les lampadédromies des Grandes Panathénées). La flamme fut allumée à Olympie, sur les vestiges d'installations des Jeux antiques. Puis, à travers la Grèce, la Bulgarie, la Yougoslavie, la Hongrie, l'Autriche, la Tchécoslovaquie et l'Allemagne, 3 075 relayeurs issus de sept nations différentes se transmirent la torche d'acier poli sculptée par Walter Lemcke et fabriquée par l'entreprise Krupp. Au terme de ce relais de douze jours, Fritz Schilgen – un coureur allemand de demi-fond de second plan choisi par la commission d'esthétique du parti nazi car son physique correspondait à tous les « canons » des thuriféraires de la prétendue supériorité de la race aryenne – embrasa la vasque. Après la Seconde Guerre mondiale, le CIO décida que le relais de la flamme olympique serait maintenu. Le mouvement olympique doit donc un de ses plus beaux symboles aux nazis…

L'affiche des Jeux d'Helsinki fut dessinée douze ans à l'avance

En 1936, le CIO attribua les Jeux d'été de 1940 à la ville de Tokyo. Mais, en juillet 1938, le Japon renonça à organiser les Jeux, car, pour le pays du Soleil levant, il convenait de ne plus disperser ses yens : tous les fonds disponibles devaient servir à entretenir l'armée et à couvrir les dépenses militaires. Le CIO décida de réattribuer ces Jeux à la ville d'Helsinki, qui se mit immédiatement à la tâche. La conception de l'affiche fut confiée à Ilmari Sysimetsä. Bien sûr, les Jeux de 1940 n'auront pas lieu, en raison de la Seconde Guerre mondiale. En 1947, Helsinki fut désignée pour accueillir les Jeux de 1952. Et, comme pour oublier ce douloureux et récent passé, les organisateurs des Jeux de 1952 décidèrent de conserver l'affiche de 1940, en changeant simplement les dates…

Le pied de nez de Paavo Nurmi au CIO

L'identité du dernier porteur de la torche olympique est gardée secrète et fait toujours l'objet de supputations. Souvent, les organisateurs veulent envoyer par sa personne un message au monde entier, au-delà même du sport. Mais il est rare qu'ils choisissent de déplaire au CIO. C'est pourtant ce qui se passa lors de la cérémonie d'ouverture des Jeux Olympiques d'Helsinki, en 1952. L'athlète finlandais Paavo Nurmi avait été disqualifié peu avant les Jeux de Los Angeles, en 1932, pour « professionnalisme ». Vingt ans plus tard, il prit une douce revanche : le 19 juillet 1952, il fut le dernier porteur de la torche lors du relais de la flamme olympique. Son arrivée dans le stade fut saluée par un tonnerre d'applaudissements. Elle constitua un pied de nez au CIO, dont l'Américain Avery

Brundage, inflexible défenseur de l'amateurisme, s'apprêtait à devenir le président.

Ron Clarke se brûle avec la flamme à Melbourne

La cérémonie d'ouverture des JO de Melbourne, en 1956, se déroula sous la canicule. Ron Clarke (19 ans), un jeune espoir du sport australien, eut l'honneur d'embraser la vasque olympique. Mais, alors que durant le relais la flamme était composée d'hexamine et de naphtalène, on la modifia pour rendre l'effet d'embrasement de la vasque plus spectaculaire : Ron Clarke portait une torche brûlant un mélange de flocons de magnésium et d'aluminium ; cela provoqua une réaction thermique, et de la torche coula des bouts de métal qui enflammèrent la piste et brûlèrent le bras de son dernier porteur, qui ne manifesta nullement sa souffrance. Le premier rendez-vous entre Ron Clarke et les JO fut donc douloureux ; les suivants le seront également, puisque, devenu le meilleur coureur de demi-fond du monde dans les années 1960, l'Australien ne parviendra cependant jamais à obtenir une médaille d'or.

Quand les athlètes brisent le protocole

Traditionnellement, la cérémonie de clôture des Jeux était marquée par un défilé protocolaire des athlètes derrière leurs drapeaux nationaux. Mais, en 1956, à Melbourne, alors que les problèmes politiques du moment (répression de l'insurrection de Budapest par l'Armée rouge, crise de Suez...) prenaient souvent le pas sur l'événement sportif, un jeune Australien d'origine chinoise, John Ian Wing, invita secrètement les participants à modifier ce cérémonial, proposant que les sportifs se réunissent au centre du stade olympique, le Melbourne Cricket Ground, en abandonnant les drapeaux, pour symboliser l'unité des peuples... Cette idée fut retenue, et cette coutume deviendra la tradition pour la cérémonie de clôture des Jeux.

Chute du porteur de la flamme olympique !

Le patineur de vitesse italien Guido Caroli se distingua bien malgré lui lors de la cérémonie d'ouverture des Jeux Olympiques d'hiver de Cortina d'Ampezzo, en 1956. Dernier porteur de la torche olympique, Guido Caroli se prit les pieds dans un câble de télévision et tomba. Mais, ouf, la flamme olympique ne s'éteignit pas !

L'« enfant d'Hiroshima », symbole de paix

Les JO d'été de 1964 eurent lieu à Tokyo. En organisant ces Jeux, le Japon voulait prouver au monde qu'il était redevenu une grande puissance. Mais il souhaitait aussi s'inscrire dans une démarche pacifique et faire oublier son douloureux passé. Ainsi, tous les participants du relais de la flamme olympique étaient vêtus de blanc, couleur de paix. Le choix du dernier relayeur relevait de la même volonté : on désigna Yoshinori Sakai, un athlète de second plan, né le 6 août 1945, le jour même où la ville d'Hiroshima fut détruite par la bombe atomique *Little Boy*. Son entrée dans le stade, portant une torche en aluminium dessinée par Sori Yanagi, provoqua un joli moment d'émotion. Yoshinori Sakai fut surnommé l'« enfant d'Hiroshima ».

Pourquoi il n'y eut ni rouge ni noir sur la première mascotte olympique

La mascotte olympique naquit à l'occasion des Jeux de Munich, en 1972. Il s'agissait d'un teckel – un chien très populaire en Allemagne –, dénommé *Waldi*. Cette mascotte fut créée par le designer allemand Otl Aicher. Ses couleurs (le bleu, le jaune, le vert, l'orangé) étaient déclinées dans différents tons : elles voulaient exprimer la joie et la fête olympique. Les organisateurs des Jeux Olympiques de Munich, désireux de faire oublier les Jeux de Berlin de 1936, n'avaient imposé qu'une chose à Aicher : cette mascotte ne devait comporter aucune trace de rouge ou de noir, les couleurs de l'Allemagne nazie.

Les cinq continents pour allumer la flamme à Munich

L'olympisme veut véhiculer des valeurs de paix. Ce fut encore plus vrai en 1972 car les organisateurs des Jeux Olympiques de Munich voulaient faire oublier les sinistres Jeux de Berlin de 1936, et adresser au monde un message de fraternité, ce dès la cérémonie d'ouverture. Traditionnellement, un sportif emblématique du pays est choisi comme dernier relayeur de la flamme olympique. Mais, à Munich, les organisateurs innovèrent. Ce n'est pas un sportif qui pénétra dans le stade, mais cinq, chacun représentant un continent : l'Allemand Günter Zahn, l'Australien Derek Clayton, le Japonais Kenji Kimihara, l'Américain Jim Ryun et le Kenyan Kipchoge Keino.

La reine Élisabeth II a ouvert les Jeux dans deux pays différents

En 1976, la reine Élisabeth II proclama l'ouverture des Jeux Olympiques de Montréal : en effet, si le Canada est un pays indépendant, il demeure une monarchie constitutionnelle dont Élisabeth II est officiellement le chef d'État. Élisabeth II ouvrit aussi, bien sûr, les Jeux de Londres en 2012, devenant le premier chef d'État à ouvrir les JO dans deux pays différents. À cette dernière occasion, Sa Gracieuse Majesté fit preuve d'un bel esprit d'autodérision en jouant son propre rôle dans un court-métrage projeté durant la cérémonie d'ouverture, avec Daniel Craig dans le rôle de James Bond.

Un francophone et une anglophone pour la flamme olympique à Montréal

Au Canada, la question linguistique est sensible. En 1976, au Québec, les débats faisaient rage (en 1977, la loi 101 fera du français la langue officielle du Québec). Aussi, pour embraser la vasque olympique lors de la cérémonie d'ouverture des Jeux de Montréal, les organisateurs choisirent deux jeunes sportifs de 15 ans. Stéphane Préfontaine, de Montréal, pour représenter les francophones. Sandra Henderson, de Toronto, pour les anglophones.

Des sportifs arrivent en retard à la cérémonie d'ouverture des Jeux de Lake Placid

Durant les Jeux Olympiques d'hiver, en 1980, l'un des principaux problèmes fut le transport. En effet, Lake Placid n'était qu'une bourgade, et les spectateurs devaient loger loin des lieux des compétitions. Malgré un système de navettes, l'accès aux sites fut complexe pour tous les spectateurs. Mais les sportifs eux-mêmes connurent des difficultés : si 60 taxis et 300 cars avaient été réservés aux athlètes et aux officiels, le dispositif se révéla insuffisant, et ce avant même le début des compétitions. Ainsi, Américains et Soviétiques arrivèrent en retard à la cérémonie d'ouverture... ce qui ne manquait pas de sel, au moment où la guerre froide connaissait un moment de forte tension.

Quand Edwin Moses bafouille...

Pour les Jeux Olympiques de Los Angeles, en 1984, Edwin Moses, le plus grand champion de 400 mètres haies de tous les temps, fut choisi pour prononcer le serment olympique lors de la cérémonie d'ouverture. Mais l'athlète américain était plus doué pour franchir les haies que pour tenir le micro. Victime du trac, il resta longtemps muet, puis il prêta le serment en bafouillant... On lui pardonna.

Les colombes grillées par la flamme olympique

Le lâcher de colombes, symbole de paix, est un moment fort de la cérémonie d'ouverture des JO. Jusqu'en 1988, l'envol des volatiles se faisait avant l'embrasement de la vasque. Ce n'est plus le cas. En effet, durant la cérémonie d'ouverture des Jeux de Séoul, en 1988, quelques colombes lâchées dans le stade eurent la malheureuse idée de se poser sur la vasque olympique. Quand la flamme olympique embrasa la vasque, ces colombes furent brûlées devant les caméras du monde entier. Certains défenseurs de la cause animale s'en offusquèrent, et il fut décidé que le lâcher de colombes se ferait désormais après l'embrasement de la vasque.

Freddie Mercury interprète l'hymne olympique *post mortem*

À l'occasion de la sortie au cinéma, en novembre 2018, du *biopic* consacré à Freddie Mercury, *Bohemian Rhapsody*, de nombreux médias rappelèrent que le chanteur du groupe Queen

avait interprété l'hymne olympique des Jeux de Barcelone en 1992… sans plus de précision ! Freddie Mercury demeure dans la mémoire collective comme l'interprète de cet hymne olympique, avec la cantatrice espagnole Montserrat Caballé, lors de la cérémonie d'ouverture de ces Jeux. Mais le chanteur était mort le 24 novembre 1991, à 45 ans, et il n'a donc pas participé à la cérémonie ! En 1987, Barcelone avait contacté Freddie Mercury pour qu'il écrive la chanson officielle de cette olympiade ; Freddie Mercury sollicita à son tour Montserrat Caballé, qu'il avait admirée en 1983 dans *Un ballo in maschera* au Royal Opera House de Londres : peu après naquit la chanson *Barcelona*, qui deviendra un album en 1988. La chanson phare fut alors définitivement choisie pour la cérémonie d'ouverture des Jeux de Barcelone. Le décès du chanteur ne changea pas la décision et, le 25 juillet 1992, les organisateurs proposèrent sur écran géant l'enregistrement de *Barcelona*, en 1987, et ce sont ces images de Freddie Mercury et Montserrat Caballé qui furent diffusées par les télévisions du monde entier. Notons que Freddie Mercury sera de nouveau « présent » aux Jeux, à Londres en 2012, via des images extraites d'un de ses concerts à Wembley diffusées lors de la cérémonie de clôture.

Des podiums en glace à Lillehammer

Les organisateurs des Jeux Olympiques d'hiver de Lillehammer, en 1994, désiraient préserver le plus possible l'environnement, faisant même de cet objectif un slogan : « Jeux blancs et verts. » Parmi les mesures qu'ils prirent, l'une était très originale : les podiums furent fabriqués en glace afin par la suite de pouvoir être recyclés en eau.

Akebono aux Jeux Olympiques

Le sumo, art martial japonais, n'est pas un sport olympique. Pourtant, Akebono, qui fut le premier sumotori non japonais à accéder au grade suprême de yokozuna, participa à sa manière aux Jeux. En 1998, à l'occasion de la cérémonie d'ouverture des Jeux d'hiver de Nagano, les sumotoris, seulement vêtus d'un pagne et bravant le froid, proposèrent une démonstration. Akebono exécuta une purification rituelle, incluant le *dohyo-iri* (rite d'entrée sur le ring) et le *shiko* (piétinement du sol, qui, symboliquement, fait fuir les esprits diaboliques). « Je ne connaissais pas grand-chose des Jeux d'hiver. C'est excitant : dix minutes de froid pour le souvenir d'une vie », déclarera Akebono.

Yang Peiyi, la chanteuse invisible de Pékin

Les cérémonies d'ouverture des Jeux Olympiques sont depuis longtemps de grands spectacles retransmis en mondovision. De multiples chanteurs, des stars pour la plupart, font entendre leur voix. Mais le cas de Yang Peiyi est à part. En effet, Yang Peiyi chanta durant la cérémonie d'ouverture à Pékin, en 2008... mais personne ne la vit ! Les spectateurs présents dans le « nid d'oiseau » et des millions de téléspectateurs admirèrent Lin Miaoke, une fillette. Mais celle-ci chantait en play-back. Selon le directeur musical de la soirée, Yang Peiyi, la véritable interprète, n'était pas assez jolie pour être mise en valeur devant le monde entier !

Le logo maudit des Jeux de Londres

Le logo des Jeux de Londres, en 2012, fut dessiné par la société Wolff Olins, qui factura au Comité d'organisation 400000 livres pour ce travail. Or ce logo fut loin de faire l'unanimité. Ainsi, la BBC invita les téléspectateurs à décerner une médaille d'or, d'argent ou de bronze – ou bien la cuillère de bois – à ce logo, censé représenter les quatre chiffres de l'année olympique (2,0,1,2) de manière stylisé. Le résultat fut sans appel : 83 % des votants rejetèrent ce logo ! En outre, plusieurs polémiques s'ensuivirent : un tweet indiquant que ce logo représentait Bart et Lisa Simpson – frère et sœur dans la série animée éponyme – dans une position suggestive, voire incestueuse, fit le buzz ; l'Iran, par la voix de Mohammad Aliabadi, président du Comité olympique iranien, protesta car il voyait plutôt dans ce logo le mot « Zion » – dans la Bible, le terme Sion désigne la ville de Jérusalem. Plus grave : selon certaines associations, un spot publicitaire conçu autour du logo, diffusé à la télévision, aurait provoqué de sévères crises d'épilepsie en raison de ses couleurs et de la déstructuration de ses formes.

Le porte-drapeau des Tonga défile torse nu aux Jeux d'hiver

Participer aux Jeux Olympiques peut être un objectif en soi. Pita Nikolas Taufatofua, titulaire d'une licence en ingénierie, mannequin occasionnel, le fit sien. Mieux, il participa à la fois aux Jeux d'été et aux Jeux d'hiver. Adepte du taekwondo, il parvint à se qualifier, après trois tentatives infructueuses et de multiples blessures, pour les JO en 2016, à Rio. Porte-drapeau de la maigre délégation des Tonga (7 participants) lors de la cérémonie d'ouverture, il étonna le monde entier et fit le bonheur des médias en défilant vêtu simplement d'un *ta'ovala* (natte traditionnelle tongienne autour de la taille), le torse nu et enduit d'huile de coco. En compétition, il brilla moins, puisqu'il fut éliminé sèchement au premier tour par l'Iranien Sajjad Mardani. Pita Nikolas Taufatofua ne se découragea pas, et il décida de tenter de participer aux… Jeux d'hiver de PyeongChang en 2018. Il n'apprit à skier qu'en 2017, mais réussit à se qualifier pour son pays en allant disputer une course de sélection en Islande au début de 2018, juste avant la clôture des inscriptions. Qualifié de manière improbable pour disputer le 15 kilomètres style libre en ski de fond, il fut bien évidemment le porte-drapeau de la délégation des Tonga, réduite à lui-même. Durant la cérémonie d'ouverture de ces Jeux, il défila encore torse nu et enduit d'huile de coco – mais, cette fois, la température était de - 10 °C ! Pita Nikolas Taufatofua termina à l'antépénultième place du 15 kilomètres, à près de 23 minutes du vainqueur, le Suisse Dario Cologna ; là n'était pas l'essentiel.

Le logo de Tokyo 2020 modifié à la suite d'une acccusation de plagiat

Le logo officiel des Jeux de Tokyo 2020, dessiné par le graphiste japonais Kenjiro Sano, fut abandonné en septembre 2015 à la suite d'une vive polémique : le concepteur du logo du Théâtre de Liège, Olivier Debie, avait accusé Kenjiro Sano d'avoir copié sa création. Kenjiro Sano se défendit, affirmant n'être jamais allé en Belgique et n'avoir jamais vu ce logo, ce qui est sans doute vrai. Il ajouta même que les deux visuels ne se ressemblaient pas, ce qui est beaucoup moins vrai. Toujours est-il que le Comité d'organisation préféra changer de logo afin d'éteindre ce feu médiatique. En avril 2016, il dévoila le nouveau visuel des Jeux de Tokyo : celui-ci représente un anneau en damiers traditionnels japonais de couleur indigo... Cette fois, certaines mauvaises langues indiquèrent qu'il ressemblait à un pneu de semi-remorque ! L'annulation des Jeux de Tokyo en 2020 en raison de la pandémie de Covid-19 nous oblige à relativiser cette polémique.

Politique et société

L'Anthropology Day, une honte olympique

Les Jeux Olympiques de Saint Louis, en 1904, furent avant tout ceux de l'Amérique blanche. Pour le Sud profond, dont Saint Louis est l'un des fleurons, la supériorité de l'homme blanc allait de soi. Ces Jeux fournirent l'occasion de prouver pseudo-scientifiquement ce fait : on organisa l'Anthropology Day, sur deux jours en fait (12 et 13 août 1904), durant lesquels il s'agissait de tester, devant des scientifiques, les qualités athlétiques des races jugées « inférieures », bref de valider les thèses du racisme scientifique. Parmi ces « genres les moins développés de l'espèce humaine » (*sic*) figuraient bien évidemment les Indiens d'Amérique. Le vieux chef apache Geronimo fut même contraint de quitter sa réserve pour venir assister aux épreuves. Amusant : Geronimo en profita pour vendre ses souvenirs !

William John McGee, premier président de l'American Anthropological Association, apporta sa caution à l'événement. Ferenc Kemény, le seul délégué du CIO présent à Saint Louis, tenta de s'opposer à cette farce en brandissant la Charte olympique : « Toute discrimination contre un pays ou une personne en raison de sa race, sa religion ou son régime politique est interdite. » Pour toute réponse, il reçut une fin de non-recevoir.

Le programme sportif comportait des courses de sprint, de haies et de demi-fond, le saut en hauteur, le lancer du javelot, le tir à l'arc, l'escalade d'un mât de 50 pieds, la lutte à la corde... Pour sélectionner les concurrents, on réquisitionna les participants parmi la main-d'œuvre à bon marché qui travaillait sur l'Exposition universelle et on sortit les Indiens de leurs réserves. Les performances furent bien sûr médiocres, et William John McGee indiqua dans ses conclusions que « la réputation athlétique des sauvages [est] surfaite, comme le prouvent les résultats de l'Anthropology Day ». Le racisme scientifique y trouva à bon compte une « preuve » mensongère.

Ferenc Kemény fit part à son ami Coubertin de son malaise : « Ces hommes de tous âges, de toutes tailles, de couleurs variées n'avaient jamais entendu parler d'un poids qu'on lance, d'une haie qu'on franchit, d'une piste qui demande au coureur de 100 mètres et de 1000 mètres une science et une préparation différentes. Leurs gesticulations grotesques provoquaient des rires révoltants. Un Pygmée, d'un effort gigantesque, envoyait le poids à 3 mètres ; la piste les happait comme un long fil d'araignée et les balayait comme des mouches. C'était affreux. »

Plus tard, dans ses *Mémoires*, Coubertin, qui ne s'était donc pas rendu à Saint Louis, évoquera l'Anthropology Day de manière ambiguë : « Au cours de ces réunions sportives inédites, on vit se mesurer sur le stade des Indiens sioux et des Patagons, des Cocopas du Mexique, des Moros des Philippines, des Aïnous du Japon, des Pygmées d'Afrique, des Syriens et des Turcs. Tous ces hommes disputèrent les épreuves individuelles des civilisés : course à pied, lutte à la corde, sauts, tir à l'arc. Nulle part ailleurs on n'eût osé faire entrer dans le programme d'une olympiade de pareils numéros. Mais, aux Américains, tout est permis ; leur juvénile entrain disposa certainement à l'indulgence les ombres des grands ancêtres hellènes, si d'aventure elles vinrent errer parmi la foule amusée. » Le baron condamnait l'Anthropology Day tout en faisant preuve d'une certaine condescendance vieille-européenne à l'égard du Nouveau Monde...

Il vend ses trophées plutôt que de représenter la Grande-Bretagne !

Aux Jeux Olympiques de Saint Louis, l'Irlandais Tom Kiely s'adjugea une médaille d'or dans la compétition dénommée *all-around*, une sorte d'ancêtre du décathlon, comprenant le 100 yards, le lancer du poids, le 880 yards marche, le lancer du marteau, le saut à la perche, le 120 yards haies, le lancer du poids de 56 livres, le saut en longueur et le mile. À l'époque, l'Irlande n'était pas indépendante, et Tom Kiely, invité par les organisateurs américains, indiqua expressément qu'il ne voulait pas représenter la Grande-Bretagne. Ce fut le cas car, durant les premiers temps des Jeux, on s'inscrivait de manière individuelle. Le mérite de Tom Kiely est d'autant plus grand que la Grande-Bretagne lui avait proposé d'intégrer son *team*, et donc de prendre en charge ses frais, avant que les États-Unis lui offrent leur parrainage. Nationaliste irlandais convaincu, Tom Kiely repoussa toutes ces propositions et, pour couvrir les frais de son voyage, il vendit plusieurs trophées sportifs qu'il avait remportés auparavant. Las, dans les palmarès officiels, le CIO attribue la médaille d'or de Tom Kiely à la Grande-Bretagne, faisant fi de la volonté du champion.

Des Jeux féminins

Les femmes ne furent pas autorisées à participer à des compétitions olympiques d'athlétisme avant les Jeux d'Amsterdam, en 1928. Et cette participation fut obtenue de haute lutte, notamment grâce à l'action d'Alice Milliat, une institutrice nantaise. Veuve, passionnée de voyages et de sport, présidente de la Fédération des sociétés féminines sportives de France, Alice Milliat demanda dès 1919 à Pierre de Coubertin d'inclure des épreuves féminines d'athlétisme aux Jeux Olympiques d'Anvers en 1920. Le baron refusa. Mais Alice Milliat contre-attaqua. Présidente de la Fédération sportive féminine internationale (FSFI) née en 1921, elle décida d'organiser en 1922 des « Championnats olympiques féminins » au stade Pershing, dans le bois de Vincennes, à Paris. J. Sigfrid Edström, alors président de la Fédération internationale d'athlétisme, s'indigna de ce putsch féminin... Néanmoins, Alice Milliat et J. Sigfrid Edström prirent langue... La Française refusa de renoncer aux Championnats féminins, mais elle accepta de supprimer le qualificatif « olympique ». Dès lors, la FSFI devint un interlocuteur puissant que le CIO ne pouvait plus ignorer avec dédain : cinq épreuves féminines d'athlétisme figurèrent donc au programme des Jeux d'Amsterdam en 1928.

Alice Milliat, méfiante, décida néanmoins de pérenniser les Jeux mondiaux féminins. La troisième édition se tint à Prague, en 1930 : quelque 270 femmes, représentant 17 pays, s'affrontèrent durant quatre jours sous les applaudissements de 60 000 spectateurs. En 1934, à Londres, plus de 6 000 personnes assistèrent chaque jour aux compétitions des Jeux mondiaux féminins. En 1932, six épreuves féminines d'athlétisme (100 mètres, 80 mètres haies, relais 4 fois 100 mètres, saut en hauteur, lancer du disque, lancer du javelot) figurèrent au programme des Jeux de Los Angeles ; en 1936, à Berlin, toutes furent maintenues. La FSFI considéra alors que le risque d'un retour en arrière était écarté, que son combat était gagné, et elle prononça sa dissolution en 1938.

Raymond Poincaré dit non aux « Jeux de la réconciliation »

Conséquence de la Première Guerre mondiale, l'Allemagne, comme toutes les puissances vaincues, avait été exclue des Jeux Olympiques d'Anvers en 1920. Aussi, pour Pierre de Coubertin, les JO de Paris, en 1924, devaient être les « Jeux de la réconciliation », dans une Europe encore meurtrie par le souvenir de la Grande Guerre. Pourtant, au grand dam du baron, aucun concurrent allemand ne participa à ces Jeux. Et ce en raison d'une décision politique artificielle mise en œuvre par Raymond Poincaré. L'Allemagne ne fut pas « officiellement » exclue des Jeux de Paris, mais Raymond Poincaré, président du Conseil, ordonna au consul de France à Berlin de refuser tout visa aux athlètes germaniques sous le prétexte que « la France n'[était] pas capable d'assurer la sécurité de la délégation allemande ».

Un vote par correspondance pour attribuer les Jeux de 1936 à Berlin

Le CIO devait désigner la ville d'accueil des Jeux de 1936 lors de sa session d'avril 1931, tenue à Barcelone. Deux villes étaient en lice : Barcelone et Berlin. Mais seulement dix-neuf des soixante-sept membres du CIO étaient présents à Barcelone. Donc, le CIO eut recours au vote par correspondance : le 13 mai 1931, Berlin fut choisie. Les Jeux les plus honteux de l'histoire olympique furent donc attribués par un vote sans grand débat... Mais, à cette date, Hitler n'était pas encore au pouvoir en Allemagne, et la République de Weimar du maréchal Paul von Hindenburg parut sans doute plus « stable » aux membres du CIO que la seconde République espagnole naissante...

Les nazis ne voulaient pas des Jeux de 1936...

En 1931, on l'a vu, le CIO confia les Jeux de 1936 à la République de Weimar du maréchal Paul von Hindenburg. Nommé chancelier du Reich le 30 janvier 1933, Hitler se déclara dans un premier temps opposé à la tenue des Jeux à Berlin. Idem dans les rangs nazis. Le Dr Wetzel, directeur de l'Institut d'éducation physique de Berlin, déclara même que le régime devait refuser les Jeux « organisés et portés par un esprit issu d'un monde que le national-socialisme a dépassé » et un « comité de défense contre les Jeux Olympiques » se mit en place... Mais tout changea dès le 16 mars 1933. Theodor Lewald, président du Comité d'organisation, et Carl Diem, secrétaire général de ce Comité, obtinrent une entrevue avec Hitler. Ce jour-là, les deux dirigeants les plus respectés du mouvement sportif allemand réussirent à convaincre le nouveau chancelier de l'intérêt des Jeux pour le Reich, Lewald indiquant même que leur organisation pourrait permettre à l'Allemagne d'affirmer son prestige. Dès lors, le führer, convaincu, balaya toutes les réticences de ses troupes ; Joseph Goebbels, ministre de la Propagande, comprit lui aussi tout l'intérêt de saisir l'opportunité olympique, et une gigantesque mascarade se mit en marche.

Exclu du CIO pour avoir prôné le boycott des Jeux de Berlin

Avant les Jeux Olympiques de Berlin, des appels au boycott se multipliaient aux États-Unis. Mais le commodore Ernest Lee Jahncke, membre du CIO, fut le seul dirigeant sportif américain à se prononcer vigoureusement en faveur du boycott. En effet, Avery Brundage, président du Comité olympique américain, s'était rendu à Berlin à l'été de 1934 pour examiner la situation. À son retour, sa position fut non ambiguë : « Il faut participer aux Jeux. » Ernest Lee Jahncke ne se satisfit pas de cette réponse. Il

insista, se montra plus pressant et s'adressa, en novembre 1935, à Henri de Baillet-Latour, président du CIO, exprimant clairement dans son courrier la menace d'un boycott américain. En réponse, il fut exclu du CIO peu avant les Jeux de Berlin, pour « manque d'assiduité », et remplacé par… Avery Brundage ! Premier membre du CIO à être exclu de l'institution, Ernest Lee Jahncke demeura le seul jusqu'au scandale lié aux affaires de corruption entourant l'attribution des Jeux Olympiques d'hiver de 2002 à Salt Lake City, lequel provoquera l'exclusion de plusieurs membres, cette fois pour de bonnes raisons.

Des « olympiades populaires » pour contrer les Jeux nazis

Alors que les JO de 1936 allaient glorifier le régime nazi, le mouvement ouvrier international eut l'idée d'organiser des Jeux alternatifs, sortes de contre-Jeux Olympiques : les « olympiades populaires ». Après la victoire électorale du *Frente popular* en Espagne en février 1936, Barcelone, berceau de la modernité et des luttes sociales, fut choisie pour accueillir ces olympiades populaires, qui devaient se tenir du 19 au 26 juillet 1936. Lluís Companys, président de la Généralité de Catalogne, fut désigné président d'honneur d'un Comité pour l'organisation d'une olympiade populaire ; Jaume Miravitlles en fut nommé secrétaire. Six mille sportifs – dont des exilés allemands et italiens –, représentant 18 pays et 3 provinces espagnoles, s'inscrivirent pour participer aux olympiades populaires. Cette troupe joyeuse gagna la Catalogne à partir du 14 juillet. Mais, dans la nuit du 18 au 19 juillet, jour prévu pour la cérémonie d'ouverture, les premiers coups de feu éclatèrent dans Barcelone à la suite du *pronunciamiento* militaire de Francisco Franco. Les sportifs ne se découragèrent pas : le 21 juillet, le feu fut moins nourri, et on se prit à espérer que les compétitions puissent se dérouler. Mais, le 24 juillet, Jaume Miravitlles se rendit à l'évidence et annonça l'annulation des olympiades populaires, qui demeureront, selon la formule d'André Malraux, « un invisible songe ».

Le public de Berlin confond le salut olympique avec le salut nazi

Le salut olympique, également appelé « salut de Joinville », en référence aux athlètes qui s'entraînaient au bataillon de Joinville et qui l'avaient créé, fut adopté par Pierre de Coubertin à l'occasion des Jeux Olympiques d'Anvers, en 1920 : il se faisait bras droit replié puis tendu sur le côté. Sa représentation figura sur les affiches officielles des Jeux de Paris en 1924 et de Berlin en 1936. En 1936, lors de la cérémonie d'ouverture des Jeux de Berlin, quand les quelque 200 sportifs français – béret basque sur la tête – passèrent devant la tribune officielle, tous firent le salut olympique, ce qui provoqua les ovations des 100 000 spectateurs présents dans les gradins du stade olympique. Ce public en délire avait confondu le salut olympique avec le salut hitlérien ! En effet, les dictatures fasciste de Mussolini et nazie d'Hitler avaient « adapté » le salut olympique pour en faire le salut de leur régime. Le CIO décida donc, en 1946, d'abandonner le salut olympique lors des cérémonies d'ouverture, « afin d'éviter toute confusion avec d'autres saluts de triste mémoire ».

Sohn Kee-chung, le Japonais qui était coréen

Quand on consulte les palmarès olympiques, on lit que le vainqueur du marathon des Jeux de Berlin se nommait Son Kitei et qu'il représentait le Japon. En fait, ce champion olympique était coréen et son vrai nom était Sohn Kee-chung. Mais la Corée était occupée par le Japon depuis 1910, et Sohn Kee-chung fut contraint de participer sous son nom japonisé. Néanmoins, lorsque l'hymne japonais retentit en son honneur, il baissa les yeux en signe de protestation. Sohn Kee-chung – qui sera choisi pour être le porte-drapeau de la Corée indépendante lors de la cérémonie d'ouverture des Jeux de Londres en 1948 – prendra une revanche plus éclatante encore à l'occasion de la cérémonie d'ouverture des Jeux de Séoul en 1988 : à 76 ans, il connaîtra l'honneur de pénétrer dans le stade en portant fièrement la torche olympique. Néanmoins, le CIO n'a jamais accepté de rectifier ni son nom ni sa nationalité dans les palmarès officiels.

Quand Jesse Owens doit emprunter l'escalier de service...

Les succès de Jesse Owens à Berlin constituèrent un camouflet pour les nazis, qui le considéraient comme « un auxiliaire africain de l'Amérique ». Mais Jesse Owens ne fut pas prophète en son pays. Certes, après les Jeux de Berlin, de grandes manifestations furent organisées pour le célébrer, cependant le président Franklin Roosevelt se garda bien d'y assister, tout comme il « oublia » de lui adresser un message de félicitations. Pis, à l'occasion d'une réception pourtant donnée en son honneur à l'hôtel Waldorf-Astoria de New York, Jesse Owens fut obligé d'emprunter l'escalier de service pour se rendre à l'étage : en raison de la ségrégation raciale qui sévissait aux États-Unis, l'ascenseur était interdit aux gens de couleur.

Le rideau de fer olympique se déchire bien vite à Helsinki

En 1952, pour les Jeux d'Helsinki, un charmant village olympique, conçu par l'architecte Pauli Salomaa, fut édifié dans le quartier de Käpylä, dans le centre-ville. Mais il n'accueillit pas tous les sportifs. En effet, le gouvernement soviétique – l'URSS participait pour la première fois aux Jeux – demanda que ses athlètes ne côtoient pas leurs homologues occidentaux. Pour éviter tout problème en cette époque marquée par la guerre froide, lacceptarépondit favorablement à cette requête. Aussi les sportifs des démocraties populaires d'Europe de l'Est furent-ils installés dans la cité universitaire d'Otaniemi, construite en 1949, à 10 kilomètres du centre d'Helsinki, sur les bords de la mer Baltique. Un « rideau de fer » fut donc implanté en Finlande entre les deux blocs géopolitiques. Néanmoins, ce rideau se déchira rapidement, car les dirigeants politiques soviétiques et américains prirent vite conscience de l'effet désastreux sur l'opinion publique mondiale de cette séparation, bien incompatible avec l'idée de trêve olympique. Et le village s'ouvrit à tous.

Du sang dans la piscine

Les événements politiques marquèrent souvent l'histoire olympique. Les conflits internationaux annexèrent les enceintes sportives à de multiples reprises. Un des épisodes les plus connus de cette intrusion du politique dans le sportif se déroula en 1956, aux Jeux de Melbourne, à l'occasion du match de water-polo opposant la Hongrie à l'URSS. En effet, un vaste mouvement populaire avait pris forme en Hongrie, le pays voulant se libérer du joug stalinien. L'Armée rouge soviétique avait pénétré dans Budapest le 4 novembre 1956 et avait

écrasé l'insurrection populaire. Aussi, quand débuteront les Jeux, le 22 novembre, la Hongrie était à feu et à sang. Les sportifs hongrois participèrent néanmoins aux compétitions. Les Hongrois avaient fait de la victoire dans le tournoi de water-polo un de leurs objectifs majeurs. Les rivaux les plus sérieux de la Hongrie étaient la Yougoslavie et l'URSS. Le 28 novembre, la Yougoslavie avait battu l'URSS (2 buts à 1). Pour conserver un espoir de médaille d'or, l'URSS devait donc vaincre la Hongrie, qu'elle affrontait le 6 décembre. Dans ce contexte particulier, le match se déroula dans un climat tendu, dans le bassin comme dans les gradins. À 5 minutes du terme de la rencontre, alors que la Hongrie menait 4 buts à 0, l'affrontement se transforma en bataille rangée : le Soviétique Valentin Prokopov porta un violent coup de coude au visage du Hongrois Ervin Zádor et lui ouvrit l'arcade sourcilière, laquelle saigna abondamment ; le sang rougit le bassin. Dès lors, les coups se multiplièrent, le public invectiva les joueurs soviétiques et les menaça. L'arbitre, M. Zuckerman, mit un terme au match avant la fin du temps réglementaire car il estimait que la sécurité des joueurs soviétiques n'était plus garantie, mais le résultat fut entériné. Le lendemain, la Hongrie dominera la Yougoslavie (2 buts à 1) et s'adjugera la médaille d'or. Cependant, plusieurs joueurs hongrois ne rentreront pas dans leur pays, dont Ervin Zádor, qui obtiendra le statut de réfugié politique au Canada.

Les premiers tests de féminité n'étaient pas fiables

Aux Jeux Olympiques, les premiers tests de féminité eurent lieu en 1968, à Grenoble et à Mexico. Les instances sportives internationales ont toujours craint que des hommes se fassent passer pour des femmes, mais cette crainte s'est exacerbée avec la guerre froide et la « course aux médailles » qu'elle engendra. Le CIO décida donc, en 1967, d'introduire des tests de féminité. Pour ce faire, on utilisa le test du corpuscule de Barr. Depuis les années 1950, la communauté scientifique doutait de la fiabilité de ce test du corpuscule de Barr, mais le

CIO ignora ce problème. De ce fait, certaines femmes présentant une forme d'intersexuation leur donnant un caryotype XY, XXY ou XO allaient échouer à ce test et se trouver injustement exclues des compétitions. À partir des années 1980, le test du corpuscule de Barr sera abandonné et remplacé par la réaction en chaîne par polymérase du gène SRY lié au chromosome Y. En 1996, aux Jeux d'Atlanta, huit femmes seront « recalées » après un test de féminité, avant d'être réintégrées à la suite d'examens plus poussés. En 1999, le CIO abandonnera la pratique systématique des tests de féminité.

Le Black Power aux Jeux

Le 16 octobre 1968, aux Jeux Olympiques de Mexico, sur le podium du 200 mètres, pour protester contre l'oppression raciale qui sévit aux États-Unis, les Noirs américains Tommie Smith et John Carlos baissent la tête et lèvent un poing ganté de noir au moment où l'hymne américain retentit ; le troisième homme, l'Australien blanc Peter Norman, porte lui aussi le badge « Olympic Project for Human Rights » (« Projet olympique pour les droits de l'homme »). Trois jours plus tard, Lee Evans, Larry James et Ron Freeman, les trois premiers du 400 mètres, montent sur le podium coiffés d'un béret noir et lèvent aussi, plus discrètement, le poing pour protester contre la discrimination raciale aux États-Unis. Le Black Power s'est invité aux Jeux, profitant de la vitrine olympique. Il s'agissait d'une action mûrement réfléchie, concertée et minutieusement préparée. Tout est né dans les universités américaines. Dans le contexte de discrimination raciale de l'époque, les portes des universités semblaient fermées à double tour aux Noirs. Néanmoins, certaines universités « recrutaient » de nombreux Noirs dans les années 1960 : en effet, aux États-Unis, le sport tient une place importante dans les universités, et le prestige de celles-ci provient parfois tout autant des performances de leurs sportifs que des résultats scolaires de leurs étudiants... Mais, contrairement aux attentes du pouvoir blanc, les Noirs ne se contentèrent pas de briller sur les pistes, les stades et dans les salles de sport :

ils se forgèrent sur les campus une conscience politique. C'est ainsi sur le campus de l'université de San Jose (Californie), où étudiaient Tommie Smith, John Carlos et Lee Evans notamment, que l'activisme étudiant noir américain était le plus virulent : en 1967, les trois hommes militèrent pour la fondation de la Black Students Union. Dans le même temps, le sociologue afro-américain Harry Edwards, enseignant dans cette université, participait à l'élaboration de l'Olympic Project for Human Rights, qui reçut l'adhésion de la majorité des athlètes-étudiants noirs américains. Le 4 avril 1968, le pasteur Martin Luther King était assassiné : les tensions raciales s'exacerbèrent, des émeutes éclatèrent. Harry Edwards relança alors une idée qu'il avait avancée en octobre 1967 : le boycott des Jeux de Mexico par

les Noirs américains. Les athlètes multiplièrent les réunions pour tenter d'adopter une position commune, mais l'idée du boycott ne fit pas l'unanimité. Les dirigeants du mouvement olympique américain s'inquiétaient : Everett Barnes, directeur exécutif du Comité olympique américain, déclara que tout athlète qui porterait un brassard noir lors de la cérémonie d'ouverture serait exclu de l'équipe américaine ; Avery Brundage, président du CIO, le soutint et indiqua que « tout athlète qui provoquerait des troubles serait immédiatement renvoyé chez lui ». Dans le village olympique de Mexico, les amitiés se nouèrent, le badge « Olympic Project for Human Rights » fut largement distribué : tous les athlètes noirs américains ou presque le portaient, mais de nombreux Américains blancs, solidaires, l'arboraient également. Une identité noire s'affirmait : les Noirs américains rendaient visite aux Africains, qu'ils appelaient désormais « nos frères ». Le 14 octobre, Jim Hines remportait le 100 mètres devant le Jamaïquain Lennox Miller et Charles Greene. Il s'agissait, pour le Black Power, du premier moment fort des Jeux : quelle attitude adopteraient les deux Américains sur le podium lors de la cérémonie de remise des médailles ? En fait, la cérémonie se déroula sans anicroche : rien de surprenant concernant Hines, qui ne s'affichait pas en militant ; en revanche, Greene semblait très virulent et sa passivité laissait penser que les Noirs américains ne mettraient aucune de leurs menaces à exécution. Deux jours plus tard, Smith et Carlos allaient apporter un démenti cinglant… Grâce à leur courage et à la vitrine olympique, tous ces jeunes gens firent sans doute beaucoup plus pour leur juste cause que certains orateurs et quelques combattants. Profitant de la médiatisation des Jeux, ces sportifs avaient osé, quitte à sacrifier leur carrière et à mettre en péril leur avenir, afficher leurs convictions et leurs revendications devant les télévisions du monde entier. Tous se voulaient des militants de la dignité humaine. Un demi-siècle plus tard, l'oppression raciale n'a pas disparu aux États-Unis : le mouvement Black Lives Matter, mis sur le devant de la scène sportive en 2016 par un joueur de football américain, Colin Kaepernick, puis largement relayé en 2020 par les plus grandes stars du sport américain et international, vient le rappeler et résonne comme un écho aux revendications de 1968.

Le champion olympique du décathlon devient une femme

Certains titres olympiques et records mondiaux féminins demeurent sujets à caution, car on pense que les lauréates étaient des hommes. Mais qu'un être présentant des caractères féminins puisse briller en participant aux compétitions masculines semble impossible. La trajectoire de Bruce Jenner vient rappeler qu'il ne faut jurer de rien. En effet, l'Américain Bruce Jenner fut considéré comme l'athlète complet, une sorte de demi-dieu du sport, puisqu'il maîtrisait à la perfection le décathlon, cette terrible compétition durant laquelle les concurrents disputent dix épreuves en deux jours. Ainsi, Bruce Jenner établit-il trois records du monde du décathlon en 1975-1976, le dernier (8 618 points) en finale des Jeux Olympiques de Montréal, en 1976, où il s'adjugea la médaille d'or. Bruce Jenner fut alors considéré comme un héros américain, car, en cette époque de guerre froide olympique, il apportait aux États-Unis un des titres olympiques les plus prestigieux, tout en ayant dominé le tenant du titre, le Soviétique Nikolaï Avilov. Il fut récompensé du James E. Sullivan Award, une sorte d'oscar du sport qui distingue le plus grand champion américain de l'année. Bruce Jenner fit la une des magazines, tenta de devenir acteur, apparut dans des spots publicitaires afin de rentabiliser sa renommée. Dans les années 1980, il participa à de tirer profit de shows télévisés. Mais Bruce Jenner refit la une de l'actualité bien plus tard, en révélant en 2015 qu'il se considérait comme une femme transgenre. Jenner entama sa transition, indiquant qu'« elle » souhaitait désormais être appelée Caitlyn. Le 1er juin 2015, Caitlyn Jenner apparut en une du magazine *Vanity Fair*.

Moscou « toilettée » pour les Jeux de 1980

À l'occasion des Jeux Olympiques de Moscou, en 1980, le Kremlin voulait que la « vitrine du socialisme » présentât ses plus beaux atours. La ville fut donc « toilettée » à la soviétique… Elle fut débarrassée des prostituées, des mendiants et des présumés dissidents (plus de 500 d'entre eux furent « éloignés »). En outre, 165 rues furent réservées à la circulation olympique, et les touristes soviétiques n'eurent pas le droit de se rendre à Moscou durant les compétitions. Enfin, le Kremlin prit une décision des plus curieuses, mais bien dans le ton de la guerre froide : un million de jeunes âgés de 7 à 15 ans quittèrent la ville et furent « envoyés à la campagne », pour leur éviter toute « contamination occidentale ».

Le CIO a mis plus de quatre-vingts ans pour admettre des femmes

Le CIO fut créé en 1894 à la Sorbonne, à Paris. Jusqu'en 1981, tous ses membres furent des hommes. Cette année-là, il tourna enfin le dos à une misogynie quasi centenaire en intégrant deux femmes en son sein : la Vénézuélienne Flor Isava-Fonseca et la Finlandaise Pirjo Häggman. Il était temps ! Indiquons que, plus tard, Pirjo Häggman prouvera par l'absurde que la parité peut aussi exister en matière de malhonnêteté : en décembre 1998, le Suisse Marc Hodler révélera que Salt Lake City avait acheté les votes de plusieurs membres du CIO afin d'obtenir les Jeux d'hiver de 2002 ; parmi les accusés figurait Pirjo Häggman, qui présenta sa démission.

Le drapeau aborigène de Cathy Freeman

À l'occasion des Jeux de Sydney, en 2000, l'Australie voulait se réconcilier, symboliquement, avec son peuple premier. Ainsi, Cathy Freeman, une Aborigène, connut l'honneur d'embraser la vasque olympique lors de la cérémonie d'ouverture. À l'issue de sa victoire dans le 400 mètres, Cathy Freeman effectua son tour d'honneur avec le drapeau australien et le drapeau aborigène, sous les acclamations des 112 000 spectateurs. Pourtant, en 1994, après sa victoire dans le 400 mètres lors des Jeux du Commonwealth, elle avait été vertement rappelée à l'ordre par les dirigeants australiens parce qu'elle avait effectué un tour d'honneur avec le seul drapeau aborigène... En six années, les choses avaient-elles vraiment changé ? Non, sans doute, mais la médiatisation permet de faire évoluer les mentalités, ce d'autant plus que le CIO lui accorda une dérogation pour effectuer ainsi ce tour d'honneur, car il interdit traditionnellement tout autre drapeau que celui des Comités nationaux olympiques.

La sécurité selon Pékin

En 2008, pour assurer la sécurité des Jeux Olympiques de Pékin, la Chine déploya d'immenses moyens : 100 000 policiers et 120 000 vigiles, aidés par près de 300 000 volontaires, quadrillèrent la ville. Tous les sites olympiques furent entourés de palissades ; de multiples équipements de contrôle et d'alarme furent installés. Le réseau métropolitain fit l'objet d'une surveillance accrue... Mais tout cela est en fait assez habituel pour des Jeux d'été. Voici qui l'est moins : la police offrit des récompenses (jusqu'à 500 000 yuans, soit 45 000 euros) à qui fournirait des informations permettant de prévenir un crime ; tous les paysans-ouvriers mingongs furent chassés de la ville ; les Pékinois, eux, furent « priés » de rester chez eux, sauf pour venir assister aux épreuves.

Prime de guerre pour les champions géorgiens

Désormais, presque tous les pays offrent des primes à leurs médaillés olympiques. En 2008, pour les Jeux de Pékin, les Géorgiens recevaient un montant record, dans un contexte bien particulier. La Géorgie était alors en guerre contre la Russie pour conserver le contrôle de la province séparatiste d'Ossétie du Sud. Aussi, désireux de motiver ses champions « missionnés » pour porter haut les couleurs de la Géorgie, le président Mikhail Saakachvili promit-il une prime de 472 000 euros pour une médaille d'or (à titre de comparaison, les champions olympiques français reçurent 50 000 euros). Les lutteurs Manuchar Kvirkvelia et Revazi Mindorashvili, le judoka Irakli Tsirekidze, médaillés d'or à Pékin, touchèrent-ils bien les 472 000 euros promis par le président ? On l'ignore...

Une loi olympique contre les réseaux sociaux

Les Jeux Olympiques de Londres, en 2012, furent les premiers à être touchés par la révolution des réseaux sociaux. Mais cette révolution fut très encadrée. Ainsi, une loi (*London Olympic Games and Paralympic Games Act 2006*) interdisait aux sportifs et aux spectateurs de diffuser sur la Toile photos ou vidéos prises à l'intérieur du village olympique ou durant les épreuves. Il était également interdit aux athlètes de tweeter « à la manière d'un journaliste » les résultats ou de commenter les prestations des autres participants. Cet obscurantisme des temps modernes fut néanmoins combattu par les sportifs eux-mêmes. Quitte à contourner la Charte olympique et à aller contre la volonté de ses sponsors, chacun se déchaîna sur Twitter, avec plus ou moins d'à-propos et de bon goût...

Organisation et finances

Les premiers Jeux Olympiques modernes n'auraient pas eu lieu sans Georgios Averoff

Qui connaît Georgios Averoff ? Pas grand monde, sans doute… Pourtant, sans lui, les Jeux Olympiques n'existeraient peut-être pas. En effet, en 1894, les premiers JO de l'ère moderne furent attribués à Athènes. Or la Grèce était en proie à une crise économique et, alors que l'argent faisait cruellement défaut, les dépenses pour ces Jeux allaient croissant. Le stade Panathénaïque devait notamment être rénové pour que s'y tiennent les principales épreuves deux ans plus tard. Timoléon Philémon, désigné président du Comité d'organisation, se démena afin de trouver des financements. Il partit pour l'Égypte afin de demander de l'aide à Georgios Averoff, un Grec d'Épire expatrié qui avait fait fortune dans le commerce du coton et des céréales. Georgios Averoff offrit 585 000 drachmes pour financer la rénovation du stade Panathénaïque et ajouta 415 000 drachmes destinées à couvrir les dépenses courantes. Il sera remercié de ses largesses par la famille royale, et sa statue, en marbre du Pentélique, érigée à l'entrée du stade Panathénaïque, sera inaugurée à la veille de l'ouverture des Jeux d'Athènes.

Le roi Georges Ier de Grèce rêvait de s'approprier les Jeux

Les Jeux d'Athènes, en 1896, furent une réussite pour la Grèce. Aussi le roi Georges Ier voulut-il faire d'Athènes le siège permanent des Jeux Olympiques. Lors du dîner donné en clôture de ces Iers Jeux de l'ère moderne, il s'adressa aux journalistes et aux convives en ces termes : « Mère et nourrice des Jeux gymniques dans l'Antiquité, la Grèce, ayant entrepris de les célébrer encore aujourd'hui sous les yeux de l'Europe et du Nouveau Monde, peut, maintenant que le succès a dépassé toute l'attente, espérer que les étrangers qui l'ont honorée de leur présence indiqueront notre pays comme le rendez-vous pacifique des nations, comme le siège stable et permanent des Jeux Olympiques. » Pierre de Coubertin devra multiplier les efforts pour que cette proposition soit finalement repoussée…

Le grand capharnaüm des JO de Paris en 1900

Les IIes Jeux Olympiques se tinrent à Paris en 1900. Mais, pour la France, la grande affaire de l'année 1900 était l'Exposition universelle de Paris. Alfred Picard, commissaire général de l'exposition, proposa d'organiser dans ce cadre des « concours internationaux d'exercices physiques », ouverts au plus grand nombre, pour promouvoir le caractère scientifique et éducatif de l'activité corporelle. Il reçut l'appui d'Étienne Jules Marey, professeur au Collège de France, qui dirigea une commission d'hygiène et de physiologie, créée par… Picard. Ce dernier reçut l'aval du gouvernement pour que ces « concours » soient inclus dans le programme de l'Exposition universelle. Picard mit sur pied une commission composée de cinq personnes et présidée par Daniel Mérillon, chargé d'en élaborer le programme. Finalement, les « concours » de Picard seront dénommés « Jeux Olympiques ». Or Mérillon, peu féru de la chose sportive, proposa un programme démentiel et plutôt hétéroclite. Ces « Jeux » se déroulèrent du lundi 14 mai au dimanche 28 octobre 1900, soit une durée de 135 jours ! Ces concours devaient, selon le vœu des organisateurs, mobiliser toute la jeunesse française, confrontée à des représentants des délégations étrangères choisis parmi les 40 pays présents à l'Exposition universelle. Le rapport de l'Exposition fait état de 58 731 participants, dont 1 567 étrangers représentant 29 pays. Le programme comprenait 32 sports – dont la course automobile, l'aérostation (ballons), la colombophilie, le tir aux pigeons vivants, la pêche à la ligne, le croquet, le jeu de boules, la balle au tamis, la lutte à la corde –, déclinés en de multiples épreuves (24 pour l'aérostation et la colombophilie). Le succès de l'Exposition de 1900 fut réel – Alfred Picard rédigea un volumineux rapport, intitulé *Le Bilan d'un siècle*, pour en rendre compte. En revanche, les Jeux de Paris furent un fiasco : durant six mois, les compétitions se déroulèrent dans le plus grand capharnaüm, et le CIO devra même décider *a posteriori* quelles épreuves devaient être considérées comme « olympiques » ! En définitive, le CIO considère que 997 sportifs (dont 22 femmes), représentant 24 pays, ont participé à ces JO, où 95 épreuves se sont déroulées dans 18 sports.

Les Jeux de 1904 migrent de Chicago à Saint Louis

En mai 1901, le CIO désigna Chicago ville d'accueil des Jeux Olympiques de 1904. Mais des hommes d'affaires de Saint Louis décidèrent d'organiser dans cette ville du Missouri une Exposition universelle destinée à célébrer le centenaire de l'achat de la Louisiane (dans sa version étendue) à la France, en 1803. En 1902, le président des États-Unis, Theodore Roosevelt, décida que les Jeux se tiendraient à Saint Louis, car faire concorder l'Exposition et les Jeux pouvait impulser, selon lui, un nouveau souffle à cette ville alors gangrenée par les tensions raciales et la corruption politique. Le résultat sera plus que mitigé…

Le Vésuve offre les Jeux de 1908 à Londres

En 1904, le CIO avait attribué les Jeux de 1908 à la ville de Rome. Mais l'éruption du Vésuve, en avril 1906, modifia la donne. Le gouvernement italien, qui devait débloquer des fonds pour reconstruire la zone située au pied du volcan, renonça à organiser les Jeux et demanda au CIO de les réattribuer. Ce dernier les confia à Londres. Même les Jeux Olympiques doivent s'effacer devant les catastrophes naturelles ! Quant à la Ville éternelle, il lui faudra attendre 1960 pour accueillir les JO.

Les Jeux d'Anvers garantis par des diamantaires

Dès la fin de la Première Guerre mondiale, Pierre de Coubertin souhaita que des Jeux Olympiques se tiennent en 1920. La ville d'Anvers avait déposé sa candidature en 1914, et le Comité olympique belge indiqua qu'elle demeurait d'actualité. Il disposait d'un atout de poids en ces temps difficiles : cette candidature s'accompagnait d'une garantie de 1 million de francs fournie par un comité provisoire des commerçants et diamantaires d'Anvers. Et, dès le 5 avril 1919, Anvers fut désignée ville d'accueil des Jeux de 1920...

Les I^ers^ Jeux d'hiver de Chamonix n'étaient pas « olympiques »

Les I^ers^ Jeux Olympiques d'hiver se déroulèrent en 1924 à Chamonix, bien que les épreuves ne fussent pas considérées comme olympiques. En effet, le projet de JO d'hiver avait été présenté par le comte Justinien Clary et le marquis Melchior de Polignac, représentants français au CIO, lors des congrès et conférences olympiques organisés à Lausanne par le Suisse Eugène Monod du 26 mai au 7 juin 1921. Mais les Nordiques, craignant qu'un rendez-vous olympique nuise aux Jeux du Nord (*Nordiska Spelen*) qui se tenaient depuis 1901 en Suède tous les quatre ans, manifestèrent leur hostilité. Il fallut donc trouver un compromis. Or, depuis 1907, se déroulait tous les ans en France une « Semaine internationale des sports d'hiver ». S'appuyant sur cette dénomination, la conférence consultative des sports d'hiver accepta la tenue d'une « Semaine internationale du sport d'hiver à l'occasion des Jeux Olympiques de 1924 ». Aussi, quand débutèrent à Chamonix les compétitions, le 26 janvier 1924, celles-ci n'étaient pas officiellement « olympiques ». Cependant, les Nordiques obtinrent de brillants résultats (la Norvège s'adjugea 17 médailles, la Finlande 11), et ils révisèrent leur position. Le 24 mai 1925, ils se prononcèrent en faveur de l'instauration des JO d'hiver. La « Semaine internationale du sport d'hiver à l'occasion des Jeux Olympiques de 1924 » changea de nom, et fut rebaptisée « Jeux Olympiques d'hiver ». Quant aux *Nordiska Spelen*, leur dernière édition se tint en 1926.

Le Racing sauve les Jeux de Paris en 1924

Les Jeux de Paris, en 1924, se sont organisés dans la difficulté. En effet, à cause de l'instabilité politique chronique de la IIIe République, le soutien de l'État se révéla aléatoire, et les interlocuteurs gouvernementaux du Comité d'organisation se succédèrent. Pierre de Coubertin, inquiet, envisagea même une solution de repli et prit discrètement contact avec Los Angeles pour le cas où l'administration française, trop tatillonne, mettrait le projet en péril. Finalement, la situation se débloqua grâce à Pierre Gillou, président du Racing-Club de France. Celui-ci proposa de rénover et de faire agrandir (portant sa capacité à 60 000 places) le stade qu'il possédait sur ses terrains de Colombes (16 hectares), la contrepartie de cet engagement étant le versement au Racing-Club de France de la moitié des recettes.

Le premier village olympique était constitué de baraques en bois

Le village olympique fait désormais partie intégrante du paysage des Jeux, dont il constitue un élément important. Pour respecter le cahier des charges du CIO, chaque ville candidate à l'organisation des Jeux doit prendre en compte divers éléments relatifs à son aménagement : préservation de l'environnement, pérennité des installations, coût… Pourtant ce village olympique est né dans une extrême discrétion, à l'occasion des Jeux de Paris en 1924. Jusque-là, sportifs et officiels devaient s'occuper eux-mêmes de leur hébergement, ce qui constituait souvent une lourde charge pour les comités olympiques nationaux. En 1924, Louis Faure-Dujarric, l'architecte du stade de Colombes, inclut dans son projet un « village » destiné à héberger les athlètes. Ce « village » jouxtait le stade et était constitué de maisonnettes disposant de chambres à trois lits. En fait, il s'agissait de baraques en bois au confort spartiate, sans charme aucun. Au cœur du « village », matérialisé à son entrée par une simple pancarte ovale, les résidents avaient néanmoins à leur disposition divers services : bureau de poste, librairie, kiosque à journaux, salon de coiffure, blanchisserie, infirmerie, poste de garde pour les objets de valeur. Néanmoins, loger au village olympique n'était pas une obligation : ainsi les Américains préférèrent-ils établir leurs quartiers dans le parc du château de Rocquencourt.

Coca-Cola déboule aux Jeux

C'est en 1928, aux Jeux d'Amsterdam, que débuta la collaboration entre Coca-Cola et le mouvement olympique. En effet, c'est à l'occasion de cette édition que la marque de soda, sous l'impulsion de son président Robert Woodruff, proposa pour la première fois ses boissons rafraîchissantes au public, inaugurant un long et très lucratif partenariat… Cette année-là, un navire débarqua aux Pays-Bas avec à son bord la sélection américaine et… 1 000 bouteilles de Coca-Cola, qui seront vendues dans des kiosques dédiés autour du stade olympique et le long du parcours d'aviron. Par la suite, Coca-Cola multipliera les initiatives autour de cette compétition. Enfin, en 1996, à Atlanta, siège de la firme, Coca-Cola déboursera 40 millions de dollars pour être la boisson officielle des Jeux. À l'époque, Sergio Zyman, responsable marketing de la firme, ira jusqu'à déclarer : « Trois choses ont été constantes depuis les Jeux de 1928 : les sportifs, les supporters et Coca-Cola. »

Pourquoi les épreuves équestres des Jeux de Melbourne se déroulèrent… à Stockholm

En 1949, le CIO accorda l'organisation des Jeux d'été de 1956 à Melbourne. Mais le CIO ignorait un détail, et Francis Joseph Beaurepaire, l'homme qui avait défendu la candidature australienne avec brio, avait omis de le lui signaler : une loi australienne interdisait l'entrée même provisoire sur l'île-continent de chevaux si ceux-ci n'étaient pas soumis à une quarantaine de six mois. Les autorités gouvernementales australiennes refusèrent de faire une exception pour l'événement. En 1954, le CIO décida donc de ne pas respecter sa propre Charte, dérogeant au sacro-saint principe de l'unité des Jeux et confiant à Stockholm l'organisation des compétitions équestres des XIIIes JO d'été.

Squaw Valley n'avait pas de maire au moment des Jeux de 1960 !

Désormais, lors de la cérémonie de clôture des Jeux, le maire de la ville qui vient de les organiser transmet le drapeau olympique au maire de la cité qui les accueillera quatre ans plus tard. Cela n'aurait pas été possible en 1956 à Cortina d'Ampezzo, pour une bonne raison : Squaw Valley, qui allait organiser les Jeux d'hiver de 1960, n'avait pas de maire ! Squaw Valley était alors une *unincorporated area* (« zone non constituée en municipalité »). À l'époque, cette bourgade de la Sierra Nevada californienne ne comptait que 300 habitants, un seul hôtel et une unique remontée mécanique ! Mais, le 16 juin 1955, Alex Cushing, l'heureux propriétaire de l'hôtel et de la remontée mécanique, un homme déterminé, vint présenter le dossier de Squaw Valley devant le CIO. Maquette à l'appui, il parvint à convaincre les membres présents de la viabilité de son projet et joua de la corde sensible : « L'idéal olympique, n'est-ce pas de faire connaître le sport là où il n'est encore qu'à l'état d'embryon ? », déclara-t-il. Le CIO, finalement séduit, accorda les Jeux à Squaw Valley, au second tour de scrutin. Boostée par cet événement, Squaw Valley va devenir l'une des stations de sports d'hiver les plus fréquentées des États-Unis, et Alex Cushing pourra faire fructifier ses investissements.

L'armée américaine restitue un terrain au Japon pour les Jeux de Tokyo

Les Jeux Olympiques veulent être un symbole de paix. On peut citer en exemple la mutation de la zone dite de « Washington Heights », à Tokyo, à l'occasion des Jeux de 1964. Après la capitulation du Japon, à l'issue de la Seconde Guerre mondiale, le pays fut occupé par les forces armées américaines : Washington Heights devint une zone où vivaient les soldats américains et leurs familles. Avant cette olympiade, quand se posa la question de la construction du village olympique, plusieurs sites furent envisagés. En définitive, il fut décidé que ce village serait établi à Washington Heights, les États-Unis acceptant de restituer la zone au Japon. Quatorze immeubles de 4 étages et 225 pavillons en bois furent construits sur les terrains de Washington Heights ; quelque 7 000 sportifs remplacèrent les militaires.

Des cigarettes olympiques !

Pour participer de façon minime au financement des Jeux de Grenoble, en 1968, l'État français fit commercialiser dans les bureaux de tabac deux nouvelles marques de cigarettes, Isère et Grenoble, ainsi que 230 millions de boîtes d'allumettes portant le logo olympique. Autres temps, autres mœurs…

Les Jeux de Denver annulés par référendum

En 1970, Denver fut élue ville d'accueil des Jeux Olympiques d'hiver de 1976. Mais l'idée était loin de faire l'unanimité au sein de la population de la ville et du Colorado. Certains contribuables craignaient que les impôts n'augmentent. En novembre 1972, un référendum fut organisé pour demander à la population de voter une subvention de 5 millions de dollars afin d'assurer le financement des Jeux. Le « non » l'emporta,

avec près de 60 % des voix. Denver renonça donc aux Jeux, qui se déroulèrent finalement à Innsbruck.

Le stade olympique de Montréal n'était pas achevé au moment des JO

La construction des principales infrastructures, dont le stade olympique, des Jeux de Montréal, en 1976, fut confiée à l'architecte français Roger Taillibert. Exemple audacieux : un mât oblique de 168 mètres de hauteur, en porte-à-faux par rapport à sa base, devait en constituer le symbole. Mais quand s'ouvrirent les Jeux, cette tour était inachevée et on venait tout juste de poser la pelouse... En effet, Jean Drapeau, le maire de Montréal, s'était heurté à de multiples difficultés pour mener à bien le projet olympique : ses adversaires politiques ont contesté sa gestion, la puissante Fédération des travailleurs du Québec s'est servi du chantier olympique comme terrain de revendications sociales et a multiplié les grèves (plus de 120 jours perdus de novembre 1974 à mai 1976). En finalisant son dossier en 1972, Montréal estimait le coût des Jeux à 310 millions de dollars. À l'heure des bilans, force sera de constater que 1,596 milliard de dollars auront été engloutis, dont 987 millions pour les seules installations sportives. Le Canada mettra trente ans à combler ce gouffre financier.

Un financement à la yougoslave

Les organisateurs des Jeux Olympiques sont en permanence à la recherche de nouveaux financements. Ainsi, pour les Jeux d'hiver de Sarajevo, en 1984, on note dans la colonne « recettes » 1,2 milliard de dinars (environ 125 millions de francs de l'époque) récoltés d'une bien curieuse manière : il s'agit d'une « donation des citoyens ». Cette somme correspond en fait à une ponction sur le salaire mensuel des « donateurs », effectuée de 1982 à la fin de 1984 (0,2 % pour les citoyens de Bosnie-Herzégovine, 0,3 % pour les habitants de Sarajevo). Une manière de faire étrange, ou simplement dans le ton du régime communiste d'alors ?

Le boycott des Jeux de Los Angeles a failli ruiner McDonald's

Les Jeux Olympiques de Los Angeles, en 1984, furent les premiers à être organisés sur des fonds privés, avec le soutien direct de sponsors. Parmi ceux-ci figurait McDonald's, qui finança la construction d'une piscine olympique pour un coût de 4 millions de dollars. La chaîne de fast food décida par ailleurs de se lancer dans une vaste opération de marketing auprès de ses clients. Ceux-ci recevaient une carte correspondant à une épreuve : si un Américain obtenait une médaille dans ladite épreuve, le détenteur de la carte se voyait offrir un prix en nature (un Big Mac pour une médaille d'or, des frites pour une médaille d'argent, un soda pour une médaille de bronze). La firme avait calculé son prévisionnel en se fondant sur les résultats obtenus par les Américains aux Jeux de Montréal en 1976 (les États-Unis avaient boycotté ceux de Moscou en 1980). À Montréal, donc, les États-Unis avaient obtenu 94 médailles (dont 34 en or). Les dirigeants tablèrent sur un résultat quasi équivalent, voire un peu meilleur, pour faire leurs calculs et rentabiliser l'opération… Or, en mai 1984, le Kremlin décida que l'URSS et ses pays satellites boycotteraient les Jeux de Los Angeles. De multiples médaillés potentiels restèrent donc chez eux, laissant la voie libre aux sportifs occidentaux… et notamment aux Américains, qui s'adjugèrent 174 médailles (dont 83 en or). Cette opération coûta en définitive une vraie fortune à McDonald's, quasi ruiné après ces Jeux de 1984 !

Obligés de mettre leur appartement à la disposition des sportifs

En 1986, Barcelone fut désignée ville d'accueil des Jeux Olympiques d'été de 1992. Les autorités se lancèrent dans un gigantesque programme urbanistique afin de moderniser la cité catalane. Ainsi, sur les terrains industriels désaffectés du Poblenou, l'architecte Oriol Bohigas érigea-t-il un nouveau quartier, la Nova Icària. Celui-ci comptait quelque 2 000 appartements, lesquels furent mis en vente avant les Jeux. Mais une étrange condition était contractuellement imposée aux nouveaux propriétaires : ils avaient l'obligation de les laisser à la disposition des sportifs durant la période olympique… Ces logements constituaient en effet le village olympique.

Salt Lake City a acheté les Jeux d'hiver de 2002

En juin 1995, le CIO attribua les Jeux d'hiver de 2002 à Salt Lake City. Le résultat du vote fut surprenant. En effet, pour la première fois depuis la désignation de Sapporo pour les Jeux de 1972, un seul tour de scrutin fut nécessaire, Salt Lake City obtenant la majorité absolue (54 voix), alors qu'Östersund comme Sion réunirent 14 suffrages, et Québec seulement 7. Mais, en décembre 1998, le Suisse Marc Hodler jetait un pavé dans la mare olympique : il révéla que Salt Lake City avait acheté les votes de plusieurs membres du CIO. La corruption fut avérée (Salt Lake City avait distribué 1,3 million de dollars de pots-de-vin pour soudoyer plusieurs « cardinaux » du CIO). Frank Joklik, président du Comité d'organisation, présenta sa démission. Mitt Romney lui succéda. Un grand ménage qui permit de ne pas retirer l'organisation des Jeux de 2002 à la station américaine !

Des découvertes archéologiques menacèrent les Jeux d'Athènes

La Grèce a connu de grandes difficultés pour mener à bien tous les chantiers destinés aux JO d'Athènes. Ainsi, Gianna Angelopoulos-Daskalaki, présidente du Comité d'organisation, déclarera, le 13 août 2004, durant la cérémonie d'ouverture : « Nous avons couru un marathon au rythme d'un sprint. » Le Comité d'organisation dut affronter des difficultés « habituelles » (corruption, manque de coordination entre les ministères, déficit de savoir-faire...). Mais une autre s'y ajouta : durant les travaux, plusieurs découvertes archéologiques (maisons datant de 2800 avant J.-C. mises au jour à Schinias ; tombes d'époques mycénienne et minoenne exhumées à Markópoulo...) provoquèrent l'interruption provisoire de certains chantiers olympiques.

Jeux Olympiques et écologie selon Pékin

Pékin est connue pour être l'une des villes les plus polluées de la planète, un « statut » peu compatible avec les valeurs de l'olympisme du XXIe siècle. Aussi, dans l'optique des Jeux de 2008, la Chine a décidé de faire de grands efforts en la matière, promettant des Jeux « verts ». Durant les compétitions, 300 usines polluantes furent fermées, des centaines d'activités industrielles interrompues, plus de 2 500 autobus et taxis, jugés trop polluants, mis à la casse et remplacés par quelque 4 000 bus roulant au gaz naturel ; la circulation alternée fut instaurée ; en outre, on planta plus de 500 000 arbres et 30 millions de fleurs de quelque 400 variétés, on créa plus de 1 000 hectares d'espaces verts. Enfin, 20 % de l'énergie nécessaire au fonctionnement des sites olympiques provenait de sources éoliennes et solaires et, durant les Jeux, la moitié des déchets étaient recyclés. Bien sûr, une fois les lampions olympiques éteints, l'activité industrielle polluante reprit de plus belle.

Les Jeux de 2012 furent-ils attribués à Londres par erreur ?

Le 6 juillet 2005, vers midi, un silence assourdissant s'abattait sur Paris. Déjouant tous les pronostics, le CIO, réuni à Singapour, attribuait les Jeux de 2012 à la ville de Londres. Chacun tenta dès lors de comprendre ce choix surprenant. On affirma que la délégation française, trop sûre d'elle, avait fait preuve de suffisance. En France, on critiqua l'attitude des Britanniques. D'abord, le budget présenté par Londres (4,3 milliards d'euros) était très sous-évalué : la somme atteindra en fait 11,2 milliards d'euros. Et on souligna que Sebastian Coe, la cheville ouvrière du comité de candidature londonien, avait piétiné la Charte olympique en effectuant un lobbying actif. On indiqua que Tony Blair, Premier ministre britannique, broyant la déontologie, avait multiplié à Singapour les entretiens privés avec de nombreux pontes du CIO. Tout cela était vrai, mais il existe peut-être une autre raison, surprenante quand on connaît les enjeux économiques considérables liés à l'organisation des Jeux. En effet, à l'avant-dernier tour de scrutin, un membre du CIO se serait peut-être trompé de bouton, donnant ainsi sa voix à Paris alors qu'il désirait soutenir Madrid. De ce fait, la capitale espagnole fut éliminée, alors que, par le jeu des reports de voix, Madrid aurait sans doute battu Londres au dernier tour. Ce membre du CIO n'a pas par la suite confirmé cette version. Le vote étant secret, le doute plane... De toute façon, cela n'aurait rien changé pour Paris.

Une forêt vierge sacrée rasée pour les Jeux de PyeongChang

Le CIO déclare que le développement durable doit se trouver au cœur des projets olympiques. Mais il y a sans doute des exceptions. Ainsi, pour les Jeux d'hiver de PyeongChang, en 2018, les organisateurs sacrifièrent-ils une forêt vierge située sur le mont Gariwangsan pour y tracer la piste de descente. Pourtant, cette forêt, qui abritait notamment quatre espèces animales menacées (la loutre eurasienne, le léopard chat, la martre et l'écureuil volant), par ailleurs considérée comme sacrée par certains Coréens en raison de ses liens avec la dynastie Joseon, était une zone protégée… du moins jusqu'en 2013, soit deux ans après que les Jeux Olympiques eurent été attribués à la Corée du Sud. « Débarrassée » de sa protection légale, cette forêt luxuriante fut rasée : près de 60 000 arbres, dont certains étaient vieux de plus de cinq cents ans, étaient ainsi sacrifiés sur l'autel de l'olympisme.

II

Compétitions

Athlétisme

Le premier champion olympique n'était guère modeste !

L'Américain James Brendan Connolly devint, le 6 avril 1896, le premier champion olympique de l'ère moderne : il remporta en effet la première épreuve des Jeux d'Athènes, le triple bond. Pourtant, le parcours olympique de James Brendan Connolly a été semé d'embûches. Son université, Harvard, refusa de lui accorder un congé pour qu'il puisse se rendre en Grèce. James Brendan Connolly fut donc contraint d'interrompre ses études afin de répondre à l'appel olympique. Ensuite, il finança son voyage grâce au soutien du Suffolk Athletic Club – une aide qui aurait pu lui valoir d'être disqualifié pour « professionnalisme », car le mouvement olympique ne badinait pas avec la notion d'amateurisme. Enfin, il confondit les dates des calendriers grégorien et orthodoxe, et il n'arriva à Athènes que quelques heures avant le début des compétitions. Après sa victoire, il envoya à ses compatriotes un télégramme ainsi rédigé : « Les Hellènes ont vaincu l'Europe. Moi, j'ai vaincu le monde entier. » La modestie ne l'étouffait guère, mais sa faconde lui permettra de devenir un écrivain et journaliste reconnu.

Le premier médaillé olympique français était-il français ?

L'histoire du premier médaillé olympique français sort de l'ordinaire. Il se nomme Alexandre Tuffière ou Pierre Alexandre Tuffèri, les sources divergeant même sur son nom. Et personne n'est absolument certain qu'il fût français... Alexandre Tuffière est né à Athènes, mais il participa en tant que Français aux I[ers] Jeux Olympiques d'Athènes, en 1896. Le premier jour de ces Jeux, il se classa deuxième du triple bond, derrière James Brendan Connolly. Par la suite, Tuffière, toujours français, prit part aux JO de Paris, en 1900, sans grande réussite (il se classa sixième du triple saut). Puis on le retrouva aux « Jeux Olympiques intercalaires » de 1906, à Athènes. Cette fois, il représentait la Grèce... Banquier et interprète, il vécut longtemps à Thèbes avant de s'éteindre à Athènes, sa ville natale. Alexandre Tuffière n'a donc guère connu le sol de France, mais il demeure pour toujours, selon le palmarès officiel, le premier médaillé olympique français.

Le marathon a été inventé par l'intellectuel français Michel Bréal

Linguiste, philologue et helléniste français, Michel Bréal est passé à la postérité pour avoir fondé la sémantique, définie dans son ouvrage majeur, *Essai de sémantique* (1897). On le sait moins, mais il joua un rôle essentiel pour la gloire des Jeux en inventant le marathon. L'histoire atteste que la bataille de Marathon eut bien lieu en 490 avant J.-C. Le stratège athénien Miltiade, à la tête de 9 000 hommes, vainquit l'armée du roi de Perse Darius Ier, commandée par Datis, forte de 20 000 hommes. La légende dit qu'un jeune soldat, Philippidès, chargé par Miltiade d'annoncer la nouvelle du triomphe, partit en courant depuis la plaine de Marathon pour rejoindre Athènes. Arrivé, il aurait annoncé la victoire aux édiles et se serait écroulé, mort d'épuisement. À la fin d'un XIXe siècle marqué par la passion intellectuelle pour l'hellénisme, Michel Bréal proposa à Pierre de Coubertin d'inscrire la course de Marathon à Athènes au programme des I^ers^ Jeux Olympiques de 1896. Coubertin se déclara séduit et retint l'idée. Nombre de grands champions doivent donc une partie de leur renommée à Michel Bréal… et des milliers d'anonymes lui doivent les souffrances qu'ils endurent pour se mesurer à l'épreuve.

Airoldi privé de marathon après avoir traversé l'Europe à pied

L'Italien Carlo Airoldi souhaitait participer au marathon des I^ers^ Jeux Olympiques d'Athènes, en 1896. Mais il avait besoin de financer son voyage. Il trouva un accord avec le journal *La Bicicletta*, lequel accepta de payer ses frais et d'assurer sa logistique, mais uniquement si Carlo Airoldi effectuait ce voyage à pied, et non pas en train comme tous les autres concurrents, car le journal souhaitait rendre compte de cette épopée. L'époque étant celle des défis, Carlo Airoldi accepta. Il partit de Milan pour rejoindre Athènes en traversant l'Autriche-Hongrie, l'Empire ottoman et la Grèce. Carlo Airoldi marcha durant 28 jours, à raison de 70 kilomètres par jour. Enfin arrivé, il alla s'inscrire pour participer au marathon. Mais le Comité d'organisation des Jeux lui refusa cette inscription, au prétexte qu'il avait perdu son statut « amateur » car il avait touché de l'argent pour sa récente victoire dans la course Milan-Barcelone… Tout ça pour ça !

« Courir comme un Louis »

Dans la vie quotidienne, il existe quelques expressions fleuries pour qualifier ses semblables. Ainsi, naguère, en France, on pestait contre un conducteur imprudent en l'apostrophant : « Tu te prends pour Fangio ! » En Grèce, pour désigner les acharnés de la course à pied, on dit qu'ils « courent comme un Louis ». Cette expression est bien sûr liée à la victoire de Spyrídon Louis (ou Louys) dans le marathon des

I^ers^ Jeux Olympiques d'Athènes, en 1896. Son histoire sort de l'ordinaire. Modeste berger, Spyrídon Louis montra un certain talent pour la course à pied lors de son service militaire. Aussi le colonel de son régiment insista-t-il pour qu'il dispute le marathon. Et Spyrídon Louis gagna la course. Il fut alors chaleureusement félicité par le roi Georges Ier de Grèce et le prince héritier Constantin. En quelques heures, le berger était devenu une idole...

Le troisième du marathon de 1896 a fait une partie du parcours en charrette

Le marathon des Jeux d'Athènes, en 1896, fut l'épreuve reine de cette première édition. Spyrídon Louis s'imposa devant ses compatriotes Kharílaos Vasilákos et Spyrídon Belókas. Mais le Hongrois Gyula Kellner, quatrième, avait été doublé par une charrette à quelques kilomètres de l'arrivée, laquelle transportait Belókas, ce que confirmèrent d'autres témoins ! Ce jeune garçon de 19 ans fut disqualifié et connut le plus grand déshonneur, ayant couvert de honte la Grèce entière. Même le roi Georges Ier s'émut de la situation : en dédommagement, le souverain offrit sa montre en or à Gyula Kellner.

Le chapeau d'Ellery Clark

L'Américain Ellery Clark est le seul athlète à avoir remporté, lors d'une même édition des Jeux Olympiques, les concours du saut en longueur et du saut en hauteur. L'exploit ne date pas d'hier : Ellery Clark a réussi cette performance en 1896. Dans le concours de saut en longueur, il adopta une stratégie curieuse pour prendre ses marques. Afin de matérialiser l'endroit de sa prise d'élan, il utilisa son chapeau ! Le prince Constantin de Grèce, qui exerçait en tant que juge durant ces Jeux d'Athènes, considéra que cet artifice contrevenait aux règles, et retira ledit chapeau. Malgré l'absence de son galurin, Ellery

Clark réalisa un bond de 6,35 mètres à son troisième essai, ce qui lui valut de devenir champion olympique.

Des poteaux télégraphiques en guise de haies

Parmi les curiosités des Jeux Olympiques de Paris, en 1900, figurent les obstacles du 400 mètres haies : les « haies » étaient des poteaux télégraphiques de 9 mètres de longueur, sauf le dernier, constitué d'une sorte de « rivière » large de 5 mètres. La victoire revint à l'Américain Walter Tewksbury, qui s'imposa devant le Français Henri Tauzin, pourtant considéré comme le favori.

Le jour du Seigneur fatal à Meyer Prinstein

Aux Jeux Olympiques de Paris, le concours de qualification du saut en longueur se déroula le 14 juillet 1900. L'Américain Meyer Prinstein réussit une excellente performance (7,17 m), devançant nettement son compatriote Alvin Kraenzlein (6,93 m). À l'époque, les performances réalisées lors des épreuves de qualification étaient prises en compte pour établir le classement définitif. Prinstein pensait donc que ce saut remarquable lui vaudrait la victoire. En effet, la finale se déroulait le lendemain, un dimanche, et l'université de Syracuse décida d'interdire à ses athlètes de participer à cette compétition en ce jour du Seigneur. Kraenzlein, qui défendait les couleurs de l'université de Pennsylvanie, fut quant à lui autorisé à concourir. Ce dimanche-là, il réussit un saut de 7,18 mètres, et parvint donc à améliorer d'un petit centimètre la performance de Prinstein, lequel fut privé du titre olympique. Cette situation causa un malaise certain au sein de la délégation américaine, car Kraenzlein aurait indiqué à Prinstein que lui non plus ne concourrait pas un dimanche...

Le premier champion olympique français d'athlétisme était… luxembourgeois

Michel Théato fut le premier Français couronné champion olympique en athlétisme, ce qui lui vaut une belle place dans notre histoire du sport. Pourtant, il n'était pas français. Né à Luxembourg, Michel Théato gagna la Belgique puis rejoignit la France, où il devint ouvrier ébéniste à Saint-Mandé, en banlieue parisienne. Il pratiquait la course à pied sous les couleurs du Racing-Club, qui l'employait parfois comme jardinier. Le 19 juillet 1900, il fut l'un des treize courageux qui prirent le départ du marathon réservé aux « amateurs », organisé à la fois dans le cadre de l'Exposition universelle et des JO de Paris. Parti prudemment sous une forte chaleur (jusqu'à 39 °C), Michel Théato dépassa un à un tous ses rivaux et s'imposa devant le Français Émile Champion. Comme à l'époque on s'inscrivait de manière individuelle, Michel Théato fut considéré comme français. Le grand-duché ne portera réclamation auprès du CIO que plusieurs décennies plus tard. En 2004, cette réclamation sera définitivement rejetée, et le palmarès ne sera donc jamais rectifié.

Ils sont marteaux !

Le concours de lancer du marteau des Jeux Olympiques de Paris, en 1900, fut suivi avec la plus grande attention par les spectateurs. En effet, si les trois Américains étaient des concurrents habitués à manier cet engin, les deux autres participants, les Suédois Eric Lemming et Karl Gustaf Staaf, maîtrisaient mal la discipline – à tel point qu'aucun de leurs jets ne fut validé. Le public, au début amusé de voir ces deux Suédois pataudss aux prises avec leur marteau, perdit vite sa bonne humeur : plusieurs fois, le marteau des Suédois prit la direction de la foule, qui devait se disperser dans la panique ! Par ailleurs, les concurrents furent gênés par un arbre situé non loin de l'aire de lancer. Le célèbre lanceur américain John Flanagan vit même son marteau rester accroché dans les branches à l'occasion d'un de ses jets !

Finalement, il réussit à l'emporter au quatrième essai, grâce à un lancer à 51,01 mètres.

Des sauts sans élan aux Jeux Olympiques

Parmi les épreuves oubliées des Jeux figurent les sauts sans élan, qui furent au programme de 1900 à 1912. Et le roi de la discipline fut un Américain : Ray Ewry. Ce dernier avait contracté la poliomyélite à l'âge de 12 ans, et les médecins lui conseillèrent des séances de rééducation afin d'atténuer son handicap. Ray Ewry multiplia les exercices, bien sûr de manière statique, avant de retrouver l'usage de ses jambes. Ces mois d'entraînement contraint le poussèrent à orienter sa carrière sportive vers les sauts sans élan. Ray Ewry remporta les trois concours de sauts sans élan (hauteur, longueur, triple saut) aux JO de 1900 à Paris et de 1904 à Saint Louis. Il ne rafla que deux médailles d'or lors des Jeuxde Londres en 1908 (hauteur, longueur), le triple saut sans élan ayant été supprimé. Les performances de Ray Ewry, champion longtemps oublié, seront reconnues à leur juste valeur en 1983 : il figurera sur la première liste de sportifs admis dans le panthéon olympique américain (US Olympic Hall of Fame), au côté, entre autres, de Jesse Owens ou Bob Beamon…

Privé de record du monde par le public !

Les épreuves d'athlétisme des Jeux de Paris, en 1900, se déroulèrent à la Croix-Catelan, dans le bois de Boulogne, dans un stade peu adapté à la compétition : ovale de 500 mètres dessiné dans l'herbe en guise de piste ; pas de fosse de réception pour les sauts ; présence du public hors des gradins… Une des vedettes de ces Jeux fut l'Américain Irving Baxter, qui remporta deux médailles d'or (saut en hauteur, saut à la perche) et trois médailles d'argent dans les concours de sauts sans élan (hauteur, longueur, triple saut). Il réalisa sa plus belle performance dans la compétition de saut en hauteur, en franchissant 1,90 mètre. Assuré de la victoire, il décida de s'attaquer au record du monde, et demanda que la barre fût placée à 1,95 mètre. Or les spectateurs, enthousiastes et admiratifs, voulurent être au plus près pour assister à l'exploit. En fait, la foule envahit la zone de saut… et Irving Baxter, englué dans la cohue, décida de renoncer et mit fin à son concours car il lui était désormais impossible de prendre son élan.

Deux concours de saut à la perche de « rattrapage »

Le concours de saut à la perche des Jeux de Paris se déroula le dimanche 15 juillet 1900. Les Américains protestèrent contre cette programmation, car la plupart ne voulaient pas concourir le jour du Seigneur. Un compromis fut trouvé : les organisateurs français décidèrent de maintenir le début du concours en ce jour du Seigneur, mais précisèrent que les Américains pourraient sauter le lundi s'ils le désiraient, et que le classement final se ferait à l'issue des deux concours. Or, au dernier moment, ils firent volte-face et décidèrent qu'un seul concours, celui du dimanche, se tiendrait. De ce fait, les meilleurs Américains – Charles Dvorak, Daniel Horton et Bascom Johnson – ne se trouvaient pas sur le terrain de la Croix-Catelan quand commença le concours du dimanche. Il était trop tard pour que les trois Américains – qu'ils eussent ou non décidé de respecter le jour du Seigneur – y participent. En toute hâte, deux autres Américains, Irving Baxter, qui venait de remporter le saut en hauteur, et Meredith Colket, se rendirent sur le sautoir : Baxter s'imposa (3,30 m), devant Colket (3,25 m). Les Américains protestèrent vigoureusement. Pour calmer leur courroux, on organisa deux autres concours de saut à la perche, de manière « officieuse » : Bascom Johnson remporta le premier (3,38 m) ; Daniel Horton remporta le second (3,45 m), devant Charles Dvorak (3,35 m). Tous les trois réalisèrent donc de meilleures performances que le champion olympique – mais le palmarès n'en fut pas modifié pour autant.

Quand la recherche médicale torture les marathoniens

Le marathon des Jeux Olympiques de Saint Louis, en 1904, fut une « torture » pour tous les concurrents. Une chaleur accablante, un parcours jonché de pierres coupantes, des routes défoncées et sablonneuses, une poussière omniprésente, de redoutables montées : tout était réuni pour que les défaillances fussent nombreuses, d'autant que la circulation n'avait pas été interrompue et que les coureurs devaient donc éviter aussi bien les automobiles que les wagons de marchandises ou les tramways. Mais James E. Sullivan, président du Comité d'organisation de ces Jeux, décida, au nom de la recherche scientifique, de n'autoriser le ravitaillement en eau douce qu'en deux endroits du parcours, l'objectif étant de réduire au minimum la consommation d'eau des concurrents pour tester les effets de la déshydratation volontaire, un domaine de recherche médicale en vogue à l'époque.

Le marathon en voiture

La tricherie de l'Américain Fred Lorz lors du marathon des Jeux de Saint Louis, en 1904, appartient à la petite histoire olympique. Fred Lorz pénétra le premier dans le stade à l'issue de la course ; il fut même photographié en compagnie d'Alice Roosevelt, la fille du président des États-Unis, qui le félicitait. L'Américain Thomas Hicks pénétra à son tour dans le stade, titubant de fatigue. Il se montra surpris, car son entraîneur, Charles Lucas, lui affirmait qu'il se trouvait en tête. La supercherie fut vite dévoilée. Lorz, prétendument victime de crampes au dixième kilomètre, était monté dans le véhicule d'un automobiliste compatissant et avait dépassé le peloton ; à quelques kilomètres du stade, Lorz prétendit se sentir mieux et il termina à pied, en courant. Lorz fut rapidement disqualifié, et Hicks reçut la médaille d'or. Notons que Thomas Hicks avait dû être soutenu à plusieurs reprises par ses accompagnateurs, subir des injections de sulfate de strychnine et avaler des rasades de cognac français pour surmonter ses défaillances. Aujourd'hui, il serait lui aussi disqualifié, pour dopage.

L'odyssée de Félix Carvajal

Le Cubain Félix Carvajal, facteur de profession, homme-sandwich à l'occasion, connu pour sa résistance à l'effort, prit la quatrième place du marathon des Jeux de Saint Louis à l'issue d'une improbable aventure. Il avait récolté de quoi financer son voyage en déambulant dans les rues de La Havane vêtu d'un polo présentant son projet. Il amassa ainsi un peu d'argent, ce qui lui permit d'acheter un billet pour embarquer vers La Nouvelle-Orléans. Là, il dépensa tout son pécule au jeu et dans les bras de dames de petite vertu ! Il lui fallut donc gagner Saint Louis, située à plus de 1 000 kilomètres, en faisant de l'auto-stop et… en marchant. Arrivé dans le Missouri, il se présenta sur la ligne de départ en pantalon long, chemise chaude et grosses bottes de facteur. L'Américain

Martin Sheridan vint à son secours : mué en tailleur, ce célèbre athlète raccourcit le pantalon et la chemise de Félix Carvajal pour qu'il se sente plus à son aise. Quand il prit le départ, Félix Carvajal n'avait rien mangé depuis près de deux jours. Alors qu'il se trouvait en tête, pris de fringale, il s'arrêta dans un verger et dévora quelques pommes vertes... ce qui lui occasionna une diarrhée. Finalement, il termina l'épreuve de 40,2 kilomètres à la quatrième place.

Le futur champion olympique recalé pour « faiblesse de constitution »

L'athlète américain Melvin Sheppard brilla aux Jeux Olympiques en 1908 et en 1912, s'adjugeant quatre médailles d'or et une médaille d'argent dans les épreuves de demi-fond et en relais. Melvin Sheppard, ancien ouvrier dans une verrerie, avait voulu s'engager dans la police de New York. Mais celle-ci ne l'avait pas accepté dans ses rangs, au motif d'une « faiblesse de constitution » ! Cette prétendue faiblesse ne l'empêcha ni de briller aux Jeux Olympiques ni, plus tard, de servir durant la Première Guerre mondiale.

Conan Doyle a-t-il provoqué la disqualification de Dorando Pietri ?

En 1908, le Comité d'organisation des Jeux Olympiques de Londres désirait remercier la famille royale de son soutien. Pour ce faire, il souhaitait que le départ du marathon fût donné par le roi Édouard VII devant le château de Windsor. Mais le protocole interdisait à Sa Majesté de se montrer debout sur le parvis du château. On contourna aisément la difficulté : les concurrents partirent depuis l'intérieur de l'enceinte royale. Dans le même souci de remerciements, la ligne d'arrivée fut fixée juste devant la loge royale du stade de Sherpherd's Bush (White City Stadium). La distance de la course fut donc exactement de 26 miles et 385 yards, soit 42,195 kilomètres. En

1921, la Fédération internationale d'athlétisme amateur rendra officielle cette distance de 42,195 kilomètres pour le marathon. Les quelques yards ajoutés, au départ et à l'arrivée, de ce marathon olympique eurent leur importance. En effet, la dramatique arrivée du marathon de ces Jeux de Londres appartient à la grande histoire du sport. L'Italien Dorando Pietri pénétra le premier dans le stade. Mais, à bout de forces, il tituba, se trompa de sens, tomba. Des officiels le relevèrent, lui indiquèrent la direction de la loge royale. Pantin désarticulé, il s'écroula de nouveau à 70 mètres du fil, se releva de lui-même, chuta encore, repartit. Plus que 15 mètres : il s'écroula de nouveau. Deux hommes le remirent sur ses jambes et le soutinrent presque jusqu'à l'arrivée. Le lendemain, Dorando Pietri fut disqualifié pour « avoir profité d'une aide étrangère non sollicitée ». Selon certaines sources, l'un des deux hommes qui l'avaient accompagné serait Arthur Conan Doyle. Néanmoins le fait n'est pas avéré. Une enquête pour Sherlock Holmes ? Sans doute, puisque Conan Doyle lancera dans le *Daily Mail* une souscription pour permettre à Dorando Pietri d'ouvrir une boulangerie dans son village. Cette souscription rapportera 300 livres.

Forrest Smithson court une bible à la main

L'athlète américain Forrest Smithson remporta le 110 mètres haies aux Jeux Olympiques de Londres, en 1908. Après sa victoire, cet étudiant en théologie profondément croyant effectua de nouveau le parcours en franchissant les haies une bible à la main. Une légende veut que Forrest Smithson protestait ainsi contre la tenue de la course le dimanche. La légende est belle, mais l'histoire est fausse : aucune épreuve n'était programmée un dimanche durant ces Jeux de 1908. Toujours est-il que la photo de Forrest Smithson franchissant les haies une bible à la main lui vaut une belle notoriété dans la petite histoire olympique.

Wyndham Halswelle, seul en piste pour la finale du 400 mètres

Le 25 juillet 1908, l'athlète britannique Wyndham Halswelle remporta le 400 mètres des Jeux de Londres de la plus curieuse des manières : il était seul en piste ! En effet, le 23 juillet, jour de la finale, Wyndham Halswelle était en tête de la course, mais l'Américain John Carpenter revint à sa hauteur et il lui assena un coup de coude pour l'écarter, ce qui « ouvrit la porte » à ses compatriotes Williams Robbins et John Taylor. Aussitôt, le jury annula la course et la reprogramma deux jours plus tard après avoir disqualifié Carpenter. Pour protester contre cette décision, les deux autres Américains déclarèrent forfait. Le 25 juillet, trois des quatre finalistes étaient donc absents. Aussi Wyndham Halswelle n'eut-il aucun adversaire et couvrit seul son tour de piste, ce qui lui valut la médaille d'or. Au-delà de l'anecdote, l'incident aura d'importantes répercussions réglementaires. Pour éviter ce type de bousculades, on créera les couloirs pour les courses de 400 mètres. Ensuite, il apparut indispensable d'instaurer plus rapidement que prévu une organisation garante des règlements et de leur bonne application. De ce fait, juste après la fin des Jeux de 1908 naîtra la Fédération internationale d'athlétisme (IAAF).

Des lancers des deux bras aux JO

Se replonger dans le programme des Jeux Olympiques permet de déceler quelques curiosités. Ainsi, le programme athlétique des Jeux de Stockholm, en 1912, comportait d'étranges épreuves de lancer des deux bras. L'Américain Ralph Rose s'imposa au lancer du poids (15,23 m d'un bras, 12,47 m de l'autre). Le Finlandais Armas Taipale remporta le lancer du disque (44,68 m d'un bras, 38,18 m de l'autre). Un autre Finlandais, Julius Saaristo, l'emporta au lancer du javelot (61,00 m d'un bras, 48,42 m de l'autre). Notons que Julius Saaristo, avec son jet de 61,00 m du bras droit, établit le record du monde du lancer du javelot – ce jet lui aurait bien sûr permis de remporter la médaille d'or dans le concours de lancer du javelot « classique », lequel vit la victoire du Suédois Eric Lemming (60,64 m), devant le même Julius Saaristo (58,66 m dans ce concours).

Rififi entre marathoniens sud-africains

Tous les meilleurs coureurs de fond de l'époque se trouvaient au départ du marathon des Jeux Olympiques de Stockholm, en 1912. Le Finlandais Tatu Kolehmainen se porta en tête, avant de faiblir. Le Sud-Africain Chris Gitsham le rejoignit, et les deux hommes menèrent la course durant quelques kilomètres, puis Gitsham distança Kolehmainen. Au trente-cinquième kilomètre, le Sud-Africain Ken McArthur rejoignit son compatriote. À 3 kilomètres du but, les deux marathoniens, assoiffés, décidèrent de s'arrêter au pied d'une colline pour se désaltérer. Chris Gitsham cessa donc son effort, mais il eut la surprise de voir Ken McArthur continuer sa course sans marquer cette « pause-boisson ». Ken McArthur, qui avait brisé le pacte, remporta l'épreuve, avec 58 secondes d'avance sur Chris Gitsham. Les deux Sud-Africains eurent sans doute une explication « musclée ». Ken McArthur, qui avait jusque-là remporté les six marathons auxquels il avait participé, prit sa retraite sportive ; Chris Gitsham, lui, persévéra. Il participa encore au marathon des Jeux d'Anvers en 1920, et le sort lui fut encore contraire : alors qu'il se trouvait en tête de l'épreuve, il fut contraint à l'abandon car une de ses chaussures s'était déchirée.

Jim Thorpe, du Capitole à la roche Tarpéienne

Aux Jeux de Stockholm, en 1912, Jim Thorpe, un Américain né dans une réserve indienne, remporta le pentathlon devant le Norvégien Ferdinand Bie, et le décathlon en dominant très nettement le favori, le Suédois Hugo Wieslander. Ses exploits lui valurent l'admiration de tous. Le roi Gustave V de Suède le félicita chaudement. De retour aux États-Unis, Jim Thorpe fut fêté comme un héros national. Le président William Howard Taft lui adressa une lettre de félicitations : « J'ai grand plaisir à vous féliciter pour vos magnifiques victoires aux Jeux Olympiques. » Mais la gloire soudaine de Thorpe provoquera rapidement sa perte. En effet, en 1909, Jim Thorpe avait évolué au sein d'une équipe professionnelle de base-ball. Il avait touché pour cela quelques poignées de dollars. La Fédération américaine d'athlétisme ouvrit alors une enquête. Thorpe, redevenu pour l'Amérique blanche Wa-Tho-Huk (« Sentier brillant », son nom indien), fut disqualifié pour « professionnalisme » dès janvier 1913, et il dut rendre ses médailles d'or. Jim Thorpe s'éteindra en 1953, victime d'un cancer, sans avoir réussi à faire valoir son bon droit. Vingt ans plus tard, en 1973, la Fédération internationale d'athlétisme reconnaîtra le statut d'amateur de Jim Thorpe. Quant au CIO, il ne rétablira le nom de Jim Thorpe au palmarès qu'en 1982 et ne rendra ses médailles d'or à sa famille qu'en 1983. Maigre consolation : son infortune fit de lui une légende. Sa destinée inspira même le cinéma : Michael Curtiz réalisa en 1951 un film relatant sa vie, *Jim Thorpe. All-American*, avec Burt Lancaster pour jouer son rôle.

Il met cinquante-quatre ans pour terminer le marathon !

Le marathon des Jeux de Stockholm, en 1912, fut l'un des plus difficiles de l'histoire : les concurrents s'élancèrent sous un soleil de plomb ; plus de la moitié d'entre eux abandonnèrent. L'épreuve fut même le théâtre d'un drame, puisque le jeune Portugais Francisco Lázaro (24 ans), victime d'une insolation, décéda à l'hôpital. Quant au Japonais Shizo Kanakuri, il prit le départ mais ne franchit pas la ligne d'arrivée. Pourtant, il ne figurait pas parmi les 32 marathoniens que les organisateurs avaient ramassés sur le parcours et qui avaient donc abandonné : on avait perdu sa trace ! La police partit à sa recherche, sans succès ; Shizo Kanakuri fut rapidement surnommé le « disparu de Stockholm ». Les rumeurs se multiplièrent : certains l'auraient aperçu titubant dans les rues de la ville, cherchant l'entrée du stade olympique ; d'autres l'auraient vu boire un verre en compagnie de deux beautés locales. Le temps passant, les recherches s'arrêtèrent, puis on l'oublia. En fait, épuisé, Shizo Kanakuri avait demandé à un spectateur de lui donner à boire. Ce spectateur compatissant lui offrit donc un verre d'eau. Mieux, voyant son état d'épuisement, il lui proposa un lit pour se reposer. Shizo Kanakuri accepta de s'allonger un moment, mais il dormit profondément et ne se réveilla que le lendemain matin ! Quand il quitta les bras de Morphée, honteux, Shizo Kanakuri songea à ne pas rentrer dans son pays. Finalement, dans la plus grande discrétion, il embarqua sur un navire mouillant en Suède et en partance pour le Japon. Toutefois, cette mésaventure de 1912 l'avait profondément meurtri. Ainsi, en 1967, alors âgé de 76 ans, il revint à Stockholm à l'occasion de l'inauguration d'un grand magasin et… décida de terminer ce marathon : conduit au stade olympique, il trottina devant un public surpris, puis franchit la ligne d'arrivée, 54 ans, 8 mois, 6 jours, 8 heures, 32 minutes et 20 secondes après avoir pris le départ !

Ses dauphins ne voulaient pas des médailles de Jim Thorpe

Les médailles d'or de Jim Thorpe furent réattribuées dès la disqualification de l'Américain, en 1913, à ses dauphins : le Norvégien Ferdinand Bie pour le pentathlon ; le Suédois Hugo Wieslander pour le décathlon. Or les deux hommes, estimant avoir été battus sur le stade par un champion plus fort qu'eux et qui n'avait pas triché, prirent la défense de Jim Thorpe, sans résultat. Ferdinand Bie refusa la médaille d'or ; Hugo Wieslander songea à la refuser – finalement, il l'accepta mais il donnera cette médaille d'or dont il ne voulait pas au musée du Sport suédois en 1951.

Le « saut » de Charley Paddock

L'Américain Charley Paddock fut l'un des meilleurs sprinters du monde dans les années 1920. Ainsi, il remporta le 100 mètres et le relais 4 fois 100 mètres aux Jeux d'Anvers. Sprinter trapu (1,72 m, 75 kg), il présentait la particularité de terminer ses courses par un saut qu'il effectuait à environ 3 ou 4 mètres de la ligne d'arrivée, au lieu de « casser » (pencher le buste en avant) comme le font la plupart des sprinters. Est-ce là le secret de ses performances ? Sans doute pas, car les lois de l'aérodynamique semblent prouver que ce « bond en avant » devait en fait le ralentir. Toujours est-il que cette technique lui paraissait nécessaire, et que les « sauts » de Charley Paddock ont fourni d'étonnants clichés photographiques.

Guillemot sortait à peine de table...

Le Français Joseph Guillemot remporta le 5 000 mètres aux Jeux Olympiques d'Anvers, en 1920, en battant à la surprise générale le Finlandais Paavo Nurmi. Trois jours plus tard, il comptait bien récidiver dans le 10 000 mètres. Mais l'heure du départ de l'épreuve avait été avancée. Guillemot fut prévenu au dernier moment, alors qu'il sortait à peine de table. Il se chaussa promptement et se rendit au stade à la hâte. Guillemot opposa une résistance farouche à Nurmi, mais il s'inclina de peu. Sans cet aléa horaire, sa médaille d'argent se serait-elle transformée en médaille d'or ?

Il remporte le lancer de la pierre de 25,4 kg à quarante-deux ans

Les Jeux Olympiques fourmillent de destins étonnants ainsi que d'épreuves curieuses. Les Jeux d'Anvers, en 1920, sont l'occasion de réunir les deux. En effet, le programme de l'athlétisme comprenait une surprenante compétition de « lancer de la pierre de 25,4 kg ». Le vainqueur fut l'Américain Patrick

McDonald, un colosse d'origine irlandaise alors âgé de 42 ans, qui expédia la pierre à 11,265 mètres. Ce succès fait de lui le plus vieux des champions olympiques en athlétisme. En outre, il gagna un sobriquet : surnommé jusque-là « Fat Mac », il devint « Old Cop » (il travaillait pour la police de New York, assurant notamment la sécurité à Times Square). Huit ans plus tôt, il avait remporté le concours de lancer du poids aux JO de Stockholm, devant son compatriote Ralph Rose, surnommé « Elephant Baby ». Notons enfin que Patrick McDonald fut deux fois consécutivement le porte-drapeau de la délégation des États-Unis lors de la cérémonie d'ouverture des Jeux (1920 et 1924), un honneur rarissime.

Loren Murchison n'entend pas le starter !

Le sprinter américain Loren Murchison était réputé pour ses départs en « boulet de canon », une qualité qui lui permit d'établir de multiples records en salle, sur 50 et 60 yards. Pourtant – comble de l'ironie –, lors de la finale du 100 mètres des Jeux d'Anvers, en 1920, il comprit mal les ordres du starter, se releva trop tôt et ne parvint pas s'élancer correctement. Dès le départ, sa course était finie : il termina sixième et dernier de cette finale remportée par son compatriote Charley Paddock. Ce dernier déclara qu'il considérait Loren Murchison comme le meilleur sprinter de son époque et comme un des meilleurs partants de tous les temps, ce qui rend sa mésaventure anversoise encore plus amère. Mais cela est peu de chose quand on rappelle que Loren Murchison, victime d'une méningite en 1925, resta paralysé toute sa vie à la suite de cette maladie.

L'improbable victoire d'Allen Woodring

Allen Woodring n'aurait jamais dû participer aux Jeux Olympiques. En effet, il a terminé le 200 mètres des sélections américaines pour les Jeux d'Anvers, en 1920, à la cinquième place. Il fit néanmoins le voyage en Europe, en qualité de remplaçant. Or George Massengale, quatrième de cette épreuve de sélection, se blessa, et Allen Woodring le remplaça. Comme ses chaussures étaient hors d'usage, il emprunta une paire à un autre concurrent. À la surprise générale, ce « remplaçant mal chaussé » remporta l'épreuve, devant le favori, son compatriote Charley Paddock, les deux hommes étant crédités du même temps (22,0 s). Quelques jours plus tôt, Charley Paddock avait remporté le 100 mètres. Woodring pensa même que Paddock l'avait laissé gagner !

L'acteur Bruce Bennett fut médaillé olympique

Tous les férus de cinéma connaissent Bruce Bennett, qui se rendit célèbre à Hollywood à partir des années 1940. On sait moins qu'il se nommait en réalité Herman Brix et qu'il fut médaillé olympique aux Jeux d'Amsterdam. En 1928, il obtint la médaille d'argent dans le concours de lancer du poids (15,75 m), seulement devancé par son compatriote John Kuck (15,87 m). Herman Brix continua de progresser, réussissant son meilleur jet en 1932 (16,07 m). Hélas ! il ne fut pas en mesure d'obtenir sa sélection pour les JO de Los Angeles, et il mit un terme à sa carrière. Dès 1931, la Metro-Goldwyn-Mayer l'avait choisi pour interpréter Tarzan au cinéma ; mais, victime d'une fracture en tournant un film de série B, Herman Brix dut renoncer, et la MGM donna à Johnny Weissmuller ce rôle qui fera sa gloire. Herman Brix tourna néanmoins dans quelques films. Puis, engagé par Columbia Pictures, il prit le pseudonyme de Bruce Bennett en 1939, et connut une longue carrière d'acteur, marquée notamment par ses rôles dans *Sahara* de Zoltan Korda (1943), *Les Passagers de la nuit* de Delmer Daves (1947), *Le Trésor de la Sierra Madre* de John Huston (1948) ou *Le Mystère de la plage perdue* de John Sturges (1950). Il apparut par la suite dans des films de série B et dans des séries télévisées, et ce jusque dans les années 1970.

Percy Williams acclame Percy Williams

Le Canadien Percy Williams réalisa le doublé 100-200 mètres aux Jeux Olympiques d'Amsterdam, en 1928, à la surprise générale. En effet, ce frêle athlète de 20 ans était quasi inconnu avant cette compétition. Sa victoire sur 100 mètres fut tellement inattendue que la cérémonie de remise des médailles dut être différée afin que les officiels aient le temps de trouver un drapeau canadien ! Dans le 200 mètres, après un départ prudent, il remonta ses concurrents et remporta sa seconde médaille d'or olympique, devant le Britannique Walter Rangeley et l'Allemand Helmut Körnig. Les supporters canadiens voulurent aussitôt fêter leur nouveau héros et se rendirent à son hôtel pour l'ovationner. Or Percy Williams était très peu connu et il se trouvait à ce moment-là non pas à son hôtel mais au beau milieu de ses supporters. Il put donc rester au cœur de cette foule et scander son propre nom !

Un concours de Miss aux Jeux?

Les femmes furent pour la première fois autorisées à participer à des compétitions olympiques d'athlétisme en 1928, aux Jeux d'Amsterdam : 100 mètres, 800 mètres, relais 4 fois 100 mètres, saut en hauteur et lancer du disque. La Canadienne Ethel Catherwood remporta le concours de saut en hauteur. La Polonaise Halina Konopacka s'adjugea la médaille d'or au lancer du disque. Mais le machisme ne s'était pas éteint pour autant : ces deux championnes furent autant célébrées pour leur plastique que pour leurs performances sportives, si ce n'est plus. Ainsi, un journaliste américain qualifia Ethel Catherwood de « plus belle athlète des Jeux Olympiques », et elle fut élue, de manière informelle, « Miss JO ». Mais un autre jury masculin désigna Halina Konopacka « plus belle femme des Jeux d'Amsterdam ». L'arrivée des femmes dans la discipline reine des Jeux, l'athlétisme, se résuma-t-elle à une « guerre des Miss » ? Non, bien sûr. En outre, la vie des Miss n'est pas toujours rose, comme pourrait en témoigner Ethel Catherwood. À son retour au Canada, la presse épia ses faits et gestes, son mariage puis son divorce défrayèrent la chronique, à tel point qu'Ethel Catherwood revendra toutes ses médailles et refusera bientôt de répondre aux interviews.

Le 800 mètres féminin mort-né à Amsterdam

Le 800 mètres des Jeux d'Amsterdam, en 1928, vit la victoire de l'Allemande Lina Radke, qui établit le record du monde (2 min 16,8 s), à l'issue d'une lutte farouche avec la Japonaise Kinue Hitomi (2 min 17,6 s). Au terme de cet effort intense, des concurrentes s'allongèrent le long de la piste, à bout de forces. Ce spectacle heurta quelques âmes sensibles, et les comptes rendus qu'on put lire dans la presse s'attardèrent bien plus à décrire ces prétendues défaillances qu'à évoquer l'exploit de la gagnante. Ainsi, John Tunis, célèbre chroniqueur américain, ajoutant la mauvaise foi à la dramatisation de l'événement, écrivit : « Sous nos yeux, sur la piste cendrée, se trouvaient onze pauvres femmes ; cinq ont abandonné avant la fin de la course, et cinq se sont effondrées sur la ligne d'arrivée. » Cette compassion n'honore guère le journaliste, car ces quelques lignes sont émaillées de contre-vérités : neuf concurrentes (et non pas onze) ont pris part à la course, aucune n'a abandonné, aucune ne s'est effondrée (certes, des jeunes femmes se sont allongées sur la piste pour récupérer de leurs efforts, mais c'est également une chose habituelle pour les hommes dans les courses de demi-fond). Les thuriféraires de la « masculinité sportive » profitèrent de l'occasion pour critiquer cette compétition féminine, et le CIO raya aussitôt le 800 mètres féminin du programme olympique : jusqu'en 1960, aucune épreuve athlétique de plus de 200 mètres ne sera proposée aux femmes.

Betty Robinson « ressuscite » et obtient une médaille d'or

Betty Robinson fut, en 1928, la première championne olympique du 100 mètres, et elle connut un destin personnel hors norme. Cette toute jeune femme (17 ans) n'avait couru son premier 100 mètres qu'un an avant les Jeux d'Amsterdam, puis elle avait battu le record du monde en juin 1928 (12,0 s). Elle remporta la médaille d'or (12,2 s), devançant les Canadiennes Fanny Rosenfeld, une sportive complète, et Ethel Smith. Durant ces Jeux, Betty Robinson obtint aussi la médaille d'argent dans le relais 4 fois 100 mètres avec l'équipe des États-Unis. En 1931, son destin bascula : victime d'une catastrophe aérienne, elle fut considérée comme morte, et ce n'est qu'à la morgue qu'on s'aperçut qu'elle vivait encore ! Elle restera 7 mois dans le coma. Acharnée, Betty Robinson reprit l'entraînement, mais, handicapée par ses blessures, il lui était impossible de s'agenouiller, et donc de prendre le départ d'un 100 mètres. Elle pouvait néanmoins participer à des courses de relais, car on s'élance debout quand on reçoit le témoin. Aussi Betty Robinson fut-elle sélectionnée dans l'équipe des États-Unis de relais 4 fois 100 mètres pour les Jeux de Berlin en 1936. Les Allemandes, largement en tête, laissèrent échapper le témoin et abandonnèrent, alors que Betty

Robinson transmit parfaitement le relais à Helen Stephens. Après cette seconde médaille d'or olympique, Betty Robinson mit un terme à sa carrière d'athlète.

Paavo Nurmi tombe dans la rivière du steeple

Aux Jeux d'Amsterdam, le Finlandais Paavo Nurmi participa au 3 000 mètres steeple, une épreuve dans laquelle il était quasi novice. Son manque d'expérience se vérifia dès les séries. Au premier passage de la rivière, il heurta la barrière et tomba dans le fossé. Le Français Lucien Duquesne l'aida à se relever. En finale, Nurmi obtiendra la médaille d'argent, alors que Duquesne ne sera que sixième. Mais Duquesne aurait pu recevoir la médaille du fair-play si elle avait existé…

Les chaussures de Joie Ray

L'athlète américain Joie Ray, chauffeur de taxi de profession, participa aux Jeux Olympiques en 1920 à Anvers, en 1924 à Paris et en 1928 à Amsterdam. Il n'obtint qu'une médaille, en bronze, dans le 3 000 mètres par équipes en 1924. En 1928, à Amsterdam, il participa au marathon et prit la cinquième place. Mais, à l'arrivée, ses pieds avaient tellement gonflé qu'il lui fut impossible d'ôter ses chaussures, qu'il fallut découper ! En 1928, dans un autre registre, il participa à un marathon de danse – une compétition de plus de 1 700 heures qui sert de trame au film *On achève bien les chevaux* de Sydney Pollack (1969). L'histoire ne dit pas dans quel état on retrouva ses chaussures.

La championne olympique était un homme !

La destinée de Stanisława Walasiewicz, qui remporta le 100 mètres à Los Angeles en 1932, mérite qu'on s'y arrête. Née

en Pologne, elle vivait à Cleveland (Ohio) depuis l'âge de 3 mois. En 1928, la jeune Stanisława (17 ans) aurait souhaité participer aux épreuves d'athlétisme sous les couleurs des États-Unis, mais ce fut impossible car elle était de nationalité polonaise. Elle décida alors de concourir sous le maillot de son pays natal. Elle brilla aux JO de Los Angeles et remporta le 100 mètres en égalant le record du monde (11,9 s). Peu après ces Jeux, elle établit les records du monde du 60 mètres (7,4 s) et du 100 mètres (11,8 s). En 1936, aux Jeux de Berlin, elle obtint la médaille d'argent sur 100 mètres, devancée par l'étoile américaine Helen Stephens. Mariée à un Américain en 1947, elle fut naturalisée américaine et, dès lors, fut connue sous le nom de Stella Walsh. Elle trouva la mort en 1980, touchée par une balle perdue lors d'un braquage. Or l'autopsie révéla qu'elle avait des organes génitaux masculins, bref qu'elle était hermaphrodite. De nos jours, Stanisława Walasiewicz ne serait pas autorisée à participer à des compétitions féminines. Les palmarès olympiques ne furent pas pour autant révisés.

Le lanceur de marteau lime ses pointes

En remportant le concours de lancer du marteau aux Jeux d'Amsterdam, en 1928, Patrick O'Callaghan apporta à l'Irlande indépendante son premier titre olympique, et il devint un héros national. Favori en 1932 à Los Angeles, il fut longtemps devancé par le Finlandais Ville Pörhölä. Il détecta le problème : sur cette aire de lancer très dure, les pointes de ses chaussures étaient trop longues, ce qui ne lui permettait pas de conserver un parfait équilibre. Les spectateurs assistèrent alors à une scène cocasse : Patrick O'Callaghan lima ses pointes pour retrouver une meilleure assise. À son sixième et dernier jet, l'Irlandais expédia le marteau à 53,92 mètres, et fut de nouveau champion olympique. Le bricolage a du bon...

« Babe » Didrikson battue par un curieux règlement

L'Américaine « Babe » Didrikson fut la reine des Jeux de Los Angeles, en 1932. Elle remporta deux médailles d'or (lancer du javelot, 80 m haies) et une médaille d'argent (saut en hauteur). Mais cette dernière médaille aurait pu être en or. En effet, tout comme sa compatriote Jean Shiley, elle avait franchi 1,65 mètre, ce qui constituait le record du monde. Aucune des deux jeunes femmes ne parvint à passer 1,68 mètre. La barre fut alors placée à 1,67 mètre, pour un barrage censé les départager. Or toutes deux effacèrent la barre ! Mais, contrairement à Jean Shiley, « Babe » Didrikson employait la technique alors non conventionnelle du *Western roll* (rouleau californien). Le jury décida subitement que le style de Didrikson n'était pas réglementaire, car la tête franchissait la barre avant le corps, et Jean Shiley fut déclarée championne olympique.

L'or pour le premier, le record pour le deuxième !

Comment devenir recordman du monde en terminant deuxième sans que le premier devienne lui aussi recordman du monde ? Il suffit d'une incongruité réglementaire… Ainsi, aux Jeux de Los Angeles, en 1932, l'Américain Glenn Hardin obtint la médaille d'argent dans le 400 mètres haies (51,9 s), derrière l'Irlandais Bob Tisdall (51,7 s). Pourtant, Glenn Hardin améliora à cette occasion le record du monde (52,0 s). Ce fait est dû à une curiosité du règlement de l'époque : Bob Tisdall fit tomber le dernier obstacle, une faute qui ne provoquait pas la disqualification mais empêchait l'homologation d'un record. Tisdall, premier, devint champion olympique ; Hardin, deuxième, devint recordman du monde… Pourquoi faire simple quand on peut faire compliqué ?

Un tour de trop pour le 3 000 mètres steeple

Le 3 000 mètres steeple des JO de Los Angeles, en 1932, donna lieu à l'une des plus belles étourderies olympiques. Le Finlandais Volmari Iso-Hollo l'emporta avec une large avance sur ses concurrents, mais dans un temps médiocre (10 min 33,4 s), bien loin de son record. En fait, les officiels, plus occupés à admirer sa foulée qu'à se concentrer sur leur travail, oublièrent de faire tinter la cloche qui annonce le dernier tour, puis d'arrêter le Finlandais au terme des 3 000 mètres. Volmari Iso-Hollo parcourut en fait 3 460 mètres ! Ajoutons que l'Américain Joe McCluskey, deuxième avant le « tour en trop », fut dépassé par le Britannique Tom Evenson, et sa médaille d'argent se transforma en médaille de bronze.

Jules Noël privé d'une médaille par l'inattention des juges

L'athlète français Jules Noël prit la quatrième place du concours de lancer du disque des Jeux Olympiques de Los Angeles, en 1932 (47,74 m). Mais il méritait mieux : il fut privé par l'inattention des juges – qui regardaient le concours de saut à la perche et n'ont pas mesuré son lancer – d'un jet à environ 49 mètres qui aurait dû lui valoir la médaille d'argent.

Le beau geste de Jack Keller

Aux Jeux de Los Angeles, en 1932, l'arrivée du 110 mètres haies fut serrée. L'Américain Jack Keller prit la troisième place, du moins dans un premier temps, et reçut la médaille de bronze sur le podium. En effet, à l'issue d'un examen minutieux de la photo-finish, il s'avéra que le Britannique Donald Finlay l'avait dépassé sur le fil. Le lendemain de cette course, Jack Keller s'en alla trouver Donald Finlay dans les quartiers de l'équipe britannique, et il remit lui-même, en main propre, sa médaille de bronze à Donald Finlay.

La déveine de Ralph Metcalfe

Aux Jeux Olympiques de Los Angeles, en 1932, l'athlète américain Ralph Metcalfe obtint la médaille d'argent dans le 100 mètres et la médaille de bronze dans le 200 mètres. Mais ces médailles auraient sans doute dû être en or. Dans le 100 mètres, Ralph Metcalfe et son compatriote Eddie Tolan terminèrent ex aequo (10,38 s). Après avoir examiné durant plusieurs heures la photo-finish, le jury accorda la victoire à Tolan : or on sait qu'avec les moyens d'analyse des images d'aujourd'hui la victoire serait revenue à Metcalfe. Dans le 200 mètres, alors qu'il était le favori, Metcalfe ne prit que la troisième place de l'épreuve, également remportée par Eddie Tolan. L'examen des images prouva que le plot de départ de Ralph Metcalfe avait été mal positionné par les officiels, et que celui-ci avait couru une distance supérieure à 200 mètres. Mais, faisant preuve d'un rare esprit sportif, Metcalfe refusa que la finale du 200 mètres fût reprogrammée et accepta le succès de Tolan.

Luz Long a-t-il vraiment aidé Jesse Owens ?

La légende olympique s'écrit souvent a posteriori, parfois en travestissant un peu la vérité. Ainsi, dans le contexte particulier des Jeux de Berlin de 1936 organisés par les nazis, le concours de saut en longueur est entré dans l'histoire, à la fois en raison de la victoire du Noir américain Jesse Owens, présentée comme un pied de nez à Hitler, et du fair-play dont aurait fait preuve l'Allemand Luz Long. En effet, lors du concours de qualification, les sauteurs disposaient de trois essais pour réussir au moins 7,15 mètres. Or Jesse Owens avait « mordu » ses deux premiers sauts, et risquait d'être éliminé. Jesse Owens détenait pourtant le record du monde (8,13 m), et Luz Long lui aurait conseillé de reculer ses marques pour « assurer » un saut. Jesse Owens l'aurait écouté : il retomba à 7,64 mètres et se qualifia donc pour la finale. Néanmoins, cet épisode est sujet à caution : Jesse Owens l'aurait inventé pour honorer Luz Long, car les deux hommes devinrent réellement amis durant les Jeux. Revenons sur la finale. Jesse Owens et Luz Long étaient à égalité (7,84 m) ; à son avant-dernier essai, Long retomba à 7,87 mètres et prit la tête ; Owens s'élança et répliqua : 7,94 mètres. Dernier essai : Long manqua son appel ; Owens, champion olympique de ce fait, aiguillonné par l'amour-propre, jaillit et retomba à 8,06 mètres, établissant un record olympique qui allait tenir jusqu'en 1960. Les deux hommes posèrent alors côte à côte pour les photographes. À ce sujet, l'athlète et humaniste français Stéphane Diagana déclarera : « C'est pour moi le plus beau pied de nez fait à Hitler. Comme si Hitler et toute la propagande nazie n'existaient même pas, comme si la réalité était suspendue. » Luz Long sera vertement réprimandé par Rudolf Hess, un des plus proches collaborateurs d'Hitler. Pour cet « outrage », il faillit être envoyé sur le front de l'Est au plus fort de la guerre. Luz Long est mort en 1943 lors du débarquement allié en Sicile. Peu avant, craignant le pire, il avait écrit à Jesse Owens : « J'ai la sensation que celle-ci sera ma dernière lettre, donc quand tu retourneras en Allemagne, une fois la guerre finie, va voir mon fils et dis-lui qui était son père, je t'en prie, Jesse, raconte-lui comment deux hommes, sur cette terre, peuvent être amis. » Il faut souligner que, dans le film *Olympia* (*Les Dieux du stade*) de Leni Riefenstahl consacré aux Jeux de Berlin, on ne voit aucune image de Luz Long félicitant Jesse Owens…

Une quatrième médaille d'or contre son gré

Jesse Owens est entré dans l'histoire en remportant quatre médailles d'or aux Jeux Olympiques de Berlin, en 1936. Pourtant, il ne devait initialement participer qu'à trois épreuves : 100 mètres, 200 mètres, saut en longueur. En effet, depuis 1924, les États-Unis alignaient traditionnellement leurs meilleurs représentants sur 100 mètres, les autres disputant le relais 4 fois 100 mètres. Associés à Foy Draper et Frank Wykoff, Sam Stoller et Marty Glickman devaient participer à cette épreuve. Or ces deux derniers étaient juifs. Certains dirigeants américains, dont Avery Brundage, le futur président du CIO, jugèrent bon, pour des raisons non avouables, de les exclure et de les remplacer par Jesse Owens et Ralph Metcalfe, premier et deuxième du 100 mètres. Owens intercéda en faveur de ses camarades ; il demanda que Marty Glickman et Sam Stoller soient réintégrés. Mais, malgré ses récriminations, les dirigeants américains demeurèrent inflexibles. Jesse Owens s'adjugea donc contre son gré une quatrième médaille d'or lors du relais 4 fois 100 mètres. Avec ses coéquipiers, il établissait un record du monde qui allait tenir vingt ans (39,8 s). Mais cette médaille eut un goût amer pour Jesse Owens.

Les « médailles de l'amitié »

Le concours de saut à la perche des Jeux de Berlin fut remporté par l'Américain Earle Meadows (4,35 m). Les Japonais Shuhei Nishida et Sueo Oe avaient tous les deux franchi 4,25 mètres. Ils étaient en outre ex aequo au nombre des essais. Ils refusèrent de disputer un barrage pour se départager : le jury décida arbitrairement d'attribuer la médaille d'argent à Nishida, la médaille de bronze à Oe. Par la suite, les Japonais découperont leurs médailles et les souderont, pour conserver chacun une originale médaille mi-argent, mi-bronze, appelées les « médailles de l'amitié ». Plus tard, Shuhei Nishida deviendra juge-arbitre : a-t-il eu à connaître un cas aussi singulier dans sa nouvelle carrière ? On l'ignore, mais sans doute aurait-il attribué deux médailles d'argent, en souvenir de son ami Sueo Oe, tué lors du déclenchement de la guerre du Pacifique, en 1941.

Jesse Owens contraint de courir contre un cheval

La gloire de Jesse Owens est éternelle. Pourtant, au lendemain de sa dernière victoire à Berlin, il fut sommé de participer à une tournée de meetings, lucratifs pour la Fédération américaine d'athlétisme, mais pas pour les athlètes, car monnayer leurs lauriers olympiques leur était bien sûr interdit. Jesse Owens, qui devait disputer huit courses en cinq jours, refusa de participer à cette tournée. La sanction tomba : malgré son triomphe olympique, Avery Brundage, président du Comité olympique américain, suspendit Jesse Owens de toute compétition officielle. La carrière de Jesse Owens (23 ans) était terminée. Le héros de Berlin tenta de gagner sa vie comme il le pouvait. Ainsi, il accepta de courir contre un cheval à La Havane, pour 2 000 dollars. Pour l'anecdote, le quadruple champion olympique, parti avec 40 yards d'avance, gagna cette course ridicule. Beaucoup plus tard, Jesse Owens reviendra sur l'événement : « On a dit que c'était dégradant pour un champion olympique de courir contre un cheval. Mais qu'est-ce que j'étais censé faire ? J'avais quatre médailles d'or, mais je ne pouvais pas les manger. À l'époque, il n'y avait pas de télévision ni de contrats publicitaires. En tout cas pas pour un Noir. » En fait, dès la fin des Jeux de Berlin, l'Amérique avait renvoyé James Cleveland Owens à sa condition de petit-fils d'esclave, un statut dont il ne s'était extirpé que durant six jours magiques de l'été de 1936, au cœur même de la capitale nazie.

Le chanteur lyrique devient champion olympique

Pour beaucoup, une carrière sportive doit prendre le pas sur tout le reste. Mais ce n'est pas le cas de tout le monde. Ainsi du Finlandais Tapio Rautavaara. Celui-ci, par ailleurs archer de qualité (il sera champion du monde de tir à l'arc par équipes en 1958), se distingua sur la scène athlétique au lancer du javelot. Ainsi, il remporta le concours de lancer du javelot aux Jeux

Olympiques de Londres, en 1948. Mais Tapio Rautavaara était avant tout un chanteur lyrique de grand talent : il enregistra 340 chansons durant sa carrière et connut un grand succès. Il reçut notamment trois disques d'or. Ajoutons que Tapio Rautavaara mena une petite carrière d'acteur : il apparaît au cinéma dans une vingtaine de films finlandais.

Étienne Gailly s'effondre dans le dernier tour du marathon

Le marathon est souvent le théâtre de petits et de grands drames. Étienne Gailly fait partie de ces valeureux coureurs marqués par la déveine, et même des hommes peu épargnés par la vie. Étienne Gailly, qui avait participé à la libération de la Belgique en 1944, fut profondément meurtri quand il vit son pays dévasté. Il se proposa bientôt de relever un défi pour évacuer sa colère : remporter le marathon des Jeux Olympiques de Londres, en 1948. Bien qu'il participât pour la première fois à cette épreuve de 42,195 kilomètres, Étienne Gailly surprit ses rivaux, et, sous la chaleur, pénétra en tête dans le stade. Tout le monde pensait qu'il allait cueillir la victoire, lorsqu'il fut victime d'une défaillance soudaine. Le dernier tour de piste se transforma pour lui en cauchemar : l'Argentin Delfo Cabrera puis le Britannique Thomas Richards le dépassèrent. Étienne Gailly devra se contenter d'une médaille de bronze… qu'il ne recevra même pas sur le moment car, hospitalisé à la suite de sa défaillance, il ne fut pas en état de se présenter à la protocolaire cérémonie de remise des médailles. De plus, il ne pourra pas tenter de prendre sa revanche quatre ans plus tard, car il était engagé dans la guerre de Corée. Durant celle-ci, il marcha sur une mine, ce qui mit fin à sa carrière sportive.

La modestie de Fanny Blankers-Koen

L'athlète néerlandaise Fanny Blankers-Koen remporta quatre médailles d'or (100 mètres, 200 mètres, 80 mètres haies, relais 4 fois 100 mètres) aux JO de Londres, en 1948, une édition dont elle fut la reine. De retour aux Pays-Bas, elle fut accueillie comme une diva : on la promena dans une calèche tirée par quatre chevaux blancs sous les acclamations de la foule. À ce sujet, elle déclara : « Je n'ai fait que courir vite, je ne vois pas pourquoi les gens font tant d'histoires. » Un bel et rare exemple de modestie pour celle qu'on surnommait la « Ménagère volante »...

Coca-Cola adoube Alice Coachman

Alice Coachman est entrée à sa manière dans l'histoire olympique, devenant un symbole de l'évolution des sociétés et du monde. Elle fut en effet la première femme noire couronnée championne olympique : en 1948, aux Jeux de Londres, elle remporta le concours de saut en hauteur. En outre, cette année-là, elle apportait à la délégation féminine américaine d'athlétisme son unique médaille d'or. Après ces Jeux, Alice Coachman fut donc largement honorée par la classe politique. On peut néanmoins affirmer qu'Alice Coachman ne devint vraiment célèbre qu'en 1952 : elle fut alors la première Noire recrutée par Coca-Cola pour faire de la publicité. Sur les affiches publicitaires, elle figurait au côté de Jesse Owens.

Une tour pour Järvinen

Les Finlandais sont des passionnés de lancer du javelot et vénèrent ces lanceurs. L'histoire de Matti Järvinen est emblématique à cet égard. Il remporta le concours de lancer du javelot aux Jeux Olympiques de Los Angeles, en 1932 : expédiant l'engin à 72,71 mètres, il devança largement ses compatriotes Matti Sippala (69,80 m) et Eino Penttilä (68,70 m). Ce triplé finlandais réjouit la population, et, en 1939, le pays honorera Matti Järvinen de manière originale. En effet, les Jeux de 1940 devaient se tenir à Helsinki. L'Olympiastadion fut construit pour l'occasion et ses architectes édifièrent devant le stade une tour de 72,71 mètres de hauteur, soit l'exacte mesure du jet de Matti Järvinen à Los Angeles. Les Jeux seront bien sûr annulés en raison de la Seconde Guerre mondiale. Ils ne se tiendront finalement à Helsinki qu'en 1952 ; la « tour Järvinen » deviendra alors célèbre dans le monde entier.

L'agent du FBI avait un Soviétique à ses trousses

L'Américain Horace Ashenfelter remporta le 3 000 mètres steeple aux Jeux Olympiques d'Helsinki en 1952, en dominant le Soviétique Vladimir Kazantsev. On peut penser qu'il était très motivé : cette année-là, l'URSS participait pour la première fois aux Jeux, et Horace Ashenfelter était... un agent du FBI. Dans le contexte de la guerre froide, il déclara avec humour qu'il était le premier agent du FBI à avoir eu un Soviétique à ses trousses... Horace Ashenfelter ne réussira plus d'exploits par la suite, sa seule performance notable étant une deuxième place dans le 5 000 mètres des Jeux panaméricains en 1955 – sans Soviétique à ses trousses, peut-être était-il moins survolté ?

Les Zátopek couronnés le même jour

Les belles histoires procurent toujours de l'émotion. Ainsi, Dana Ingrová (devenue Zátopková par son mariage) et le célèbre Emil Zátopek était nés le même jour, le 19 septembre 1922. Le 24 juillet 1952, aux Jeux Olympiques d'Helsinki, se déroulaient le 5 000 mètres masculin et le concours de lancer du javelot féminin. Emil Zátopek, la « Locomotive tchèque », remporta le 5 000 mètres à l'issue d'une course qui est entrée dans l'histoire. Dana Zátopková s'imposa dans le concours de lancer du javelot. Les époux Zátopek, nés le même jour, remportèrent donc une médaille d'or olympique le même jour.

Transmission de sweat-shirt porte-bonheur

Aux Jeux Olympiques d'Helsinki, en 1952, les lanceurs américains se distinguèrent en remportant les concours au poids, au disque et au javelot. Parry O'Brien, qui portait son sweat-shirt porte-bonheur, entama la série le 21 juillet : il s'imposa au lancer du poids en battant le record olympique dès son premier essai (17,41 m). Il accepta de prêter ce sweat-shirt à son compatriote Sim Innes, qui lançait le disque le lendemain : Sim Innes, grâce à un jet de 55,03 mètres, remporta la médaille d'or en battant lui aussi le record olympique. Deux jours plus tard avait lieu le concours de lancer du javelot : Cy Young, qui était loin de faire figure de favori, hérita du sweat-shirt ; lui aussi obtint la médaille d'or en battant le record olympique (73,78 m).

Un hymne improvisé pour Josy Barthel

Josy Barthel causa une des plus grandes surprises de l'histoire olympique en remportant le 1 500 mètres aux Jeux d'Helsinki, en 1952. La victoire semblait promise à l'Allemand Werner Lueg, qui avait égalé un mois avant les Jeux le record du monde, ou à l'Américain Bob McMillen. Mais Josy Barthel réussit la course de sa vie : il déborda Lueg à 50 mètres du but, puis résista au retour de McMillen. Il apportait au Luxembourg sa première médaille d'or aux Jeux d'été, laquelle demeure encore aujourd'hui la seule. La surprise fut vraiment totale, puisque la fanfare ne disposait pas de la partition de l'hymne luxembourgeois ! Elle fut contrainte d'improviser un hymne, et Josy Barthel versa quelques larmes sur le podium.

Un homme d'Église champion olympique

L'athlète américain Bob Richards était ministre du culte anabaptiste, ce qui lui valut d'être surnommé « The Vaulting Vicar » (le « Pasteur volant »). Son sacerdoce ne l'empêcha pas

de remporter deux fois le concours de saut à la perche aux JO (1952, 1956). Dieu lui apporta-t-il son aide ? On l'ignore, mais Bob Richards demeure le seul double champion olympique masculin de saut à la perche.

L'amour plus fort que la guerre froide

Les Jeux Olympiques de Melbourne, en 1956, firent le bonheur de l'Américain Harold Connolly et de la Tchécoslovaque Olga Fikotová. Harold Connolly causa la surprise en remportant le concours de lancer du marteau : il devançait les deux favoris soviétiques (le recordman du monde Mikhaïl Krivonossov et Anatoli Samotsvetov). Olga Fikotová gagna le concours de lancer du disque. Dans le village olympique, un mur séparait bien les logements des hommes de ceux des femmes, mais il n'empêcha pas Harold Connolly et Olga Fikotová de nouer une idylle qui se terminera par un mariage en 1957. Mais, comme les histoires d'amour finissent mal en général, le couple Connolly divorcera en 1974.

Chris Brasher conserve sa médaille d'or grâce au fair-play de ses dauphins

Le Britannique Chris Brasher remporta le 3000 mètres steeple aux Jeux de Melbourne. Mais, dans un premier temps, il fut déclassé pour avoir gêné ses adversaires. Or le Hongrois Sándor Rozsnyói (deuxième) et le Norvégien Ernst Larsen (troisième) témoignèrent en sa faveur devant le jury d'appel. De ce fait, ce jury d'appel redonna à Brasher sa médaille d'or. Un bel exemple de fair-play.

Quand Norman Read doit payer lui-même son voyage !

Le Comité olympique néo-zélandais ne croyait guère aux chances de médaille du marcheur Norman Read pour les Jeux de Melbourne, en 1956, et, dans un premier temps, ne le sélectionna pas. Mais Norman Read remporta le 50 kilomètres des Championnats d'Australie : en raison de cette victoire, il fut automatiquement qualifié pour les Jeux de Melbourne. Néanmoins, le Comité olympique néo-zélandais refusa de payer les frais du voyage : Norman Read dut régler lui-même ses frais de déplacement pour pouvoir participer aux Jeux... et il remporta le 50 kilomètres ! Lui a-t-on remboursé ses frais ? On l'ignore.

Egil Danielsen, champion olympique grâce à ses rivaux

Le Norvégien Egil Danielsen ne faisait pas partie des favoris du concours de lancer du javelot des Jeux Olympiques de

Melbourne, en 1956. L'épreuve fut longtemps dominée par le Polonais Janusz Sidło, recordman du monde. Sixième après trois essais, Egil Danielsen reçut une aide inattendue : alors que lui-même utilisait le traditionnel javelot en bois, Sidło, qui lançait avec un tout nouveau javelot en métal, lui prêta son engin ; Danielsen avala aussi un café que lui offrit un autre de ses concurrents, le Français Michel Macquet. À son quatrième essai, Egil Danielsen lança le javelot que lui avait prêté Sidło à 85,71 mètres : il battait tout simplement le record du monde de Sidło (83,66 m) et s'octroyait bien sûr la médaille d'or. Sidło, dont le meilleur jet à Melbourne ne dépassa pas 79,98 mètres, devra se contenter de la médaille d'argent.

L'erreur de Sue Platt

La Britannique Sue Platt fut une lanceuse de javelot de bon niveau, sans plus, dans les années 1960. Aux Jeux Olympiques de Rome, en 1960, elle passa à côté de l'exploit de sa vie pour une faute d'inattention : à son troisième essai, elle expédia son javelot à 54 mètres environ ; surprise par ce jet qui améliorait de près de 3 mètres sa meilleure performance, elle s'avança un peu pour « mieux voir » la mesure de son jet... et dépassa de quelques centimètres la ligne de marque ; son jet fut donc considéré comme « mordu », et son concours s'arrêta là (elle était septième, et seules les six premières avaient droit à trois essais supplémentaires) ; or, avec un jet de 54 mètres, elle aurait obtenu la médaille d'argent.

Les chaussures d'Abebe Bikila

L'Éthiopien Abebe Bikila remporta le marathon aux Jeux de Rome, en 1960 : cet exploit est entré dans la légende, car il symbolisait l'émergence du sport africain. Les chroniqueurs s'émerveillèrent d'autant plus devant ce coureur longiligne qu'il courait pieds nus. Quatre ans plus tard, aux Jeux Olympiques de Tokyo, Abebe Bikila gagna de nouveau le marathon. Mais, cette fois, il courait avec des chaussures : une célèbre marque d'articles de sport le rémunérait discrètement pour qu'il chausse des pointes portant son logo… ce qui aurait bien pu lui valoir d'être disqualifié pour « professionnalisme », en ce temps où on ne badinait pas avec la notion d'amateurisme au sein du mouvement olympique.

Il fait de la gymnastique à l'arrivée du marathon

Vainqueur du marathon à Rome en 1960, Abebe Bikila récidiva donc en 1964 à Tokyo. Dès la mi-course, il se porta en tête ; il entama alors une chevauchée solitaire et héroïque, sous les acclamations du public japonais admiratif. Quand il pénétra dans le stade olympique, les 70 000 spectateurs lui firent un triomphe. Le public assista alors à une scène étrange : Abebe Bikila, qui transpirait à peine, se livra à une insolite séance d'étirements musculaires sous les yeux ébahis des spectateurs japonais ! Il déclara avoir voulu dissiper quelques tensions musculaires, mais n'avoir ressenti aucune fatigue, et qu'il aurait pu sans difficulté courir 10 kilomètres supplémentaires. Ses dauphins arriveront plus de 4 minutes après l'Éthiopien… qui avait terminé sa séance de gymnastique.

Emil Zátopek offre une médaille d'or à Ron Clarke

L'Australien Ron Clarke, considéré comme le meilleur coureur de demi-fond dans les années 1960, n'a jamais réussi à remporter une médaille d'or aux Jeux Olympiques. Il en possède pourtant une. En effet, en 1966, il se rendit à Prague pour rendre visite à Emil Zátopek. À l'issue de ce séjour, celui qu'on surnommait la « Locomotive tchèque » raccompagna son hôte à l'aéroport et lui remit un petit paquet en lui disant : « Tu regarderas ça dans l'avion. Tu le mérites. » Une fois à bord de l'avion, Ron Clarke ouvrit le colis et découvrit, incrédule, une des quatre médailles d'or originales de Zátopek ! Il s'agissait de celle que Zátopek avait remportée dans le 10 000 mètres aux JO d'Helsinki en 1952.

Colette Besson a-t-elle été championne olympique grâce à Mai-68 ?

Un destin personnel peut-il se jouer alors qu'une société est secouée par un embrasement collectif ? Peut-être... Ainsi, en vue des Jeux Olympiques de Mexico, en 1968, le gouvernement français avait fait bâtir un centre d'entraînement à Font-Romeu (altitude 1 850 m), pour que les champions se préparent et s'acclimatent à l'altitude de Mexico (2 220 m). La plupart y séjourneront environ trois semaines, en septembre, juste avant les Jeux. Ce ne fut pas le cas de Colette Besson. En effet, la jeune femme se préparait sous la houlette d'Yves Durand Saint-Omer, un ancien de la 5e DB du général de Lattre de Tassigny, un entraîneur adepte des méthodes naturelles, *persona non grata* à la Fédération française d'athlétisme. Or Yves Durand Saint-Omer était professeur à Langon, Colette Besson, monitrice de sport au collège de La Réole. Dans le bouillonnement de Mai-68, la France était paralysée par les grèves, les établissements scolaires fermés. De ce fait, l'un comme l'autre se trouvèrent désœuvrés. Aussi, le 20 mai 1968, Yves Durand Saint-Omer, au volant de sa DS 23, et Colette Besson gagnèrent Font-Romeu. Bien sûr, l'accès au centre d'entraînement officiel du gouvernement leur était interdit. Peu importe : le coach, sa famille et Colette s'installèrent dans un camping. De même, impossible de fouler la piste flambant neuve. Peu importe encore : Yves Durand Saint-Omer avait remarqué un trou dans le grillage qui entourait le stade et, dès qu'il n'y avait plus personne, Colette Besson effectuait sa séance. Finalement, Colette Besson, en catimini, s'entraîna durant près de quatre mois à Font-Romeu. En mai 1968, elle ne figurait pas parmi les cinquante meilleures athlètes sur 400 mètres. On connaît la suite : Antoine Blondin l'avait surnommée la « Cavale brune » ; le 16 octobre 1968, Colette, médaillée d'or, deviendra la « Petite Fiancée de la France ».

Le troisième homme oublié du podium de Mexico

L'Australien Peter Norman réalisa un immense exploit aux Jeux de Mexico, en 1968 : quasi inconnu, il se classa deuxième du 200 mètres, derrière Tommie Smith, mais devant John Carlos. La suite appartient à l'Histoire : sur la deuxième marche du podium, on le remarque à peine. Pourtant, Peter Norman joua un rôle important à cette occasion. Déjà, tout comme Smith et Carlos, il arborait le badge « Olympic Project for Human Rights ». Ensuite, alors que John Carlos avait oublié sa paire de gants, c'est lui qui leur donna l'idée d'en porter chacun un seul (voir dessin page 49). Son attitude ne fut guère mise en avant à l'époque, mais Peter Norman fut par la suite victime d'un réel ostracisme en Australie. Ainsi, bien qu'il ait réalisé de bonnes performances, le Comité olympique australien ne l'autorisa pas à participer aux Jeux de Munich en 1972. En octobre 2006, Smith et Carlos se rendront aux obsèques de l'Australien, devenu leur ami, et souligneront le courage de Peter Norman : « N'importe quelle personne jeune et blanche n'aurait pas eu le bon sens, le courage et la fermeté de caractère de rester là. Peter n'a pas bronché. À aucun moment il n'a détourné le regard, à aucun moment il n'a tourné la tête », déclarera John Carlos. Néanmoins, ce n'est qu'en 2012 que Peter Norman sera réhabilité : le gouvernement australien adoptera une « motion d'excuses » à Peter Norman pour le traitement dont il avait été l'objet. Cette décision provoquera la colère du Comité olympique australien !

Fosbury n'a pas inventé le « Fosbury Flop »

En 1968, aux Jeux Olympiques de Mexico, un sauteur en hauteur a stupéfié tous les observateurs : l'Américain Dick Fosbury, médaillé d'or grâce à un saut à 2,24 mètres. Prise d'élan en courbe, impulsion avec le pied le plus éloigné de la barre en élevant la jambe libre : une rotation a lieu naturellement et il franchit la barre sur le dos. Une nouvelle technique de saut en hauteur était née, et elle fut dénommée « Fosbury Flop » en l'honneur de son « inventeur ». Pourtant, Dick Fosbury n'a pas inventé le Fosbury Flop. Le premier à utiliser le rouleau dorsal fut un athlète américain de second plan, Bruce Quande, qui l'avait imaginé en 1959. Par ailleurs, une sauteuse en hauteur canadienne, Debbie Brill, avait employé une technique similaire de franchissement dorsal, le « Brill Bend », que Fosbury perfectionna. Depuis le milieu des années 1970, tous les sauteurs en hauteur utilisent le Fosbury Flop. Quant à Bruce Quande, tout le monde l'a oublié. Debbie Brill, de son côté, a participé deux fois aux Jeux Olympiques, se classant huitième en 1972 et cinquième en 1984.

Amos Biwott ne se mouillait pas les pieds en passant la rivière du steeple

Vainqueur du 3 000 mètres steeple aux Jeux de Mexico, en 1968, Amos Biwott fut un des champions olympiques les plus improbables. Avant ces Jeux, il n'avait couru que trois fois un 3 000 mètres steeple. De ce fait, son style s'avérait peu académique : il franchissait les haies sans poser le pied dessus et était le seul à ne pas se mouiller les pieds en passant la rivière ! Malgré son inexpérience, il devança son compatriote Benjamin Kogo, un spécialiste, et tous les athlètes de la plaine, handicapés par l'altitude durant ces Jeux Olympiques favorables aux hommes des hauts plateaux. Par la suite, Amos Biwott ne réussira plus de performances notables. Depuis les années 1980, les athlètes du Kenya remportent toujours le 3 000 mètres steeple aux JO comme aux Championnats du monde. Qui se souvient que, avant l'étonnant Amos Biwott, aucun Kenyan ne s'était imposé aux Jeux dans cette épreuve ?

On ressort le décamètre pour Beamon

Parmi les plus grands exploits de l'histoire des Jeux Olympiques figure le fabuleux record du monde du saut en longueur établi par l'Américain Bob Beamon en 1968 à Mexico. Un bond qui défiait les lois de la pesanteur et mettait à mal la technologie. Ce concours de saut en longueur était très attendu, car les experts pensaient que le record du monde (8,35 m) pouvait être battu. Certains avançaient même la possibilité qu'un concurrent puisse retomber à 8,60 mètres. Mais, à son premier essai, alors qu'un lourd orage allait éclater et que le temps était électrique, Bob Beamon, bénéficiant d'un vent favorable à la limite admise de 2 m/s pour homologuer un record, retomba loin, très loin. Trop loin en tout cas pour qu'on puisse mesurer ce saut avec l'appareil de mesure à visée oculaire ultramoderne utilisé durant ces Jeux, car l'engin n'avait pas été étalonné pour une telle distance. Un amoncellement de juges en veste rouge sombre se forma alors autour du sautoir, et on fut obligé de ressortir le traditionnel décamètre. La marque s'afficha alors sur le panneau lumineux : 8,90 mètres, ce qui améliorait de 55 centimètres le record du monde !

Le marcheur est-allemand voulait passer à l'Ouest durant l'épreuve

La République démocratique allemande (RDA) a fait des compétitions sportives un élément de sa politique étrangère. Ses dirigeants estimaient qu'un pays qui remportait de multiples médailles olympiques ne pouvait plus être considéré comme un État de seconde zone. Bien sûr, on sait désormais que ces résultats étaient liés au dopage systématique. Ainsi, aux Jeux d'été, en cinq participations, de 1968 à 1988, la RDA a remporté 153 médailles d'or. Et le premier de ces champions olympiques fut le marcheur Christoph Höhne qui, le 17 octobre 1968, aux Jeux de Mexico, s'imposa dans le 50 kilomètres, avec plus de 10 minutes d'avance sur le Hongrois Antal Kiss. L'histoire de Christoph Höhne s'inscrit pleinement dans le paysage de la guerre froide. La rumeur prétend que, durant les Jeux de Munich, en 1972, il souhaitait passer à l'Ouest, avec un stratagème original : il aurait prévu de s'éclipser pendant le 50 kilomètres et de se réfugier en Allemagne de l'Ouest.

Il se dit qu'il ne put réussir dans son entreprise, car il aurait été dénoncé la veille au soir, et fut donc étroitement surveillé durant l'épreuve par l'encadrement est-allemand. L'histoire n'est pas totalement avérée, mais Christoph Höhne, qui était le grand favori, ne termina que quatorzième. Peut-être avait-il la tête à l'Ouest…

L'invention du tour d'honneur avec son drapeau national

Désormais, sur le stade, à l'issue de chaque épreuve, se répète la même scène : le vainqueur, mais aussi les médaillés d'argent et de bronze s'emparent du drapeau de leur pays dans un geste quasi mécanique, et se lancent dans un tour d'honneur. Personne ne déroge à cette tradition. On pourrait même penser que ce tour d'honneur appartient au cérémonial olympique, tout comme la remise des médailles accompagnée de l'hymne national du vainqueur. Cette manifestation de joie, qui désormais n'a donc en général rien de spontané, fut très marquée à partir des Jeux Olympiques de Los Angeles, en 1984, lors desquels Carl Lewis et ses compatriotes multiplièrent les succès. À l'issue de chaque victoire américaine, les bannières étoilées semblaient se multiplier, et envahissaient l'espace cathodique dans le monde entier. Mais cette tradition ne fut pas instaurée durant ces Jeux. En effet, c'est aux Jeux de Munich, en 1972, que l'athlète ougandais John Akii-Bua, après sa victoire inattendue dans le 400 mètres haies, l'inaugura. Dans l'euphorie, John Akii-Bua continua sa course en trottinant et en sautant quelques haies. Une immense ovation l'accompagna. Il entama alors un improbable tour d'honneur pour remercier le public munichois. Quelques mètres plus loin, il s'approcha d'un groupe de supporters qui agitaient un drapeau ougandais. Il s'en empara et continua son tour d'honneur en l'agitant. Jusque-là, personne n'avait manifesté sa joie sur un tour entier : « Je n'ai pas réfléchi à ce que je faisais. J'avais gagné, je n'avais pas envie que ça s'arrête. Je voulais remercier tout le monde », déclara John

Akii-Bua. Parmi tous les champions qui s'emparent du drapeau de leur pays à l'issue d'un succès, en est-il un qui se souvienne de John Akii-Bua ? Ajoutons que le « patriotisme » de John Akii-Bua ne sera guère récompensé : il fut contraint de fuir son pays sous la dictature d'Idi Amin Dada et mourut dans la misère en 1997.

Le curieux forfait des sprinters américains à Munich

En 1972, aux Jeux Olympiques de Munich, la stupeur s'abattit sur le stade à l'occasion des quarts de finale du 100 mètres : les Américains Eddie Hart et Reynaud Robinson ne se présentèrent pas au départ. Les deux hommes déclarèrent qu'ils s'étaient trompés d'horaire en se fiant à un programme périmé. Mais il s'est dit en coulisse qu'ils préférèrent ne pas concourir par crainte d'être battus par le Soviétique Valeri Borzov... Le mystère demeure.

Pas de relais 4 fois 400 mètres américain aux Jeux de Munich

Traditionnellement, les États-Unis sont quasi invincibles dans le relais 4 fois 400 mètres masculin. Mais, à Munich, en 1972, ils ne présentèrent pas de formation. En effet, les deux premiers du 400 mètres, les Noirs américains Vincent Matthews et Wayne Collett, avaient adopté une attitude irrévérencieuse sur le podium, en signe de protestation contre l'oppression raciale dont étaient victimes leurs frères de couleur aux États-Unis. Le lendemain, Matthews et Collett furent exclus à vie des Jeux par le CIO, ce qui provoqua un dommage collatéral : faute de concurrents disponibles, les États-Unis, qui ne disposaient plus de quatre coureurs de 400 mètres valides, ne furent pas en mesure d'aligner un relais 4 fois 400 mètres, alors que la médaille d'or leur semblait promise !

La casquette de Wottle crée la polémique

L'athlète américain Dave Wottle remporta le 800 mètres aux Jeux Olympiques de Munich, en 1972, en causant la surprise. D'abord, il adoptait la stratégie du *negative split* : il se plaçait très loin de la tête, pouvait compter 20 mètres de retard, parcourait le second 400 mètres plus vite que le premier, et tentait de déborder ses rivaux dans la dernière ligne droite ; ainsi, il devança sur le fil le favori, le Soviétique Evgueni Arzhanov, et obtint la médaille d'or devant des spectateurs médusé par cet impressionnant « retour ». En outre, il courait toujours avec une casquette de golf défraichie vissée sur la tête. Durant la cérémonie de remise des médailles, il conserva cette casquette alors que retentissait l'hymne national des États-Unis. Dans le contexte tendu de l'époque, cette casquette dérangea les États-Unis. En fait, Wottle avait tout simplement oublié de l'ôter. Il présentera par la suite des excuses émues au peuple américain, assurant qu'il ne fallait voir là aucun signe de contestation dirigé contre la politique des États-Unis.

Jim Ryun était maudit

L'athlète américain Jim Ryun fut sans doute le plus fameux *miler* du monde à la fin des années 1960 et au début des années 1970. Ainsi, il établit deux records du *mile* et, en 1966, il pulvérisa le record du monde du 1500 mètres (3 min 33,1 s) détenu par l'Australien Herb Elliott depuis les Jeux Olympiques de Rome en 1960 (3 min 35,6 s). Jim Ryun participa pour la première fois aux JO en 1964 à Tokyo, à 18 ans, sans grandes ambitions (il fut éliminé en demi-finale). Quatre ans plus tard, aux Jeux de Mexico, il était le grand favori du 1500 mètres, mais il fut battu par le Kenyan Kipchoge Keino, et ce pour deux raisons. D'une part, les athlètes africains des hauts plateaux étaient moins handicapés par l'altitude de Mexico que les hommes de la plaine ; d'autre part, Kipchoge Keino adopta une tactique courageuse et étonnante : il prit la tête dès le début de la course, imprima un rythme plus que soutenu ; Jim Ryun ne répliqua pas à cette attaque que tout le monde pensait suicidaire, mais Keino parvint à tenir jusqu'au bout, et Ryun dut se contenter de la médaille d'argent, et ce alors que jamais Keino ne l'avait battu auparavant. Quatre ans plus tard, aux Jeux de Munich, il espérait prendre sa revanche. Hélas ! dès le premier tour de qualification, il fut pris dans une bousculade, chuta, ne se classa que neuvième et fut donc éliminé (seuls les cinq premiers des séries accédaient aux demi-finales) : Jim Ryun fut cette fois battu sans avoir pu défendre ses chances. Son aventure olympique s'arrêta sur cette chute...

L'hurluberlu du marathon de Munich

Le marathon olympique des Jeux de Munich se déroula le 10 septembre 1972, cinq jours après l'assassinat de onze otages israéliens par un commando terroriste palestinien. Un jeune homme, dossard numéro 72, pénétra en tête dans le stade olympique et reçut l'ovation du public. Mais ce numéro 72 n'existait pas... Il s'agissait en fait d'un plaisantin de 16 ans, Norbert Südhaus. Cet hurluberlu déclarera qu'il « trouvait l'ambiance un peu triste » et qu'il voulait réchauffer l'atmosphère... L'Américain Frank Shorter, vainqueur du marathon, n'eut de ce fait droit qu'aux timides applaudissements d'un public déconcerté – les spectateurs pensaient que Shorter ne se classait que deuxième –, et non pas à l'ovation que son exploit méritait.

La forme « olympique » de Lasse Viren

L'athlète finlandais Lasse Viren remporta le 5 000 et le 10 000 mètres aux Jeux Olympiques de Munich en 1972, puis de Montréal en 1976. Aucun des plus grands coureurs de fond, pas même Paavo Nurmi jadis, pas même Emil Zátopek naguère, pas même Kenenisa Bekele par la suite, n'a réalisé un tel « double doublé », et seul le Britannique Mo Farah réussira bien plus tard cet exploit (2012, 2016). Il faut dire que Lasse Viren préparait à sa manière les rendez-vous olympiques, entre lesquels il disparaissait presque totalement de la scène athlétique internationale. On le soupçonna d'avoir recours à l'autotransfusion sanguine. Il nia, et attribua sa forme « olympique » à la consommation de lait de renne. De toute façon, même s'il s'était livré à l'autotransfusion sanguine, ses victoires n'auraient pas été remises en cause : cette pratique dopante n'était pas interdite à l'époque.

Frank Baumgartl tombe alors qu'il allait réaliser l'exploit de sa vie

L'Allemand de l'Est Frank Baumgartl fait partie des malchanceux des JO. Avant les Jeux Montréal, en 1976, Frank Baumgartl n'avait pas réussi de grandes performances et, dans le 3 000 mètres steeple, la médaille d'or semblait devoir se jouer entre le Suédois Anders Gärderud et le Polonais Bronisław

Malinowski. Mais, surprise, Frank Baumgartl se trouvait en tête au moment de franchir la dernière haie et paraissait voler vers la victoire... Or il accrocha cet ultime obstacle et chuta. La voie était libre pour Anders Gärderud, qui s'imposa en battant le record du monde (8 min 8,03 s), devant Bronisław Malinowski et le pauvre Baumgartl, courageux médaillé de bronze. Par la suite, Frank Baumgartl ne réalisera plus aucune performance notable. Il ne remportera même jamais le Championnat de RDA. Il avait laissé passer sa chance le jour J...

Le tour en plus « de sécurité » du marathonien

À Montréal, en 1976, l'Allemand de l'Est Waldemar Cierpinski remporta le marathon à la surprise générale – lui-même était incrédule. Quand il pénétra dans le stade, il vit que le panneau d'affichage l'annonçait premier ; il ne voulait pas le croire, se demandait s'il ne lui fallait pas faire encore un tour de piste. Aussi, pour « assurer le coup », il décida de refaire un tour de stade complet. Quand l'Américain Frank Shorter, champion olympique en 1972, termina son marathon, Waldemar Cierpinski courait encore : sur la ligne d'arrivée, c'est donc le médaillé d'argent qui attendit le médaillé d'or.

On ouvre les portes du stade pour favoriser les lanceurs soviétiques

En 1980, aux Jeux de Moscou, tout était bon pour favoriser la victoire des Soviétiques. Ainsi, durant le concours de lancer du javelot, les gardiens du stade Lénine mirent au point un stratagème original : ils ouvraient les portes du stade quand un concurrent soviétique lançait. Cela provoquait un appel d'air ; le flux d'air devenait plus important, et le javelot avait donc une meilleure portance... Le Soviétique Dainis Kūla s'imposa devant son compatriote Alexander Makarov. Ajoutons que Dainis Kūla n'aurait jamais dû participer à la finale sans la partialité des juges : durant le concours de qualification, ses deux premiers essais ne furent pas mesurés, car il avait « mordu » la ligne blanche délimitant la zone d'élan ; à son troisième et dernier jet, il atteignit la limite exigée, mais cet essai aurait dû être invalidé, car son javelot se posa à plat (la pointe devait toucher en premier la pelouse pour que le jet fût validé). Dainis Kūla, quasi inconnu avant ces Jeux de Moscou, ne réalisera plus de performances notables par la suite.

Des starting-blocks sabotés ?

Lors des JO de Moscou, en 1980, les concurrents soviétiques bénéficièrent donc souvent d'un coup de pouce du « destin », et nombre de victoires soviétiques furent sujettes à caution. Ainsi, le 100 mètres féminin vit le succès de la surprenante Lyudmila Kondratyeva (URSS), qui devança Marlies Göhr (RDA), la favorite, d'un centième de seconde (11,06 s contre 11,07 s). Or Marlies Göhr, qui d'habitude partait en « boulet de canon », avait raté sa mise en action : elle déclarera que ses starting-blocks avaient été volontairement déréglés, ce qui est peut-être vrai...

Privé de médaille d'or par la partialité du jury

Le Brésilien João Carlos de Oliveira, double médaillé de bronze aux Jeux, aurait pu se forger un palmarès olympique plus fourni. En 1975, il pulvérisa le record du monde du triple saut (17,89 m, contre 17,44 m pour le Soviétique Viktor Saneïev) : cette performance faisait de lui un des favoris pour les Jeux Olympiques de Montréal, en 1976. En définitive, João Carlos de Oliveira obtint la médaille de bronze durant ces Jeux. Il dut encore se contenter de la médaille de bronze aux Jeux Olympiques de Moscou, en 1980, mais cette dernière lui laissa un goût amer : il fut constamment sifflé par le public, qui souhaitait la victoire des Soviétiques Jaak Uudmäe ou Viktor Saneïev – mais le chauvinisme est universel ; surtout, les juges déclarèrent non valables certains de ses sauts qui auraient dû lui valoir la médaille d'or. Finalement, Jaak Uudmäe s'imposa devant Viktor Saneïev. João Carlos de Oliveira n'aura plus jamais l'occasion de défendre ses chances aux Jeux : victime d'un accident de la route en 1981, il fut amputé. Par la suite, il se lança en politique et, en 1986, il fut élu député de l'État de São Paulo. À ce poste, il défendit la cause des handicapés.

Le bras d'honneur de Władysław Kozakiewicz

Le dénouement du concours de saut à la perche des Jeux de Moscou, en 1980, demeure dans les mémoires. Ce concours se déroula dans une ambiance détestable : le public du stade Lénine, désireux de voir triompher le Soviétique Konstantin Volkov, huait tous les rivaux de celui-ci quand ils sautaient ; rapidement, au fil des échecs de tous les concurrents, le concours se transforma en un duel opposant Konstantin Volkov au Polonais Władysław Kozakiewicz. Ce dernier, dans un jour de grâce, effaça toutes les barres avec une grande aisance, jusqu'à 5,75 mètres – une barre que Volkov ne parvint pas à franchir. Après les échecs de Volkov, le moustachu Kozakiewicz, médaillé d'or de fait, demanda que la barre fût placée à 5,78 mètres, afin d'ajouter le record du monde détenu par le Français Philippe Houvion (5,77 m) au titre olympique. À son deuxième essai, le Polonais franchit la barre avec aisance ; sourire aux lèvres, il adressa, provocateur, un bras d'honneur au public du stade Lénine. L'image de la « célébration » de Władysław Kozakiewicz fit alors le tour du monde occidental, en cette époque où la guerre froide connaissait un moment de haute tension : les médias de l'Ouest présentèrent ce geste comme un bras d'honneur adressé par le Polonais à l'ensemble du monde communiste ; en fait, le « Marin de la Baltique », comme on le surnommait, voulait simplement protester contre le chauvinisme du public. Néanmoins, l'ambassadeur d'URSS en Pologne demanda au CIO de retirer la médaille d'or de Kozakiewicz pour « insulte au

peuple soviétique ». Le gouvernement polonais affirma, quant à lui, que le geste de l'athlète n'était que la conséquence d'un « spasme musculaire ».

Michèle Chardonnet attend sa médaille de bronze pendant 162 jours

Les JO de Los Angeles, en 1984, furent marqués par deux faits qui provoquèrent le bonheur et la tristesse de l'athlète française Michèle Chardonnet : le boycottage des Jeux par l'URSS et les pays communistes ; le chauvinisme des Américains. Michèle Chardonnet était à l'époque une des meilleures spécialistes françaises des courses de haies, mais ses performances ne pouvaient pas lui permettre de rivaliser avec les championnes « vitaminées » des pays d'Europe de l'Est. Avec l'absence de ces dernières, l'horizon se dégageait pour toutes leurs rivales : pour Michèle Chardonnet, se qualifier pour la finale était un objectif, obtenir une médaille devenait une possibilité. Le 100 mètres haies vit la victoire de l'Américaine Benita Fitzgerald-Brown (12,84 s), devant la Britannique

Shirley Strong (12,88 s). À la troisième place, deux ex aequo : l'Américaine Kim Turner et Michèle Chardonnet (13,06 s). Mais tout se compliqua pour la Française : selon le juge américain, la photo-finish montrait que Michèle Chardonnet n'était que quatrième ; en revanche, selon les spécialistes de la société Swiss Timing, qui assurait le chronométrage, les deux jeunes femmes avaient réalisé exactement le même temps, au millième de seconde près. De réclamation en réclamation, Michèle Chardonnet attendit durant une heure, au pied du podium, le verdict : au terme de cette « torture », la quatrième place de Michèle Chardonnet fut confirmée ; il lui fallut quitter les lieux et elle ne connut pas les honneurs du podium olympique. L'affaire n'était pas pour autant terminée : après analyse d'un agrandissement d'une photo officielle prise face à la ligne d'arrivée, que le premier jury n'avait pas examinée, un jury de la Fédération internationale d'athlétisme constata que les deux jeunes femmes avaient bien franchi la ligne d'arrivée simultanément : Michèle Chardonnet retrouva officiellement sa troisième place le 25 novembre 1984. Cette médaille de bronze lui sera remise sur un podium dressé pour l'occasion dans le Palais omnisports de Paris-Bercy, le 19 janvier 1985, soit 162 jours après la course.

Le courage de Gabriela Andersen-Schiess

Le pouvoir de l'image télévisée est tel qu'il peut marquer une vie, transformer un calvaire sportif en gloire médiatique. Ainsi de la Suissesse Gabriela Andersen-Schiess. Tout amateur de sport ou de vidéos garde en mémoire l'image de cette athlète défaillante, mais qui connaît son nom ? En effet, le marathon féminin ne fut inscrit au programme olympique qu'en 1984, aux Jeux de Los Angeles. L'épreuve fut remportée par la petite Américaine Joan Benoit. Quant à Gabriela Andersen-Schiess, victime d'une insolation, déshydratée, à demi inconsciente, elle tituba et zigzagua durant près de 6 minutes pour effectuer son dernier tour de piste. Mais elle termina trente-septième sans avoir été aidée. Cette difficile image fera le tour du monde, et sera une mauvaise publicité pour le sport féminin. Néanmoins, il ne se trouvera aucun misogyne pour remettre en cause la tenue d'un marathon féminin aux Jeux.

Avec un tour de retard, il tente de favoriser un compatriote

En 1992, aux JO de Barcelone, le Marocain Hammou Boutayeb se rendit célèbre d'une curieuse manière, par un comportement bien éloigné de l'esprit sportif. Durant le 10 000 mètres, alors qu'il comptait un tour de retard sur les hommes de tête, il se plaça devant les deux champions qui menaient la course, son compatriote Khalid Skah et le Kenyan Richard Chelimo, ralentissant volontairement l'allure, pour « emmener » sur les meilleures bases possibles Khalid Skah, qui n'avait rien demandé à personne et était totalement étranger à la manœuvre. Le président de la commission technique de la Fédération internationale d'athlétisme dut même descendre sur la piste pour ordonner à Boutayeb de s'écarter. Skah, hué par le public, s'imposa au sprint devant Chelimo. Rapidement, Skah fut déclassé. Mais, le lendemain, le jury d'appel, estimant que Skah n'avait pas bénéficié d'une « aide caractérisée », lui rendit la médaille d'or. Justice était sauve…

Privé de Jeux car la Fédération française oublie de l'inscrire

Bruno Marie-Rose fut l'un des meilleurs sprinters français à la fin des années 1980 et au début des années 1990. Recordman du monde du 200 mètres en salle en 1987 (20,36 s), il se distingua aux Jeux Olympiques de Séoul, en 1988 : il se qualifia pour la finale du 200 mètres ; surtout, avec ses coéquipiers Gilles Quénéhervé, Max Morinière et Daniel Sangouma, il obtint la médaille de bronze dans le relais 4 fois 100 mètres. En 1990, lors des Championnats d'Europe de Split, avec Max Morinière,

Daniel Sangouma et Jean-Charles Trouabal, il battit le record du monde du relais 4 fois 100 mètres (37,79 s), détenu par les États-Unis. Il espérait briller aux Jeux de Barcelone, en 1992, mais sa préparation fut perturbée par des blessures : opéré des tendons en avril, il réalisa donc les minimas requis pour participer aux Jeux très tard dans la saison, quelques jours seulement avant la clôture des inscriptions. Arrivé sur place, il connut une immense déconvenue. La veille de sa course, le directeur technique national vint le voir et lui déclara : « Nous avons un souci. Tu n'es pas sur la liste des inscrits. » Un fax s'était semble-t-il égaré, et le rêve olympique de Bruno Marie-Rose s'était envolé pour des raisons administratives... À moins de 30 ans, l'athlète mit fin à sa carrière sportive.

L'incroyable courage de Derek Redmond

Les images du Britannique Derek Redmond aux Jeux de Barcelone, en 1992, ont fait plusieurs fois le tour du monde, magnifiant à la fois le courage et la détresse. Derek Redmond, dont la carrière avait souvent été perturbée par des blessures, semblait dans la forme de sa vie, et il visait légitimement le podium sur 400 mètres. En une belle journée, le 3 août 1992, Derek Redmond disputait sa demi-finale. Couloir 5, il prit un départ rapide, remonta les coureurs placés aux couloirs extérieurs ; soudain, à la mi-course, il ressentit une vive douleur dans la jambe droite : c'était une déchirure musculaire. Alors que les autres concurrents en terminaient, tous les yeux se tournèrent vers lui, et des milliers de regards impuissants se figèrent sur la piste : Derek Redmond se releva et tenta de finir le tour de piste à cloche-pied. Tout à coup, un homme apparut près du champion meurtri qui, malgré sa blessure, était décidé à aller jusqu'au bout : c'était son père, qui avait jailli des gradins pour le soutenir ; malgré la douleur, Derek Redmond boucla son 400 mètres sous les ovations d'un public debout.

Le tour d'honneur de Derartu Tulu et Elana Meyer

Le 10000 mètres féminin constitua un des temps forts des Jeux de Barcelone, en 1992. La course en elle-même fut limpide et sans grande surprise. La Britannique Liz McColgan (28 ans), qui fut une magnifique championne du monde en 1991 et était présentée comme la favorite, donna la cadence, imposant une allure soutenue mais régulière. Aux 7000 mètres, la Sud-Africaine Elana Meyer (25 ans), constatant que la Britannique présentait des signes de fatigue, porta une franche attaque et pensa faire la décision ; mais une petite Éthiopienne, Derartu Tulu (20 ans), la rejoignit sans mal et se cala dans sa foulée ; les positions demeurèrent figées jusqu'à la cloche, dont le son matérialise l'entrée dans le dernier tour, moment que choisit Derartu Tulu pour placer une accélération soudaine qui laissa Elana Meyer, épuisée, sans réaction. Derartu Tulu s'imposa, avec plus de 5 secondes d'avance sur Elana Meyer. L'événement était déjà d'importance en lui-même, puisque jamais une Africaine noire n'avait été sacrée championne olympique. Mais, en quelques instants, l'histoire olympique bascula dans la grande Histoire. En effet, la Noire, née dans les hauts plateaux de l'Arsi, en pays oromo, et la Blanche, issue du pays de l'apartheid, se rejoignirent, s'enlacèrent, unirent leurs drapeaux et, peau contre peau, effectuèrent un émouvant tour d'honneur sous les applaudissements de 80000 spectateurs enthousiastes. Ces images de paix et de fraternité, retransmises par la télévision, firent le tour du monde : l'Afrique du Sud, qui avait aboli l'apartheid depuis peu, venait sans doute d'amorcer son réel retour dans le concert des nations.

Un curieux podium du lancer du poids

Le concours de lancer du poids des Jeux Olympiques de Barcelone, en 1992, vit la victoire de l'Américain Mike Stulce, qui l'emporta grâce à un jet de 21,70 mètres. Ce succès souffrait du récent passé de Mike Stulce : suspendu deux ans pour

dopage aux stéroïdes, il avait repris la compétition juste à temps pour participer aux Jeux. À la deuxième place figurait un autre Américain, Jim Doehring, qui lui aussi purgera une suspension pour dopage aux stéroïdes. Le troisième, le Russe Vyacheslav Lykho, avait été disqualifié aux Championnats d'Europe de 1990 pour dopage, et lui aussi revenait à la compétition pour les Jeux. Que pense de ce palmarès le quatrième de ce concours, le Suisse Werner Günthör, champion du monde en 1987, 1991 et 1993, mais qui n'a jamais obtenu l'or olympique ?

Le transistor d'Haile Gebrselassie

En juillet 1980, l'Éthiopien Haile Gebrselassie, tout gamin, avait chapardé un transistor et, en gardant le troupeau de chèvres familial, il rêvait de se construire un destin sportif en écoutant la retransmission des courses olympiques victorieuses de son compatriote Miruts Yifter à Moscou. On connaît la réussite d'Haile Gebrselassie, double champion olympique du 10000 mètres (1996, 2000). Ce dernier n'a jamais oublié son idole : bien plus tard, Miruts Yifter, rongé par le cancer, dut se rendre au Canada pour tenter de lutter contre la maladie, grâce au soutien financier de donateurs, dont, bien sûr, Haile Gebrselassie.

L'armée de Ma Junren fait perdre les Jeux de 2000 à Pékin

En septembre 1993, à Monaco, le CIO était réuni pour attribuer les Jeux de l'an 2000. Ceux-ci semblaient promis à Pékin, qui souhaitait matérialiser avec les Jeux l'ouverture nouvelle du pays le plus peuplé de la planète au reste du monde. Pékin bénéficiait en outre du soutien de Juan Antonio Samaranch, président du CIO. Mais, à la surprise générale, Sydney fut désignée, avec 45 voix, contre 43 pour Pékin. Pourtant, la question des droits de l'homme en Chine n'a pas eu un grand poids dans cette décision. En revanche, quelques semaines plus tôt, en août, les Chinoises avaient dominé les épreuves de demi-fond des Championnats du monde d'athlétisme de Stuttgart. Celles-ci, entraînées par Ma Junren, réalisèrent des performances « stupéfiantes ». Ma Junren indiqua qu'il fortifiait les athlètes de son « armée » en leur faisant boire du sang de tortue et de la soupe de chenilles aux champignons. Mais les soupçons de dopage étaient trop forts… La Chine devra attendre encore huit ans avant d'accueillir les Jeux. En outre, il s'avéra que les Chinoises, parmi lesquelles Wang Junxia et Liu Dong, championnes du monde en 1993, étaient non seulement dopées contre leur gré, mais aussi quasi torturées. Dix d'entre elles envoyèrent dès 1995 une lettre à un journaliste chinois, Zhao Yu, un véritable appel au secours, intitulé « Ayez pitié de nous ! ». Elles se disaient traitées par leur entraîneur comme des « machines » et du « bétail ». Dans son livre *Enquête sur l'armée de Ma*, publié en 1998, Zhao Yu renonça, sous la pression de son éditeur, à inclure la lettre. Mais il est vrai que Pékin avait de nouveau candidaté pour les Jeux de 2008, et que, trois ans avant le vote du CIO, il convenait déjà d'éviter les soubresauts. Finalement, le témoignage figura dans la réédition de l'ouvrage, en 2016... Mais partiellement : dans cette réédition, on lit que les athlètes se plaignent d'avoir été dopées par leur entraîneur, mais les autres violences qu'elles ont subies sont occultées. Le livre *Enquête sur l'armée de Ma* agita alors la sphère sportive et olympique. Par souci d'objectivité, il faut dire que l'authenticité du document « Ayez pitié de nous ! » reste à établir, même si le doute est faible.

Pas de championne olympique du 100 mètres en 2000 !

L'Américaine Marion Jones remporta, entre autres, le 100 mètres aux Jeux de Sydney, en 2000, devant la Grecque Ekateríni Thánou. Mais, en 2007, Marion Jones avouera qu'elle se dopait. Elle sera disqualifiée rétroactivement et devra rendre toutes ses médailles. La Grecque Ekateríni Thánou, deuxième, aurait donc dû récupérer la médaille d'or. Or, en 2004, à la veille des Jeux d'Athènes, elle avait tenté de se soustraire à un contrôle antidopage : elle ne fut pas autorisée à participer à ces Jeux d'Athènes. Le CIO se creusa la tête pour trouver une argutie afin de ne pas donner la médaille d'une dopée à une autre dopée... Ekateríni Thánou conserva néanmoins sa médaille d'argent, alors que la troisième, la Jamaïquaine Tayna Lawrence, fut reclassée à la deuxième place, sa médaille de bronze se transformant en médaille d'argent. Le palmarès officiel laisse donc la ligne de la médaillée d'or en blanc, et indique deux médaillées d'argent : Ekateríni Thánou (11,12 s) et Tayna Lawrence (11,18 s). Il vaut mieux parfois faire compliqué que simple...

Un marcheur soumis au détecteur de mensonges

Le 20 kilomètres marche des Jeux de Sydney, en 2000, s'est achevé dans la confusion. Le Mexicain Bernardo Segura avait franchi la ligne d'arrivée en première position, et le président de la République mexicaine, Ernesto Zedillo, le félicitait déjà au téléphone... quand Bernardo Segura fut disqualifié par les juges pour « marche irrégulière ». Pourtant, il semble que le troisième avertissement qui a provoqué cette disqualification ne lui était pas destiné, mais avait été infligé à son compatriote Noé Hernández – c'est ce qu'affirma Bernardo Segura. Mais les autorités sportives mexicaines tardèrent à faire appel, et cette disqualification devint définitive. L'affaire prit un tour politique. Le président du Comité olympique mexicain, Mario Vázquez protesta officiellement contre la disqualification de Bernardo Segura. Au Mexique, la controverse prit de l'ampleur, et, pour tenter de savoir qui disait la vérité, Mario Vázquez et Bernardo Segura furent invités à se soumettre à un détecteur de mensonges : Bernardo Segura accepta de passer au détecteur de mensonges, contrairement à Mario Vázquez. Selon le détecteur, Bernardo Segura n'avait jamais menti à propos de sa disqualification. Mais un détecteur de mensonges est-il vraiment fiable ?

La « disparition » d'Ekateríni Thánou et Konstantínos Kentéris

Le sprint grec fut à l'honneur à Sydney, en 2000 : côté masculin, Konstantínos Kentéris, un quasi inconnu, remporta la médaille d'or dans le 200 mètres ; côté féminin, Ekateríni Thánou, on l'a vu, s'adjugea la médaille d'argent dans le 100 mètres. Ils devaient être les stars de la Grèce aux Jeux Olympiques d'Athènes, en 2004. Mais, à la veille de la cérémonie d'ouverture de ces Jeux d'Athènes, Ekateríni Thánou et Konstantínos Kentéris tentèrent de se soustraire à un contrôle antidopage dans des circonstances rocambolesques. Une équipe de contrôle antidopage mandatée par le CIO se rendit au village olympique, où les deux athlètes étaient censés se trouver, pour les soumettre à un contrôle antidopage inopiné ; elle trouva les deux chambres vides. Ekateríni Thánou et Konstantínos Kentéris prétendirent avoir quitté le village olympique pour aller chercher des affaires personnelles ; puis, alors qu'ils auraient regagné précipitamment le village olympique à moto, ils auraient été victimes d'un accident. Ni l'un ni l'autre ne fut autorisé à participer aux compétitions. L'affaire de cette tragicomédie du sport grec connaîtra des suites judiciaires : condamnés l'un et l'autre dans un premier temps à 2 ans et 7 mois de prison pour parjure, ils seront par la suite acquittés en appel, les trois juges levant les charges, invoquant l'absence de preuves.

Les lanceurs de poids souillent Olympie

À l'occasion des Jeux Olympiques d'Athènes, en 2004, le Comité d'organisation désirait mettre en valeur le patrimoine archéologique et historique de la Grèce en organisant une épreuve à Olympie, en l'occurrence le concours de lancer du poids. Côté féminin, la Russe Irina Korzhanenko s'imposa avec un jet de 21,06 mètres ; mais elle fut rapidement disqualifiée pour dopage au stanozolol. Côté masculin, l'Ukrainien Youri Belonog l'emporta avec un jet de 21,16 mètres ; mais, en 2012, il sera disqualifié rétroactivement pour dopage aux stéroïdes anabolisants. Le dopage, fléau de l'époque moderne, s'est donc invité dans le domaine de Zeus et de Pélops...

Vanderlei de Lima, vaincu par la bêtise humaine

Le Brésilien Vanderlei de Lima aurait sans doute été champion olympique en 2004 sans la bêtise humaine. Vanderlei de Lima, qui ne faisait pourtant pas partie des favoris du marathon des Jeux d'Athènes, n'hésita pas à se porter en tête à mi-parcours. Son avance augmenta, pour atteindre 30 secondes au trente-cinquième kilomètre. Stupeur, il fut alors agressé par un spectateur irresponsable. Il parvint à repartir, mais l'Italien Stefano Baldini puis l'Américain Mebrahtom Keflezighi le dépassèrent. Vanderlei de Lima, courageux, réussit à sauver la médaille de bronze. Le CIO lui a décerné la médaille Pierre-de-Coubertin, laquelle récompense un athlète pour son fair-play et son esprit sportif. Vanderlei de Lima connaîtra quand même son jour de gloire douze ans plus tard : il embrasera la vasque olympique lors de la cérémonie d'ouverture des Jeux de Rio, le 5 août 2016.

Le perchiste saute avec un casque !

En franchissant une barre placée à 5,90 mètres, l'Américain Toby Stevenson fut médaillé d'argent dans le concours de saut à la perche des Jeux Olympiques d'Athènes, en 2004, devancé par son compatriote Tim Mack (5,95 m). Le public du stade Spyrídon-Louis et les téléspectateurs du monde entier découvrirent ce jour-là ce perchiste atypique, qui présentait une singularité : il sautait avec un casque ! On n'a jamais su pourquoi Toby Stevenson portait ce casque. L'explication la plus plausible qui ait été avancée est qu'il voulait rassurer sa mère, laquelle avait peur qu'il ne se blesse.

Le discobole fournit un faux flacon d'urine pour le contrôle antidopage

Le Hongrois Róbert Fazekas remporta le concours de lancer du disque à Athènes, en 2004, avec un jet de 70,93 mètres. Champion d'Europe en 2002, vice-champion du monde en 2003, il connaissait son heure de gloire. Une gloire bien éphémère... Il tenta de frauder lors du contrôle antidopage, avec une méthode datant des années 1970 : il fournit un échantillon d'urine qui n'était pas la sienne ! Róbert Fazekas fut logiquement disqualifié, la médaille d'or étant réattribuée au deuxième, le Lituanien Virgilijus Alekna (69,89 m).

Dopé, il refuse de rendre sa médaille d'or !

Le Hongrois Adrián Annus remporta le concours de lancer du marteau aux JO d'Athènes avec un jet de 83,19 mètres. Champion d'Europe en 2002, vice-champion du monde en 2003, Adrián Annus connaissait son apogée sportif. Du moins provisoirement… En effet, il ne se présenta pas à un contrôle antidopage diligenté après la compétition. Adrián Annus fut donc logiquement disqualifié, et le CIO déclara le Japonais Koji Murofushi, initialement deuxième, champion olympique. Néanmoins, Adrián Annus refusa durant plusieurs mois de rendre sa médaille d'or. Il ne la restitua que quand le CIO menaça de prendre des sanctions contre le Comité olympique hongrois.

Les déboires d'Adam Nelson

Le lanceur de poids américain Adam Nelson remporta une médaille d'or olympique alors qu'il avait mis fin à sa carrière sportive ! Adam Nelson participa pour la première fois aux Jeux en 2000 à Sydney, et il faisait figure de favori du concours de lancer du poids ; il tint son rang, avec un jet de 21,21 mètres, mais se contenta de la médaille d'argent, devancé par l'étonnant Finlandais Arsi Harju, quasi inconnu jusque-là, qui expédia l'engin à 21,29 mètres. Puis, à l'occasion des Jeux d'Athènes, en 2004, le concours de lancer du poids eut lieu à Olympie. Le déroulement de ce concours fut sujet à controverses, car, avec les technologies modernes, la mesure des jets au centimètre près sur une aire en sable se révéla hasardeuse, et les concurrents eurent du mal à se stabiliser dans le cercle de lancer très glissant. Toujours est-il qu'Adam Nelson, avec un jet de 21,16 mètres à son premier essai, pensait tenir la médaille d'or. Mais à son ultime essai, l'Ukrainien Youri Belonog réussissait lui aussi 21,16 mètres, et il devança Nelson au bénéfice du meilleur deuxième jet. Dernière chance pour Nelson : il expédia le poids très loin, au-delà de 21,16 mètres, mais les juges invalidèrent son jet car son pied avait légèrement touché la bordure. Si Nelson protesta avec véhémence contre ce qu'il considérait être une injustice, rien n'y fit : il fut médaillé d'argent aux Jeux pour la seconde fois. En 2008, aux Jeux de Pékin, le sort fut encore plus contraire pour Adam Nelson. En finale, aucun de ses trois premiers essais ne fut validé, et, crédité d'un « zéro », il fut classé dernier. Après avoir tenté une dernière fois, sans réussite, de se qualifier pour les Jeux Olympiques de 2012, Nelson mit fin à sa carrière. Pourtant, son palmarès allait s'étoffer encore. En 2012, des analyses sur des prélèvements conservés prouvèrent que, aux Jeux de 2004, Youri Belonog s'était dopé en usant de stéroïdes anabolisants. Le CIO décida donc de le disqualifier à titre rétroactif, et réattribua la médaille d'or à Adam Nelson en mai 2013. Adam Nelson devenait donc champion olympique. Mais on lui remit sa médaille en catimini, à Atlanta, alors qu'il aurait dû être couronné à Olympie. Peut-il vraiment considérer que l'injustice est réparée ?

Il obtient sa dernière médaille d'or devant 100 spectateurs

Le 27 août 2004, à l'issue du 50 kilomètres marche qu'il venait de remporter lors des Jeux d'Athènes, Robert Korzeniowski annonçait aux médias qu'il avait disputé sa dernière grande compétition internationale. Avec quatre médailles d'or olympiques, il devenait le sportif polonais le plus titré. Il peut aussi être considéré comme le plus grand marcheur de tous les temps, même si sa notoriété n'atteindra jamais celle d'autres quadruples champions olympiques d'athlétisme, car la marche demeure un sport méconnu. Ainsi, ce jour-là, quand il pénétra en vainqueur dans le stade Spyrídon-Louis, seulement 100 spectateurs étaient présents dans les gradins du stade olympique : le marcheur quittait donc la scène internationale comme il avait mené sa carrière, dans l'anonymat qui sied à sa discipline.

Le numéro maudit de Liu Xiang

Le Chinois Liu Xiang remporta le 110 mètres haies aux Jeux d'Athènes, en 2004, et devint une immense vedette dans son pays. Aussi se devait-il de briller aux Jeux de Pékin, en 2008. Hélas ! il était blessé. Les autorités chinoises le contraignirent à se présenter au départ, mais il abandonna aussitôt. Il comptait prendre sa revanche aux Jeux de Londres, en 2012. Hélas de nouveau ! il heurta la première haie, son tendon d'Achille céda, et il abandonna encore. En 2008 comme en 2012, il portait le même numéro : le 1356. Un numéro maudit pour lui…

Manuela Montebrun médaillée avec deux olympiades de retard

Pour une Française, obtenir une médaille olympique dans un concours de lancer constitue un exploit rare. En outre, Manuela Montebrun présente un palmarès « évolutif ». En effet, initialement cinquième de l'épreuve de lancer du marteau aux Jeux Olympiques de Pékin, en 2008, Manuela Montebrun est montée dans le classement à mesure de la disqualification rétroactive pour dopage de ses concurrentes. D'abord, en 2016, la Biélorusse Aksana Miankova, première, se voyait disqualifiée pour dopage, et Manuela Montebrun devenait quatrième. Ensuite, en janvier 2017, une autre Biélorusse, Darya Pchelnik, quatrième (et donc devenue médaillée de bronze à la suite de la disqualification d'Aksana Miankova), était à son tour déclassée pour dopage. Manuela Montebrun récupérait donc la médaille de bronze, plus de huit ans après la fin du concours, et alors qu'elle avait pris sa retraite sportive en 2012.

Maître Kanter et 1664

Le discobole estonien Gerd Kanter fut champion olympique en 2008 à Pékin et médaillé de bronze en 2012 à Londres… Bien sûr, ce maître de la discipline fut surnommé « Maître Kanter » par moult commentateurs sportifs – le jeu de mots était facile. Mais, plus amusant, en 2012 à Londres, Gerd Kanter portait le dossard... 1664. La marque de bière Kronenbourg aurait-elle soudoyé le fournisseur de dossards pour bénéficier d'une telle publicité clandestine ? Peu probable...

Bekoji, la ville des champions

Bekoji, une petite ville de moins de 20 000 habitants située à 2 800 mètres d'altitude en pays oromo, en Éthiopie, présente une singularité : elle a vu naître une pléiade de champions de demi-fond, dont de nombreux médaillés olympiques. Parmi eux : Derartu Tulu, championne olympique du 10 000 mètres en 1992 à Barcelone, puis en 2000 à Sydney ; Kenenisa Bekele, champion olympique du 10 000 mètres en 2004 à Athènes, champion olympique du 5 000 et du 10 000 mètres en 2008 à Pékin ; Tirunesh Dibaba, championne olympique du 5 000 et du 10 000 mètres en 2008 à Pékin, championne olympique du 10 000 mètres en 2012 à Londres. La renommée de Bekoji est telle qu'elle a fait l'objet d'un documentaire britannique en 2012 : *Town of Runners*.

L'étonnant tour d'honneur de Kemboi et Mekhissi-Benabbad

À Londres, en 2012, le Kenyan Ezekiel Kemboi remporta le 3 000 mètres steeple, devant le Français Mahiedine Mekhissi-Benabbad. À l'issue de la course, le petit Kenyan (1,75 m) sauta dans les bras du Français (1,87 m). Les deux hommes, très amis, échangèrent leurs maillots, et Kemboi effectua un étonnant tour d'honneur avec le drapeau de son pays, vêtu du maillot de l'équipe de France. Une belle image d'amitié... qui ne fut pas du goût du gouvernement kenyan, lequel réprimanda vertement Kemboi ! On ne plaisante pas avec le nationalisme olympique à Nairobi... Kemboi et Mekhissi-Benabbad se retrouvèrent à Rio en 2016, mais leur amitié en prit un coup : Kemboi, troisième, avait commis une faute ; Mekhissi-Benabbad, quatrième, porta réclamation… et récupéra la médaille de bronze.

Il court 300 mètres avec une jambe cassée

Aux Jeux de Londres, en 2012, dans le relais 4 fois 400 mètres, les États-Unis obtinrent la médaille d'argent, devancés par les Bahamas. Pour les Américains, cette médaille d'argent constituait une déception. Pourtant, sans l'incroyable courage de Manteo Mitchell, ils n'auraient pas participé à la finale. En effet, durant les séries, après 100 mètres de course, Manteo Mitchell sentit une gêne ; aux 200 mètres, il comprit que sa jambe « cassait ». Malgré la douleur, il finit la course en boîtant, sans manifester le moindre signe de douleur, et les Américains se qualifièrent pour la finale ; bien sûr, Manteo Mitchell ne fut pas aligné en finale : la radiographie révéla qu'il souffrait d'une fracture du péroné.

Un officiel refuse d'offrir le témoin à Usain Bolt

Usain Bolt fut la star athlétique des JO de Pékin, de Londres et de Rio. En 2012, à Londres, à l'issue de sa victoire dans le relais 4 fois 100 mètres, qui le vit, associé à ses coéquipiers Nesta Carter, Michael Frater et Yohan Blake, établir un fabuleux record du monde (36,84 s), Usain Bolt voulut conserver le témoin en souvenir. Mais un officiel zélé le lui interdit… Le Premier ministre britannique David Cameron interviendra personnellement pour qu'on le lui offre !

Nick Symmonds loue son épaule à un sponsor non officiel

L'athlète américain Nick Symmonds faisait preuve d'une grande originalité et avait le sens des affaires. En 2012, il loua une surface d'épaule pour un tatouage temporaire (le temps de la saison athlétique) de 58 cm^2 à un annonceur, Hanson Dodge Creative, pour environ 11 000 dollars. Néanmoins, ce « tatouage » contrevenait aux règlements olympiques qui précisent que tout sportif ne peut pas représenter d'autre marque que celle des sponsors officiels de sa fédération ou du mouvement olympique. Nick Symmonds estimait que cette règle ne s'appliquait qu'aux équipements (maillot, short…), mais le CIO lui indiqua que ce n'était pas le cas. Il camoufla donc ce tatouage sous un sparadrap lors des Jeux de Londres – pour l'anecdote, il se classa cinquième du 800 mètres. Fort de cette expérience, Nick Symmonds la réédita pour la saison 2016, proposant son « morceau » d'épaule sur le site d'enchères eBay.

Les prix s'envolèrent : au bout de quelques heures, les 58 cm^2 furent vendus pour 21 800 dollars à T-Mobile. Par ailleurs, Nick Symmonds, sorte de porte-parole des athlètes, avait refusé de signer en 2015 le *Statement of Conditions* (« déclaration des conditions ») de la Fédération américaine d'athlétisme, qui contraignait les Américains à se plier aux conditions de sponsoring de ladite fédération. Pourtant médaillé d'argent sur 800 mètres aux Championnats du monde en 2013, Nick Symmonds ne fut pas sélectionné pour les Championnats du monde en 2015. De même, il ne fut pas retenu pour les Jeux de Rio en 2016. Or, selon les termes de la « vente d'épaule », celle-ci était liée à sa participation olympique. Il semble que T-Mobile n'ait pas demandé le remboursement, d'une part car le sparadrap aurait de toute façon fait son retour aux Jeux, d'autre part parce que le *buzz* est toujours efficace dans l'univers de la publicité.

Malaise dans la famille Harting

Les histoires olympiques familiales sont légion, mais il est rare que deux frères s'opposent et s'ignorent. Trois fois champion du monde (2009, 2011, 2013), champion olympique en 2012 à Londres, l'Allemand Robert Harting est considéré comme un des plus grands discoboles de tous les temps. En outre, il fut une véritable star : pour célébrer ses victoires et faire vibrer le public, il avait l'habitude de déchirer son maillot de manière spectaculaire et d'offrir les lambeaux aux spectateurs. Mais, en 2016, il se présenta diminué par des problèmes physiques aux Jeux Olympiques de Rio : durant le concours de qualification, après deux essais nuls, il ne parvint à expédier le disque qu'à 62,21 mètres à son troisième essai – une performance insuffisante pour accéder à la finale. Non loin de là, un géant aux cheveux roux, apparemment calme mais au visage sérieux, ne fit pas un pas en sa direction, ne fit rien pour consoler le champion déchu : cet homme, c'était Christoph Harting, le « petit frère » de Robert. En fait, Christoph et Robert Harting ne s'apprécient guère ; on prétend qu'ils ne se disent même pas bonjour. À Rio, Christoph Harting (68,37 m) s'adjugea la médaille d'or. Robert Harting ne le félicita pas directement, se fendant seulement d'un tweet, évoquant un « changement de génération ». Christoph Harting ne lui répondit même pas. Que deux frères se succèdent au palmarès olympique est un événement rarissime ; qu'on n'organise pas une « fête de famille » pour l'occasion l'est encore plus !

Aviron

Il existe un champion olympique inconnu

Le palmarès olympique comporte quelques curiosités. Ainsi, les rameurs néerlandais François Brandt et Roelof Klein, vainqueurs de la compétition de deux avec barreur aux Jeux Olympiques de Paris, en 1900, sont considérés non pas comme des représentants de l'équipe des Pays-Bas, mais comme des membres de l'« équipe mixte » (expression fourre-tout qui désigne des concurrents de diverses origines réunis dans une même équipe). Pourquoi donc cette incongruité ? Le barreur de l'équipage était Hermanus Brockmann. Mais celui-ci pesait 60 kg, et, au dernier moment, les Néerlandais décidèrent de le remplacer pour la finale par un jeune garçon plus léger (33 kg), dont personne n'a jamais réussi à connaître l'identité, malgré des recherches qui ont duré quelque cent ans ! Il existe donc un champion olympique non identifié. Néanmoins, l'idée des Néerlandais – qui leur permit de se délester de 27 kg – était sans doute bonne, car ils devancèrent de très peu les Français Lucien Martinet et René Waleffe (7 min 34,2 s, contre 7 min 34,4 s).

John B. Kelly privé des régates de Henley

La compétition de skiff des Jeux d'Anvers, en 1920, vit la victoire de John B. Kelly, le père de Grace, la future épouse du prince Rainier III de Monaco. John B. Kelly devança à cette occasion le talentueux Britannique Jack Beresford. Il s'agissait pour lui d'une douce revanche, car, quelques semaines plus tôt, les Anglais lui avaient interdit de participer aux prestigieuses et aristocratiques régates de Henley, considérant que sa qualité de maçon ne répondait pas aux normes de l'amateurisme telles qu'eux-mêmes les définissaient : « Ni les ouvriers, ni les artisans, ni les commerçants ne peuvent être considérés comme des amateurs. »

Henry Pearce s'arrête pour laisser passer des canards

Aux JO d'Amsterdam, en 1928, le solide Australien Henry Pearce remporta la compétition de skiff avec une grande facilité (son dauphin, l'Américain Kenneth Myers, fut relégué à près de 10 secondes). Pearce (22 ans) était tellement fort que, en quart de finale, il s'était même permis de couper son effort pour laisser passer une famille de canards qui traversait le plan d'eau !

Viatcheslav Ivanov laisse tomber sa médaille d'or dans le lac !

Le rameur soviétique Viatcheslav Ivanov remporta trois fois consécutivement la compétition de skiff aux Jeux Olympiques (1956, 1960, 1964). À l'issue de sa première victoire, à Melbourne en 1956, le jeune homme (18 ans) fut tellement ému après avoir reçu sa médaille d'or qu'il la laissa tomber dans le lac Wendouree, théâtre des compétitions et des cérémonies de remise des médailles. Il plongea alors pour tenter de la récupérer, mais en vain... Le CIO lui offrira par la suite une médaille de remplacement.

Des jumeaux devancent des jumeaux

L'épreuve de deux sans barreur des Jeux de Moscou, en 1980, pourrait presque se résumer à une affaire de famille : les Allemands Bernd et Jörg Landvoigt, deux jumeaux, remportèrent la médaille d'or, devant les Soviétiques Nicolaï et Youri Pimenov, également frères jumeaux.

La saga des frères Abbagnale

Les Italiens Giuseppe et Carmine Abbagnale, deux frères, remportèrent la médaille d'or à Los Angeles en 1984, puis à Séoul en 1988, et la médaille d'argent à Barcelone en 1992 en deux barré. Leur notoriété dépassait largement le cadre sportif. Ainsi, alors que l'aviron est un sport mineur du point de vue médiatique, en Italie peut-être même plus qu'ailleurs car y on vénère les vedettes du Calcio et les *campionissimi*, la Rai leur consacra un film de 3 heures : *Una Storia italia*. Quand on précise qu'un troisième frère Abbagnale, Agostino, fut champion olympique en quatre de couple en 1988, la saga prend encore plus de relief : trois frères médaillés d'or lors des mêmes Jeux Olympiques, voilà qui est chose rare. Pour ajouter encore à la légende, indiquons que Giuseppe et Carmine Abbagnale obtinrent tous leurs titres avec le même barreur, Giuseppe Di Capua. Parlons aussi de la fin du règne olympique des frères Abbagnale, en 1992 à Barcelone : ils furent privés de la médaille d'or par les Britanniques Greg et Jonathan Searle… deux frères évidemment !

Un heureux incident mécanique…

En aviron, un règlement indique que si un problème technique se produit sur une embarcation dans les 100 premiers mètres d'une régate, celle-ci est interrompue et un nouveau départ est donné. C'est ce qui se produisit lors de la finale de l'épreuve de deux de couple poids légers aux Jeux Olympiques de Londres, en 2012. Les Britanniques Mark Hunter et Zac Purchase, mal partis, coupèrent leur effort quelques secondes après le début de la course, en raison d'un « problème technique ». Tous les autres concurrents s'arrêtèrent, et un nouveau départ fut donné une dizaine de minutes plus tard, le temps pour les Britanniques de réparer leur siège prétendument défectueux. Or personne n'eut la preuve que l'incident fût réel ; en outre, certains, dont les Français, estimèrent que l'incident s'était produit au-delà de la ligne virtuelle des 100 mètres. Le France porta réclamation, laquelle ne fut pas entendue par le jury, qui conclut que l'incident survenu à l'embarcation britannique avait eu lieu 80 mètres après le départ, et donc que le rappel des bateaux, prévu jusqu'à 100 mètres du départ, était justifié. Finalement, les Britanniques obtinrent la médaille d'argent. Le fair-play, on le sait, est une invention anglaise…

Basket-ball

Du basket-ball en plein air, un comble !

Le basket-ball intégra le programme olympique aux Jeux de Berlin en 1936. Mais la compétition se déroulait en plein air. Et la finale eut lieu sous la pluie : sur un terrain sableux gorgé d'eau, tout dribble était impossible ; le spectacle fut donc de piètre qualité. Les États-Unis dominèrent le Canada (19 points à 8), devant un spectateur intéressé : James Naismith, l'inventeur de ce jeu. Or ce dernier avait précisément créé ce jeu en 1891 pour permettre à ses élèves de la Young Men's Christian Association de la ville de Springfield (Massachusetts) de s'adonner durant l'hiver à... un sport d'intérieur !

Le panier le plus controversé de l'histoire du basket-ball

La finale du tournoi de basket-ball des Jeux de Munich, en 1972, opposant les États-Unis à l'URSS, se termina dans la confusion. Jamais les États-Unis n'avaient été battus aux Jeux. Menés toute la partie par les Soviétiques, les Américains prirent enfin l'avantage à 3 secondes du terme du match (50-49). Le signal annonçant la fin de la rencontre retentit ; les Américains, soulagés, s'embrassèrent et le public envahit le terrain. Mais, dans la confusion liée à un temps mort demandé par le coach soviétique, l'arbitre ordonna un retour en arrière du chronomètre, qui indiqua de nouveau 39 minutes et 57 secondes et non

pas 40 minutes. Les Américains semblaient ne pas comprendre… Sur la remise en jeu, le Soviétique Modestas Paulauskas effectua une longue passe ; le ballon traversa tout le terrain et arriva dans les mains d'Alexander Belov, qui inscrivit sans opposition le panier de la victoire pour l'URSS (51-50). Le jury d'appel délibérera jusqu'à 4 h 30 du matin avant de confirmer le succès soviétique ! Les Américains ne se présenteront pas sur le podium pour recevoir leurs médailles d'argent. Un panier capital dans le cadre de la « guerre froide olympique »…

La Fédération américaine ne voulait pas de la « Dream Team »

En 1992, à l'occasion des JO de Barcelone, les professionnels furent pour la première fois autorisés à participer aux Jeux sans restriction. Cette édition reste marquée par la démonstration de la fameuse « Dream Team » des États-Unis, qui enchanta le monde par son basket-ball spectaculaire. Mais la présence des stars multimillionnaires de la NBA n'allait pas de soi, et elle fut âprement négociée. La Fédération internationale de basket-ball l'accepta finalement en 1989, par 56 voix contre 13. Parmi les 13 votes négatifs figurait celui de… la Fédération américaine amateur !

Boxe

L'étonnant doublé d'Oliver Kirk

L'Américain Oliver Kirk est le seul boxeur à avoir remporté deux médailles d'or dans des catégories de poids différentes, durant la même édition des Jeux Olympiques : c'était à Saint Louis, en 1904. Il s'imposa d'abord dans la catégorie des poids coq, en disputant un seul combat, car seulement deux pugilistes participaient au tournoi : il domina son compatriote George Finnegan, battu par KO technique au troisième round. De même, dans la catégorie des poids plume, seulement deux boxeurs étaient en lice : les Américains Frank Haller et Frederick Gilmore – Haller l'emporta. Le public voulait sans doute en avoir pour son argent, et il protesta : il souhaitait voir Kirk affronter Haller. Kirk remonta donc sur le ring pour combattre contre Haller, et fut déclaré vainqueur par les juges. Kirk remporta donc une seconde médaille d'or dans la catégorie des poids plume, alors qu'il n'était même pas engagé. Il s'agit d'un cas unique.

Il devient champion olympique en passant au total 3 minutes sur le ring !

Le Britannique Albert Oldman fut champion olympique dans la catégorie des poids lourds aux Jeux de Londres, en 1908. Il obtint sa médaille d'or à l'issue d'un parcours express, puisqu'il passa en tout et pour tout moins de 3 minutes sur le ring. Au premier tour, il domina son compatriote Ian Myrams, mis KO en moins de 1 minute. En demi-finale, il bénéficia du forfait de son adversaire. En finale, il mit KO son compatriote Sydney Evans en moins de 2 minutes.

Reginald Baker, l'exception de 1908

Reginald Baker, qui représentait l'Australasie, obtint la médaille d'argent dans la catégorie des poids moyens à Londres, en 1908. Cela constituait un petit exploit, car cette année-là les Britanniques s'adjugèrent toutes les autres médailles. En outre, sa défaite en finale, sur décision des juges, face au Britannique Johnny Douglas, provoqua un début de polémique, certains affirmant que le père de Johnny Douglas figurait parmi les juges. Polémique vite éteinte, car ce père était uniquement chargé de remettre les médailles aux lauréats. Ajoutons que Reginald Baker, pour « rentabiliser » le long voyage depuis les antipodes, participa également à la compétition de plongeon au tremplin de 3 mètres durant ces Jeux de Londres.

Pas de boxe aux JO de Stockholm

La boxe ne fut pas inscrite au programme des Jeux Olympiques de Stockholm, en 1912, pour une bonne raison : les combats de boxe étaient interdits par la loi en Suède ! Jusque-là, les organisateurs des Jeux jouissaient d'une assez grande liberté pour établir le programme des compétitions. Mais, échaudé par l'absence du « noble art » à Stockholm, le CIO laissera beaucoup moins de latitude aux Comités d'organisation des Jeux, et il contrôlera désormais étroitement l'établissement du programme sportif.

Le curieux scénario du succès de Paul Fritsch

Paul Fritsch fut le premier Français couronné champion olympique de boxe. Il conquit son titre dans des conditions particulières. Sélectionné dans la catégorie des poids plume pour participer aux Jeux Olympiques d'Anvers, en 1920, il fut éliminé en demi-finale par l'Américain George Etzell. Or, devant les protestations véhémentes du public, les juges revinrent sur leur décision et accordèrent la victoire à Paul Fritsch. En finale, il affronta son compatriote Jean Gachet. Il partageait avec ce dernier le même entraîneur, et ce pugiliste l'avait battu peu avant les Jeux. Paul Fritsch prit sa revanche et entra donc dans l'histoire française de la boxe.

Le « Rosbeef humain de la Vieille Angleterre »

En 1924, aux Jeux de Paris, le combat opposant le Français Roger Brousse au Britannique Harry Mallin, en quart de finale de la catégorie des poids moyens, se termina dans la plus grande confusion. À l'issue de longues minutes de délibération, le jury accorda la victoire au Français, qui avait donc réussi l'exploit de battre le tenant du titre. Mais, au moment du verdict, Harry Mallin ôta son maillot et désigna un endroit sur sa poitrine pour signifier que le Français l'avait mordu. La délégation britannique porta réclamation : Roger Brousse fut disqualifié alors qu'il fêtait déjà son succès. Un jury d'appel confirma la sanction. Quand Harry Mallin monta sur le ring pour affronter le Belge Joseph Beecken, pour la demi-finale, il fut hué par le public français, alors que des membres de l'équipe de France portaient en triomphe sur leurs épaules le malheureux Roger Brousse, en pleurs : la police dut intervenir pour évacuer à coups de matraque tous ces énergumènes. Harry Mallin remporta ce combat, puis la finale face à son compatriote John Elliot. Or, quelques années plus tard, la supercherie aurait été dévoilée : Harry Mallin avait bien été mordu, non pas par Roger Brousse, mais par une fille aux mœurs légères dans une maison close parisienne ! Notons qu'il s'agit là de la version retenue par les Français, alors que les Britanniques maintiennent « mordicus » que Brousse avait mordu Mallin : ce dernier y gagna un surnom dans la presse, le « Rosbeef humain de la Vieille Angleterre ».

Forfait pour cause de repas trop copieux

En 1936, à Berlin, le boxeur sud-africain Thomas Hamilton-Brown fut battu au premier tour, dans la catégorie des poids légers, par le Chilien Carlos Lillo. Un peu déçu, il fit une entorse à son régime et tenta de se consoler avec de bon petits plats. Or les juges s'aperçurent qu'il y avait eu une erreur dans le décompte des points, et que la victoire aurait dû revenir au Sud-Africain. Ce dernier fut donc requalifié… mais aussitôt disqualifié car, en raison de son repas pantagruélique, il dépassait le poids limite de la catégorie des légers ! Le Chilien Carlos Lillo poursuivit donc le tournoi, et fut éliminé en quart de finale.

Une *Marseillaise* pour Hitler !

Le Français Roger Michelot remporta la médaille d'or, dans la catégorie des mi-lourds, aux Jeux Olympiques de Berlin, battant en finale l'Allemand Richard Vogt, devant plus de 10 000 spectateurs. Plus que la victoire en elle-même, la cérémonie de remise des médailles restera son plus grand souvenir et sa plus grande fierté. En effet, les officiels avaient tout mis en œuvre pour que cette cérémonie ait lieu avant l'arrivée d'Adolf Hitler sur place, mais le protocole prit un léger retard, et le führer pénétra dans la salle pendant la cérémonie de remise des médailles ; on jouait donc *La Marseillaise*, et Hitler fut obligé de se tenir debout. « Le chancelier fut contraint de subir notre hymne national. Je l'ai obligé à rester debout et j'avoue que ça m'a fait bien plaisir », aimait à raconter Roger Michelot.

Privé de médaille d'argent pour non-combativité

La boxe est un sport de combat et de combattants. Naguère, la non-combativité, peu appréciée par les amateurs du « noble art », pouvait même être sanctionnée. Ainsi, aux Jeux Olympiques d'Helsinki, en 1952, le boxeur suédois Ingemar Johansson fut battu en finale, dans la catégorie des poids lourds, par l'Américain Ed Sanders. Il fut en fait disqualifié pour non-combativité. Afin de sanctionner cette attitude, le CIO le priva de la médaille d'argent. Cette médaille ne lui sera réattribuée qu'en 1982, trente ans plus tard. Ingemar Johansson était pourtant un pugiliste de talent, puisqu'il sera champion du monde des poids lourds chez les professionnels en 1959.

Qu'est devenue la médaille d'or de Cassius Clay ?

Le personnage de Muhammad Ali nous a toujours fasciné. Avec raison, car il a révolutionné la boxe chez les poids lourds, et, surtout, il n'a pas hésité à sacrifier ses plus belles années pour défendre de justes causes. Au moment de sa mort, le 4 juin 2016, les médias du monde entier ont revisité la vie de celui qui se surnommait « The Greatest ». On a rappelé que, sous le nom de Cassius Clay, il remporta une médaille d'or aux JO de Rome, en 1960, dans la catégorie des mi-lourds. Plusieurs journalistes mirent en avant une anecdote savoureuse concernant cette médaille. À son retour de Rome, un restaurant de Louisville aurait refusé de le servir uniquement parce qu'il était un Noir ; fou de rage, Cassius Clay jeta sa médaille d'or olympique dans la rivière Ohio : le jeune homme avait conquis cette médaille sous les couleurs des États-Unis, et ce pays renvoyait déjà le nouveau champion olympique à sa condition de descendant d'esclaves. Or cette anecdote est sans doute une invention, et celui qui se fera bientôt appeler Muhammad Ali avouera à demi-mots qu'il avait en fait égaré la fameuse médaille. Mais cette légende s'inscrit presque comme une vérité tant elle colle à son image.

Il met 51 minutes pour quitter le ring

Dans la catégorie des poids mouche, aux Jeux de Tokyo, en 1964, le quart de finale opposant le Soviétique Stanislav Sorokin au Sud-Coréen Jo Dong-gi se termina dans la confusion. En effet, Jo Dong-gi fut disqualifié pour avoir tenu la tête trop basse – le jury considéra qu'il donnait en fait des coups de tête. Ce fut une des nombreuses décisions discutables de ce tournoi olympique de boxe. Jo Dong-gi n'accepta pas le verdict, mais, plutôt que de se montrer agressif et de manifester sa rage, il décida de s'asseoir dans son coin et de n'en plus bouger. Il ne quitta les lieux que 51 minutes après sa disqualification. Le comble, c'est que Stanislav Sorokin, blessé à un œil par Jo Dong-gi, fut contraint de déclarer forfait pour la demi-finale qui devait l'opposer au Polonais Artur Olech !

Et le boxeur frappa l'arbitre

Aux Jeux Olympiques de Tokyo, en 1964, le jeune Espagnol Valentin Loren (18 ans), engagé dans la catégorie des poids plume, fit parler de lui. Pour son premier combat, il était opposé

au Taïwanais Hung-Cheng Hsu. Valentin Loren eut, semble-t-il, une attitude antisportive, accrochant perpétuellement son adversaire, portant des coups irréguliers. Au deuxième round, l'arbitre hongrois, György Sermer, le disqualifia. Comprenant sur-le-champ que sa carrière olympique avait déjà pris fin en quelques minutes, Valentin Loren entra dans une rage folle, poursuivit l'arbitre sur le ring, et lui asséna un crochet du gauche au visage : l'arbitre était KO et l'événement fit la une de nombreux journaux. Valentin Loren fut radié à vie.

Le petit drapeau de George Foreman

Le boxeur américain George Foreman remporta la médaille d'or dans la catégorie des poids lourds aux Jeux de Mexico, en 1968. À l'issue de sa victoire en finale, il brandit un tout petit drapeau américain sur le ring. Rappelons que, lors de ces Jeux de Mexico, les Noirs américains Tommie Smith et John Carlos, ses frères de couleur, avaient levé un poing ganté de noir sur le podium du 200 mètres pour protester contre l'oppression raciale aux États-Unis. Cette attitude « patriotique » lui sera par la suite rappelée, reprochée et mise en avant quand il affrontera Muhammad Ali en octobre 1974 à Kinshasa... Lors de ce « combat du siècle » pour le titre mondial des poids lourds chez les professionnels, George Foreman, Noir américain, sera désigné comme le « représentant des Blancs ».

Park Si-hun s'excuse d'avoir été déclaré vainqueur !

Les compétitions de boxe des JO de Séoul, en 1988, furent marquées par de nombreuses décisions très controversées, les pugilistes sud-coréens se voyant favorisés par les juges. Le parcours olympique de Park Si-hun, médaillé d'or dans la catégorie des superwelters, est édifiant. Ainsi, en quart de finale, il affronta l'italien Vincenzo Nardiello : ce dernier remporta facilement les deux premiers rounds, mais les juges accordèrent la victoire à Park Si-hun, car il aurait gagné le troisième round « avec une grande marge » ; Nardiello, en rage, fut évacué du ring manu militari par les officiels. Vainqueur du Canadien Ray Downey en demi-finale, Park Si-hun affronta l'Américain Roy Jones en finale. Roy Jones domina largement le combat : il porta 86 coups, Park Si-hun, 32. Or, à la stupeur de tous, Park Si-hun fut déclaré vainqueur par trois des cinq juges et obtint la médaille d'or. Cette décision était tellement ridicule que Park Si-hun présenta des excuses à Roy Jones ; par ailleurs, Roy Jones, pourtant battu, reçut le trophée Val-Barker, lequel récompense le meilleur « styliste » de tous les pugilistes des Jeux. Par la suite, le juge marocain Hiouad Larbi, qui avait donné Park Si-hun vainqueur, déclara qu'il savait que Roy Jones avait gagné, mais qu'il avait préféré voter pour Park Si-hun afin de « calmer les spectateurs sud-coréens » présents dans la salle. En 1997, le CIO diligenta une enquête, à l'issue de laquelle il s'avéra que deux juges avaient été achetés : ceux-ci furent radiés à vie, mais le CIO refusa de modifier le résultat du combat. Néanmoins, cette décision contraignit la Fédération internationale de boxe à mettre en place un nouveau système de notation pour la boxe olympique. Signalons que Roy Jones fit une brillante carrière chez les professionnels, marquée par plusieurs titres de champion du monde ; Park Si-hun, lui, disparut des rings…

Un boxeur plongé dans le noir

Le Sud-Coréen Byun Jung-il, lui, ne bénéficia pas de la partialité des juges lors des compétitions de boxe des Jeux Olympiques de Séoul, en 1988… Déclaré battu par le Bulgare Aleksandar Hristov au deuxième tour dans la catégorie des poids coq, il refusa pendant plus d'une heure de quitter le ring afin de protester contre la décision des juges. Finalement, il ne quitta le ring que quand les officiels éteignirent les lumières et plongèrent la salle dans le noir…

Le boxeur oublie ses gants

À Barcelone, en 1992, l'Iranien Ali Kazemi devait affronter le Pakistanais Mohammad Asghar au premier tour, dans la catégorie des lourds-légers. Mais il se réveilla trop tard, manqua le bus qui devait le conduire au palais des sports de Badalona, et prit le bus suivant. Dans la panique, il entra en trombe dans la salle, se précipita sur le ring pour faire face à son adversaire… mais sans gants ni protège-tête, accessoires qu'il avait oubliés dans sa course folle : il fut disqualifié. Les Iraniens protestèrent, mirent en cause les horaires de bus. Les officiels, inflexibles, répondirent simplement au boxeur : « Vous n'aviez qu'à prendre un taxi… » Ali Kazemi a donc fait le long voyage de Téhéran à Barcelone… pour rien !

Eric Griffin éliminé par la technologie

Le boxeur américain Eric Griffin connut une double déveine olympique : la première lui est entièrement imputable car, avant les Jeux de Séoul, en 1988, il fut testé positif à la marijuana lors des sélections olympiques américaines, et disqualifié. La seconde, en 1992, est en revanche due à une décision très controversée. En effet, pour ces Jeux de Barcelone, le système de jugement avait été totalement modifié afin d'être plus équitable : ainsi, pour qu'un coup soit validé, il devenait nécessaire que trois juges appuient sur un poussoir quasi simultanément (avec moins d'une seconde d'écart). Dans la catégorie des mi-mouche, Eric Griffin affrontait, au deuxième tour, l'Espagnol Rafael Lozano. Au terme du combat, les cinq juges accordèrent la victoire à Griffin (19-9, 18-9, 26-17, 8-5, 10-9), selon le système « classique » ; malheureusement, ces juges n'étaient pas encore familiarisés avec ce nouveau système de pointage, et ils avaient appuyé sur leur poussoir de manière désordonnée ; de ce fait, la plupart des coups portés par Eric Griffin ne furent pas comptabilisés par l'électronique. Alors que les juges avaient accordé très nettement la victoire à Griffin (81 points à 49), le système électronique indiquait que Rafael Lozano était le vainqueur, par 6 points à 5. Rafael Lozano continua sa route olympique à Barcelone – laquelle s'arrêta en quart de finale –, alors qu'Eric Griffin fut donc éliminé par la technologie.

Le boxeur attaque le médecin

Le boxeur irlandais Paul Griffin, champion d'Europe en 1991, faisait partie des favoris, dans la catégorie des poids plume, pour la médaille d'or aux Jeux de Barcelone, en 1992, et ce même s'il avait été victime d'une fracture de la mâchoire trois mois avant les Jeux. Or, au premier tour, il fut mis au tapis par son adversaire, le Zambien Steven Chungu. Paul Griffin, pas vraiment sonné, pensait pouvoir reprendre le combat, mais le médecin officiel, l'Italien Antonio Franconi, décida que le combat devait être interrompu, et Steven Chungu fut déclaré vainqueur. Dans un accès de colère, Paul Griffin voulut s'en prendre physiquement à ce médecin : il fallut que les juges, aidés de quelques gros bras, maîtrisent l'Irlandais pour éviter que ledit médecin fût frappé par le boxeur. Paul Griffin sera suspendu deux ans.

Jackpot pour la boxe ouzbèke à Rio

Les États versent souvent des primes à leurs médaillés olympiques. Les Jeux de Rio, en 2016, ne dérogèrent pas à la règle. Tous les montants ne furent pas divulgués, mais on sait, par exemple, que la France versa 50 000 euros pour une médaille d'or, les États-Unis 22 000 euros, la Grande-Bretagne… rien du tout. La palme revint à l'Ouzbékistan, qui promettait 800 000 euros pour une médaille d'or. Mais, pour le président Islam Karimov, au pouvoir depuis 1990 et qui avait instauré un régime quasi dictatorial, rien ne devait être négligé quand il s'agissait du prestige de l'Ouzbékistan, lequel prestige rejaillirait sur son président. Les boxeurs ouzbeks ont raflé le jackpot : Hasanboy Dusmatov (moins de 49 kg), Shakhobidin Zoirov (moins de 52 kg) et Fazliddin Gaibnazarov (moins de 64 kg) ont obtenu chacun la médaille d'or, assortie donc d'une prime de 800 000 euros. L'haltérophile Ruslan Nurudinov (moins de 105 kg) s'est joint à eux dans ce palmarès rentable. Quelques semaines après ces Jeux de Rio, Islam Karimov passera l'arme à gauche… Mais il n'y a pas de lien de cause à effet.

Canoë-kayak

Au nom du père

Bill Havens, sélectionné dans l'équipe américaine de canoë pour les Jeux Olympiques de Paris, en 1924, fit défection pour la meilleure des raisons : son épouse, enceinte, allait accoucher. Il préféra rester auprès d'elle plutôt que de tenter de remporter l'or olympique – d'autant que le canoë n'avait alors que le statut de sport de démonstration. Le 1er août 1924, il assista donc à la naissance de son fils, Frank. Ce dernier devint lui aussi un champion de canoë. Médaillé d'argent dans le 10 000 mètres monoplace en 1948, à Londres, il redoubla d'efforts à l'entraînement, afin de conquérir l'or en 1952, à Helsinki. En Finlande, dans l'eau agitée d'une baie artificielle, Frank Havens, longtemps au coude-à-coude avec le Tchécoslovaque Alfréd Jindra, finit par le dépasser, puis il résista au retour du Hongrois Gábor Novák. Au terme d'une course qui dura près d'une heure, il devint champion olympique. Sa première pensée fut pour son père, à qui il envoya ce télégramme : « Je rapporte à la maison la médaille d'or que tu aurais dû gagner ! »

Cyclisme

Un journaliste devient champion olympique

Adolf Schmal, correspondant du journal *Paris-Vélo* en Autriche, participa aux I^{ers} Jeux Olympiques d'Athènes, en 1896, tout en livrant les comptes rendus des épreuves. Il remporta notamment la difficile course cycliste de 12 heures, parcourant 314,997 kilomètres. Adolf Schmal se classa également troisième de l'épreuve du tour de piste (333 mètres) et des 10 kilomètres. Durant ces Jeux d'Athènes, Adolf Schmal participa aussi à une compétition d'escrime : le sabre. Adolf Schmal mit rapidement fin à sa carrière sportive pour se consacrer à l'écriture, sous le pseudonyme d'Adolf Schmal-Filius.

Le cycliste majordome

Lors des Jeux d'Athènes, en 1896, tous les concurrents étaient des amateurs, mais le Britannique Frank Keeping, deuxième de la course cycliste de fond des 12 heures, exerçait une profession bien originale : il était majordome de l'ambassadeur de Grande-Bretagne à Athènes. Et cette profession faillit lui valoir la disqualification. En effet, des concurrents protestèrent : selon la lettre de la définition de l'« amateurisme », Frank Keeping, qui exerçait donc une profession, aurait dû être considéré comme un « professionnel ». Mais la qualité de majordome n'ayant pas de lien avec la pratique sportive, la réclamation fut rejetée.

Un descendant de Louis XIV médaillé olympique ?

Au-delà du seul résultat sportif, certains champions ont une histoire personnelle qui sort de l'ordinaire. Ainsi de Fernando Sanz, qui fut médaillé d'argent dans la compétition cycliste de vitesse aux Jeux de Paris, en 1900. Connu sous le nom de Fernando Sanz y Martínez de Arizala, il serait le fils illégitime du roi Alphonse XII d'Espagne et de la cantatrice Elena Sanz. Pour acheter le silence de la famille Sanz, la monarchie espagnole aurait consigné une somme de 500 000 francs auprès d'une banque parisienne. Néanmoins, le banquier aurait bloqué cette somme, et Fernando Sanz aurait intenté un procès pour la récupérer. Un descendant en ligne directe de Louis XIV aurait donc été médaillé olympique. On notera le conditionnel ici employé, car il n'est pas certain que du sang bleu coulait vraiment dans ses veines. Même quand elles ne sont pas totalement avérées, on aime à croire certaines histoires.

Le tandem au programme olympique

Dans l'imaginaire collectif, le tandem – bicyclette à deux places situées l'une derrière l'autre – renvoie aux promenades en amoureux et, surtout, aux « congés payés » instaurés en France par le Front populaire : en 1936, à une époque où l'automobile était un grand luxe réservé aux bourgeois, des milliers d'ouvriers partirent voir la mer en pédalant sur un tandem – ce qui est bien mis en évidence par le cinéma de ce temps-là. Mais, on l'oublie, le tandem fut une discipline importante du programme cycliste des Jeux Olympiques de 1908 à 1972. En 1908, à Londres, les Français Maurice Schilles et André Auffray furent les premiers champions olympiques de tandem. En fait, les Français se distinguèrent souvent aux Jeux dans la compétition de tandem, accumulant les médailles d'or : Lucien Choury et Jean Cugnot en 1924 ; Louis Chaillot et Maurice Perrin en 1932 ; Daniel Morelon et Pierre Trentin – les plus célèbres – en 1968.

Le départ de la course cycliste est donné à 2 heures du matin

Le Comité d'organisation des JO de Stockholm en 1912 prit quelques libertés en établissant le programme sportif. Ainsi, en 1910, il décida de supprimer le cyclisme sur piste. Les Britanniques protestèrent, mais le cyclisme sur piste ne fut pas réintroduit : le seul vélodrome de Stockholm avait été détruit pour laisser la place au nouveau stade olympique, et il n'était pas prévu d'en construire un autre. Puis le Comité d'organisation décida de rayer aussi le cyclisme sur route du programme ; en effet, le Britannique Robert de Courcy Laffan, membre du CIO, avait rappelé que la course sur route devait se dérouler sur 100 kilomètres au moins ; Viktor Balck, cheville ouvrière du Comité d'organisation, signala que, dans ces conditions, il était impossible de programmer une telle course, en raison du mauvais état des routes suédoises. Finalement, le Comité d'organisation des Jeux de Stockholm fit volte-face et indiqua que le parcours du Mälaren Runt (Tour du lac Mälaren), la course la plus populaire en Suède, dont la première édition avait eu lieu en 1892, pourrait convenir. L'idée fut retenue, et une course contre la montre eut lieu le 7 juillet, les coureurs prenant le départ de 2 minutes en 2 minutes. Or la distance du Mälaren Runt était de 315,385 kilomètres, et 151 cyclistes participaient à l'épreuve. De ce fait, le premier coureur, le Français René Rillon, s'élança dans la nuit, à 2 heures du matin. Le dernier coureur en lice, le Belge Jean Patou, prit le départ à 7 heures du matin. On peut noter que partir très tôt n'était pas un désavantage, puisque le vainqueur, le Sud-Africain Rudolph Lewis, s'était élancé en deuxième position, à 2 heures et 2 minutes (il s'imposa dans le temps de 10 h 42 min 39 s).

Les passages à niveau perturbent la course sur route

Lors des Jeux d'Anvers, en 1920, la course cycliste sur route consistait en un contre-la-montre de 175 kilomètres. Les coureurs partaient de Merksem, dans la banlieue d'Anvers, pour faire une boucle traversant Turnhout, Heist-op-den-Berg et Lierre, avec arrivée à Anvers, où se massait la foule. Sur une telle distance et avec un tel parcours, certains coureurs risquaient d'être bloqués par des passages à niveau fermés – la circulation ferroviaire étant privilégiée par rapport à la compétition olympique. Mais le jury avait anticipé le problème : si un des concurrents était retardé par le passage d'un train, son temps final serait diminué d'autant. Le Sud-Africain Henry Kaltenbrunn fut déclaré vainqueur, dans un temps de 4 heures 41 minutes et 26 secondes, devant le Français Fernand Canteloube. L'équipe sud-africaine partit célébrer

la victoire, avant de recevoir une douche froide. En effet, cinq des quarante-deux arrivants avaient été retardés par un passage à niveau fermé : parmi ceux-ci figurait le Suédois Harry Stenqvist, initialement troisième (4 h 44 min 2 s) ; ce dernier avait été bloqué durant 4 minutes et 1 seconde par le passage du chemin de fer. Une fois le temps corrigé, Harry Stenqvist fut déclaré champion olympique (4 h 40 min 1 s).

Giovanni Pettenella refuse le contrôle antidopage en toute légalité

L'attitude de Giovanni Pettenella et des dirigeants sportifs italiens aux Jeux Olympiques de Tokyo, en 1964, est symbolique des atermoiements des débuts de la lutte antidopage. En effet, aux Jeux, les premiers contrôles *antidoping* furent instaurés lors de certaines épreuves de cyclisme à Tokyo. Cependant, ceux-ci étaient non contraignants. Giovanni Pettenella, deuxième de la compétition cycliste sur piste du kilomètre, refusa de se soumettre au contrôle *antidoping* diligenté par l'Union cycliste internationale. Il fut soutenu par ses dirigeants et conserva sa médaille d'argent. Durant ces Jeux de Tokyo, Giovanni Pettenella obtint par ailleurs la médaille d'or dans la compétition de vitesse. Mais quel crédit accorder à ces succès ?

Un long sur-place

Lors d'une compétition cycliste de vitesse sur piste, deux concurrents, muscles tendus, s'affrontent lors d'un sprint rageur. Pourtant, la stratégie est fondamentale, et la compétition peut durer longtemps : ainsi, les protagonistes préfèrent souvent se situer à la seconde place, afin de surveiller leur adversaire, de choisir le bon moment pour lancer le sprint et de profiter de l'« aspiration ». Le sur-place est une des tactiques favorites des cyclistes : le concurrent se trouvant en première position s'arrête, cale son vélo en travers pour tenter de contraindre son adversaire à se placer en tête. Un des records en la matière date des Jeux de Tokyo : en demi-finale, l'Italien Giovanni Pettenella et le Français Pierre Trentin gratifièrent le public d'une séance de sur-place de 21 minutes et 57 secondes.

La saga des Pettersson

Les exploits familiaux ne sont pas rares aux Jeux Olympiques, mais l'histoire de l'équipe de Suède dans la course cycliste par équipes de 100 kilomètres contre la montre aux Jeux de Mexico, en 1968, mérite une mention particulière. Si les Pays-Bas (avec Joop Zoetemelk) s'imposèrent, la Suède prit la deuxième place. Or le quatuor suédois était constitué par les quatre frères Pettersson : Gösta, Sture, Erik et Tomas. Les Pettersson ne se distinguèrent pas uniquement aux Jeux, car les quatre frères furent également champions du monde du contre-la-montre par équipes en 1967, 1968 et 1969. La saga s'arrêta cette année-là, les frères Pettersson abandonnant leur statut « amateur » pour rejoindre le peloton professionnel.

Le mauvais anniversaire de Daniel Morelon

Le 24 juillet 1976 se déroulait la finale de la compétition cycliste de vitesse des Jeux de Montréal. Ce jour coïncidait avec l'anniversaire du Français Daniel Morelon, double tenant du titre. Aussi, sur le tableau lumineux du vélodrome, on pouvait lire : « Bon anniversaire Daniel ». Mais, pour ses 32 ans, Morelon se laissa surprendre dans la « belle » par le démarrage du Tchécoslovaque Anton Tkáč avant les 200 mètres, et, battu, il dut se contenter de la médaille d'argent. Les organisateurs des Jeux auraient peut-être mieux fait de s'abstenir de fêter par avance cet anniversaire.

Le livreur de journaux devient médaillé olympique

Nelson Vails fut le premier Afro-Américain médaillé en cyclisme aux JO, et un médaillé surprise qui plus est. En 1984, aux Jeux de Los Angeles, boycottés par les pays communistes, de nombreux Américains quasi inconnus remportèrent une médaille. Ce fut le cas de Nelson Vails : cet ancien livreur de journaux de Harlem obtint la médaille d'argent dans l'épreuve de vitesse, battu en finale par son compatriote Mark Gorski... Puis Nelson Vails retomba illico dans l'anonymat.

Shane Kelly perd la course dès le départ !

Les Jeux Olympiques n'ont guère souri à l'Australien Shane Kelly, spécialiste du kilomètre, qui fut pourtant trois fois champion du monde de la spécialité (1996, 1997 et 1998). En 1992, à Barcelone, il obtint certes la médaille d'argent, mais il aurait sans doute mérité mieux : le vainqueur, l'Espagnol José Manuel Moreno, revenait d'une suspension pour dopage d'un an, alors qu'il aurait dû purger deux années de sanction. Surtout, en 1996 à Atlanta, dernier concurrent à s'élancer, Shane Kelly espérait faire mieux que le leader, le Français Florian Rousseau. Mais, dès le départ, il « déchaussa » : son « kilomètre » ne fit que quelques centimètres, et il vit quatre années de travail réduites à néant par cet incident mécanique.

Paul McCartney vole la vedette aux cyclistes

De nombreux chanteurs et musiciens de talent se sont produits à l'occasion des diverses cérémonies d'ouverture ou de clôture. Mais peu d'entre eux furent aussi présents lors d'une édition des Jeux que Paul McCartney à Londres, en 2012. Tout d'abord, en conclusion de la cérémonie d'ouverture, il interpréta *Hey Jude*, lâchant le micro sur la fin pour laisser les

80 000 spectateurs chanter le refrain. Puis on le vit sur plusieurs sites. Ainsi, le 4 août, il était présent dans les gradins du London Velopark pour assister à l'épreuve cycliste de poursuite par équipes féminine : après que les Britanniques Danielle King, Laura Trott et Joanna Rowsell eurent reçu la médaille d'or récompensant leur victoire, il entonna de nouveau *Hey Jude*, et les 6 000 spectateurs reprirent en chœur la célèbre chanson pour fêter la victoire britannique.

Il chute volontairement !

Philip Hindes marqua l'histoire olympique de deux manières inhabituelles. D'abord, il est né en Rhénanie-du-Nord-Westphalie, et a donc débuté la compétition sous les couleurs allemandes. Mais, dans l'optique des Jeux de Londres de 2012, la Grande-Bretagne souhaitait se donner tous les atouts pour briller à domicile. On se rappela que le père de Philip Hindes était britannique, et la Fédération britannique, qui cherchait un « démarreur » pour son équipe cycliste de vitesse, décida de le recruter. Opportunément, le CIO abrogea un règlement qui aurait contraint le coureur à attendre trois ans pour représenter son nouveau pays, ce qui permit à Philip Hindes de participer à la compétition cycliste de vitesse par équipes, associé à Jason Kenny et à Chris Hoy. Ensuite, durant les séries de qualification, Philip Hindes, mal parti, tomba volontairement afin de pouvoir effectuer un nouveau départ, comme l'autorisait un curieux règlement. Le fair-play britannique aurait-il quelques limites ? Toujours est-il que les Britanniques obtinrent la médaille d'or aux dépens des Français Grégory Baugé, Kévin Sireau et Michaël D'Almeida. Dès 2013, Philip Hindes sera fait membre de l'Ordre de l'Empire britannique.

Une étrange finale de keirin

En keirin, les coureurs tentent de se placer le plus près possible du vélomoteur au moment où celui-ci va s'écarter.

Mais, si l'un d'entre eux le dépasse, il est disqualifié pour faux départ. Aux Jeux Olympiques de Rio, en 2016, cette règle fut interprétée de manière laxiste par le juge-arbitre. En effet, il estima que deux coureurs, le Britannique Jason Kenny – le grand favori – et le Malaisien Azizulhasni Awang, avaient dépassé trop tôt l'engin, et il interrompit la course par un coup de pistolet. Or, après visionnage de la vidéo, le jury des commissaires estima que la faute était très légère, pas évidente, et qu'il était difficile de déterminer un coupable entre Awang et Kenny. Finalement, personne ne fut disqualifié – il semble que mettre hors course Kenny, en clôture des compétitions de cyclisme sur piste de ces Jeux, était une responsabilité trop lourde à assumer. Le départ fut redonné, et le même incident se produisit : le fautif était l'Allemand Joachim Eilers ; cette fois, le faux départ semblait manifeste, mais il était difficile de faire deux poids, deux mesures ; Joachim Eilers ne fut donc pas disqualifié. Le troisième départ fut le bon, et Jason Kenny remporta une nouvelle médaille d'or olympique, la troisième à Rio.

Équitation

De curieuses épreuves équestres aux JO de 1900

Les compétitions équestres des Jeux Olympiques de Paris, en 1900, tenues dans le cadre de l'Exposition universelle, furent organisées sur un terrain de l'avenue de Breteuil, sous l'égide de la Société hippique de France. Cinq épreuves étaient au programme, dont trois seront reconnues par le CIO. Parmi elles, l'une deviendra un standard : le saut d'obstacles, qui fut remporté par le Belge Aimé Haegeman, un officier des lanciers montant *Benton-II*, un cheval bai de 10 ans, qui réussit un sans-faute. Les deux autres sont plus inattendues, et elles ne s'inscriront pas durablement pas dans le programme des Jeux : le saut en hauteur et le saut en largeur. Deux compétiteurs se classèrent premiers ex aequo dans le « Championnat du saut en hauteur », disputé sur un terrain rendu lourd et glissant par la pluie : le Français Dominique Maximien Gardères, montant *Canela*, et l'Italien Giovanni Giorgio Trissino, montant *Oreste*, qui tous les deux franchirent 1,85 mètre. L'épreuve du « Championnat du saut en largeur », qui réunit 17 concurrents, également disputée sur un terrain lourd ne favorisant pas la prise d'appel, consistait à franchir une rivière sans toucher un ruban rouge déposé de l'autre côté de l'obstacle et à mesurer la longueur du saut ; elle fut remportée par le Belge Constant Van Langhendonck, un officier montant *Extra Dry*, jument de 8 ans, dont le saut fut mesuré à 6,10 mètres.

Succès mondain et pluie d'argent

En outre, en 1900, deux compétitions ne seront pas reconnues par le CIO, bien qu'elles aient rencontré un joli succès mondain : le « Concours d'attelage à quatre chevaux » et le « Prix international de selle ». Le « Concours d'attelage à quatre chevaux » consistait en une présentation de voitures attelées ; les propriétaires et meneurs étaient en grande tenue, les voitures couvertes des couleurs vives des équipages ; 31 attelages, menés par leurs propriétaires ou par les plus expérimentés de leurs amis, prirent part au Concours – de ce fait, ce que regretta le jury, il fut impossible de voir en même temps sur le petit et éphémère hippodrome de la place de Breteuil tous les attelages ; le jury eut du mal à trancher, mais il accorda finalement le premier prix (6 000 francs) au Belge Georges Nagelmackers, qui conduisait un mail-coach de caisse brune et de train rouge ; on note que tous les participants reçurent un « souvenir », d'une valeur estimée à 250 francs, et une gratification de 100 francs pour leur écurie. Enfin, pour le « Prix international de selle », le jury devait noter les modèles et allures des différents chevaux de selle présentés, en se fondant sur le style et la prestance des couples engagés ; finalement, il accorda quatre prix, le premier (4 000 francs) revenant à Louis-Napoléon Murat, montant *Général*, un cheval alezan de pur-sang, importé d'Angleterre, ayant de grandes lignes et beaucoup de distinction. Le jury regretta que la majorité des concurrents engagés dans ce « Prix international de selle » fussent français ; en revanche, il se félicita du fait que les quatre chevaux primés représentassent quatre types bien caractérisés, mais bien différents, du cheval de selle : le hack, de pur-sang ; le cheval, de demi-sang ; le poney, de promenade ; le hunter, un cheval de chasse.

Le héros de *Lettres d'Iwo Jima* avait été champion olympique

Takeichi Nishi est connu du grand public grâce à Clint Eastwood, car il est un personnage (interprété par Tsuyoshi

Ihara) de son film *Lettres d'Iwo Jima* (2006). Takeichi Nishi fut en effet un des héros de la bataille d'Iwo Jima (1945), où il trouva la mort. Après la sortie de *Lettres d'Iwo Jima*, Takeichi Nishi connut une célébrité posthume au Japon, tout comme le général Kuribayashi, présenté dans le film comme un ami proche de Takeichi Nishi. Mais Takeichi Nishi fut également champion olympique. Ainsi, montant *Uranus*, il remporta le concours individuel de saut d'obstacles aux Jeux Olympiques de Los Angeles, en 1932. À cette occasion, Takeichi Nishi se fit également remarquer par ses virées nocturnes très hollywoodiennes en compagnie de Mary Pickford ou Douglas Fairbanks ; il devint aussi une sorte de héros pour la communauté des Américains d'origine japonaise, alors victimes d'ostracisme social aux États-Unis. Takeichi Nishi participa encore aux Jeux en 1936 à Berlin, montant toujours *Uranus* ; mais, après une chute, il abandonna. Les circonstances de cet échec demeurent suspectes, car il se dit que le commandement militaire japonais « conseilla » à Takeichi Nishi d'abandonner, afin de favoriser la victoire d'un Allemand, dans l'optique d'une future alliance militaire entre l'Allemagne nazie et le Japon. De fait, l'Allemand Kurt Hasse remporta la compétition, quatre ans avant la signature du Pacte tripartite formant les puissances de l'Axe, en 1940...

Les malheurs de Konrad von Wangenheim

Le cavalier allemand Konrad von Wangenheim accumula les déboires dans l'épreuve équestre de concours complet des Jeux de Berlin. Lors du cross, son cheval heurta une barrière, ce qui provoqua une chute. Konrad von Wangenheim eut la clavicule gauche brisée ; il n'abandonna pas la compétition, afin de permettre à l'équipe d'Allemagne de préserver ses chances. Il prit part au concours de saut d'obstacles le bras en écharpe : le cheval rua et lui occasionna une nouvelle blessure ; malgré la douleur, Konrad von Wangenheim parvint à terminer la compétition. Si l'équipe d'Allemagne remporta finalement la médaille d'or, elle le doit largement au courage de Konrad von Wangenheim.

L'incroyable « record » de pénalités d'Otomar Bures

Le cross du concours complet équestre des Jeux Olympiques de Berlin, en 1936, fut particulièrement difficile : l'épreuve comptait 5 phases, pour un total de 36 kilomètres, avec 47 obstacles. Résultat : 27 des 50 concurrents abandonnèrent, incapables de franchir des obstacles dangereux, notamment la rivière – il semble que les Allemands connaissaient à l'avance ces difficultés, ce qui favorisa la victoire de Ludwig Stubbendorf. Quant au Tchécoslovaque Otomar Bures, il mit 2 heures et 36 minutes pour boucler les 8 kilomètres de l'avant-dernière phase : il accumula plus de 18 000 points de pénalité, ce qui constitue un « record » inégalable !

Pas de médaille pour l'officier qui n'était que sergent

Longtemps, un curieux règlement imposait d'être officier dans l'armée pour être autorisé à participer au concours olympique de dressage équestre. C'était encore le cas aux Jeux de Londres, en 1948. La Suède remporta la médaille d'or par équipes, devant la France. La Suède comptait dans ses rangs Gehnäll Persson ; or ce dernier n'était que sergent et avait été promu officier à titre temporaire. Un membre français de la Fédération internationale d'équitation porta réclamation : celle-ci fut entendue, et la France récupéra de manière bien peu glorieuse la médaille d'or. Ce manque de fair-play eut néanmoins une heureuse suite : le règlement des épreuves de dressage équestre sera modifié, et elles seront ouvertes aux civils comme aux militaires.

Médaillée malgré une paralysie

À l'occasion des Jeux d'Helsinki, en 1952, l'équitation étant un sport mixte, les femmes purent se confronter aux hommes. Cette année-là, la Danoise Lis Hartel, l'une des rares cavalières inscrites, réussit l'exploit d'obtenir la médaille d'argent. Elle devint la première femme médaillée en équitation. Cette performance prend encore plus de relief quand on indique que Lis Hartel, victime de la poliomyélite en 1944, était restée paralysée sous les genoux. Lis Hartel fut encore médaillée d'argent olympique en 1956; cette année-là, il fallut même l'aider à monter sur son cheval. Après sa carrière, elle donna des spectacles équestres afin de recueillir des fonds destinés à lutter contre la poliomyélite.

La cavalière et le roi

La Britannique Patricia Rosemary Smythe fut elle aussi l'une des premières femmes à se distinguer dans les compétitions équestres : elle obtint la médaille de bronze dans l'épreuve de saut d'obstacles par équipes aux Jeux en 1956, associée à deux partenaires masculins, Wilfred White et Peter Robeson. Auparavant, durant la Seconde Guerre mondiale, alors adolescente, elle avait été mise à l'abri dans la région rurale des Cotswolds, dans le sud-ouest de l'Angleterre. Selon la légende, elle aurait rencontré, sans le reconnaître, le roi d'Angleterre. Empêtrée au milieu des chevaux qu'elle menait sur la route, elle aurait enguirlandé le chauffeur de la voiture dans laquelle voyageait le monarque, qui lui demandais le passage : « Tais-toi ! Ne vois-tu pas que j'essaye de pousser ces chevaux hors de la route ! » L'histoire n'est pas totalement avérée. Ce qui est sûr, en revanche, c'est que Patricia Rosemary Smythe est connue pour ses livres. Elle a notamment publié des autobiographies, des romans équestres et des livres pour enfants, dont certains ont été traduits et édités en France dans la collection la Bibliothèque verte (la série *Ji, Ja, Jo* connut un joli succès).

Il cache sa blessure pour sauver la médaille de son équipe

Spécialiste du concours complet, le cavalier australien Bill Roycroft ne parvint pas à réussir de grandes performances à titre individuel (son meilleur classement est une sixième place aux Jeux de Munich en 1972), mais il remporta trois médailles dans la compétition par équipes aux Jeux Olympiques (or en 1960, bronze en 1968 et en 1976). On peut même dire qu'il avait vraiment l'esprit d'équipe, comme en atteste son étonnant courage lors des Jeux de Rome, en 1960. Victime d'une chute lors du cross, il se fractura l'omoplate et fut hospitalisé. Or il savait que s'il ne terminait pas la compétition son équipe serait disqualifiée. Après une nuit passée à l'hôpital, il décida de reprendre l'épreuve, et il sauva la médaille d'or de l'Australie. Ses coéquipiers, Lawrence Morgan et Neale Lavis, lui doivent donc une fière chandelle.

Le concours complet se transforme en jeu de massacre

À Mexico, en 1968, le parcours de cross du concours complet était particulièrement difficile. La chaleur et l'altitude augmentaient les risques ; en outre, durant l'épreuve, un violent orage se déclencha, les rivières se transformèrent en torrents. Dix concurrents abandonnèrent ; la monture de l'Italien Mauro Checcoli, médaillé d'or en 1964, refusa deux fois un obstacle, provoquant la disqualification du cavalier ; au jeu des pénalités et bonifications, seuls 9 des 48 cavaliers présentèrent un résultat positif (l'Argentin Carlos Moratorio, médaillé d'argent par équipes en 1964, afficha un score de -294 points !). Parti dans les premiers, avant que l'orage noie le parcours, le Français Jean-Jacques Guyon, montant *Pitou*, évita les chausse-trapes, et, après le concours de saut d'obstacles, il obtint une belle médaille d'or.

Jappeloup désarçonne Pierre Durand et rentre à l'écurie

On se souvient de la superbe victoire de Pierre Durand, montant *Jappeloup*, dans le concours de saut d'obstacles des Jeux Olympiques de Séoul, en 1988. L'histoire du cavalier et du cheval a fait l'objet d'un film, aussi magnifique que controversé, *Jappeloup* (2013), réalisé par Christian Duguay. Pourtant, l'aventure olympique de Pierre Durand et *Jappeloup* avait bien mal débuté, en 1984, à Los Angeles. En effet, pendant l'épreuve par équipes, devant un redoutable oxer, *Jappeloup* pila en arrivant sur la barrière et refusa l'obstacle ; Pierre Durand fut jeté à terre de l'autre côté de l'obstacle, les rênes et la bride lui restant dans les mains, et *Jappeloup* s'enfuit vers les écuries pour y retrouver sa palefrenière, Raphaëlle Dalio, sous l'œil des

téléspectateurs du monde entier. Pierre Durand fut la cible de nombreuses critiques, sa mésaventure passa en boucle dans les bêtisiers télévisés, mais il conserva son cheval et poursuivit l'entraînement. Quatre ans plus tard, la revanche fut donc éclatante : pour remercier sa monture, Pierre Durand accrocha la médaille d'or sur une bride passant sur le poitrail de *Jappeloup*, montrant que la victoire était autant celle du cheval que celle du cavalier.

Le cheval était dopé « à l'insu de son plein gré »

Aux Jeux Olympiques d'Athènes, en 2004, l'Irlande réalisa des performances modestes, puisque la « Verte Érin » ne récolta qu'une seule médaille d'or : le jeune cavalier Cian O'Connor (24 ans), montant *Waterford Crystal*, remporta la compétition équestre de saut d'obstacles. Cian O'Connor devint une star dans son pays, du moins durant quelques mois. En effet, il s'avéra que *Waterford Crystal* avait été dopé : les contrôles vétérinaires révélèrent des traces de sédatifs. Le vétérinaire admit avoir administré un sédatif, un mois avant le début des Jeux, aux chevaux de Cian O'Connor, pour éviter d'aggraver des blessures dont ils souffraient. On peut légitimement dire que *Waterford Crystal* avait été « dopé à l'insu de son plein gré ». Néanmoins, Cian O'Connor fut déchu de sa médaille d'or en 2005, et même considéré comme un paria dans son pays. Pourtant, en 2012, Cian O'Connor fut rappelé dans l'équipe d'Irlande pour les JO de Londres, afin de remplacer... un concurrent dont le cheval était dopé ! Montant *Blue Loyd 12*, il s'adjugea une médaille de bronze.

La petite-fille de la reine d'Angleterre décroche l'argent

Aux Jeux Olympiques de Londres, en 2012, le concours complet équestre vit la victoire de l'Allemand Michael Jung.

Par équipes, l'Allemagne s'imposa devant la Grande-Bretagne. Zara Phillips faisait partie de l'équipe britannique, et elle obtint donc une médaille d'argent. Mais Zara Phillips est surtout la petite-fille de la reine Élisabeth II, et elle fut follement acclamée sur le podium par des Britanniques toujours amoureux de leur monarchie. Zara Phillips fut par ailleurs championne du monde de concours complet par équipes en 2006, championne d'Europe à titre individuel et par équipes en 2005, championne d'Europe par équipes en 2007. Ses succès sportifs ne doivent donc rien à sa noble ascendance.

Escrime

Quand le maître affronte l'élève

Parfois, l'élève veut dépasser le maître. Mais, en escrime, il est rare qu'un élève veuille affronter son professeur, sauf quand il y est contraint. Ce fut le cas pour le Cubain Ramón Fonst. En effet, aux Jeux de Paris, en 1900, le programme comportait des compétitions d'escrime pour les « amateurs », d'autres pour les maîtres d'armes, c'est-à-dire les « professionnels ». À l'épée, le jeune Ramón Fonst (17 ans), qui vivait en France, l'emporta chez les amateurs, et Albert Ayat s'imposa chez les maîtres d'armes. Puis les meilleurs amateurs se confrontèrent aux meilleurs maîtres d'armes : Albert Ayat domina Ramón Fonst, qui était... son élève. Une leçon particulière ?

L'escrimeur provoque l'arbitre en duel !

L'Italien Oreste Puliti remporta quatre médailles d'or aux Jeux, dans les compétitions par équipes, au fleuret (1920, 1924) et au sabre (1920, 1928). Mais il ne fut jamais sacré champion olympique à titre individuel. Pourtant, il semblait en mesure de s'imposer dans la compétition de sabre lors des Jeux de Paris, en 1924, où il se présentait en favori. Le tournoi final réunissait douze concurrents ; le classement se faisait par addition des victoires et des défaites. Parmi ces douze escrimeurs figuraient quatre Italiens. Et Oreste Puliti fit des débuts tonitruants : il domina successivement ses compatriotes Marcello Bertinetti, Bino Bini et Giulio Sarrocchi, ce qui n'a rien d'illogique puisque ceux-ci étaient considérés comme moins forts que lui. Néanmoins, le jury d'appel, dirigé par le juge hongrois György Kovács, décida que les trois Italiens avaient laissé volontairement gagner leur compatriote pour favoriser son succès final, et il disqualifia Oreste Puliti. Ce dernier, furieux, menaça le juge et lui asséna un coup de canne ; les Italiens quittèrent la salle sur-le-champ en entonnant l'hymne fasciste. Finalement, la victoire revint au Hongrois Sándor Pósta. Mais l'affaire n'en resta pas là : deux jours plus tard, Oreste Puliti croisa György Kovács et le frappa au visage ; les deux hommes décidèrent de se battre en duel. Quatre mois plus tard, le duel eut lieu : durant une heure, les combattants multiplièrent les coups ; ils furent arrêtés par les témoins, car tous les deux présentaient des blessures impressionnantes. Au terme du duel, les deux hommes se serrèrent la main.

Le fair-play de Judy Guinness

Le fair-play britannique, on le sait, est bien plus une légende qu'une réalité. Néanmoins, l'attitude de l'escrimeuse britannique Judy Guinness aux Jeux Olympiques de Los Angeles, en 1932, mérite d'être louée. En effet, lors de la finale de la compétition de fleuret, elle indiqua aux officiels qu'ils avaient oublié de compter deux touches de l'Autrichienne Ellen Preis. Une fois cette erreur rectifiée, Ellen Preis obtint la médaille d'or, devant Judy Guinness. Un concurrent masculin aurait-il eu la même attitude ?

Christian d'Oriola et la « sonnette »

En 1954, la Fédération internationale d'escrime décida d'introduire l'électricité pour permettre un meilleur jugement dans les épreuves de fleuret. Les tireurs portaient désormais un plastron conducteur. Christian d'Oriola protesta contre cette innovation, qu'il nommait la « sonnette » car, quand un tireur touchait la cuirasse adverse, cela provoquait une sonnerie identique au timbre des sonnettes de bicyclette. Le Catalan estimait que l'intrusion de cette technologie le privait de ses meilleurs atouts : l'instinct, le jeu en souplesse, les impacts en fines touches. « C'était préjudiciable à l'idée que j'avais de l'escrime. Avant, je m'amusais. Mais j'ai voulu prouver que je pouvais aussi gagner. [...] J'ai perdu ma confiance, j'assurais, j'allais de moins en moins vite. Bref, je suis devenu besogneux », déclarera-t-il au sujet de la « sonnette ». Néanmoins, il parvint à modifier son style : champion olympique en 1952, il fut de nouveau médaillé d'or en 1956, malgré cette « sonnette ».

L'escrimeur était un agent double

Le Polonais Jerzy Pawlowski fut l'un des plus brillants sabreurs dans les années 1950 et 1960 : il s'adjugea cinq médailles aux Jeux Olympiques, et remporta la compétition individuelle de sabre aux Jeux de Mexico, en 1968. Jerzy Pawlowski était une réelle vedette dans son pays. Il habitait un luxueux appartement situé dans le cœur de Varsovie, paradait dans les rues au volant d'une splendide Mercedes, vivait comme un nabab. Cette aisance matérielle n'était pas uniquement due à son statut de gloire du sport polonais... En effet, Jerzy Pawlowski avait une autre corde à son arc : il travaillait pour les services secrets polonais depuis le début des années 1950. Ce que le pouvoir polonais ignorait, c'est que l'escrimeur avait retourné sa veste en 1964 et agissait depuis lors en tant qu'espion au profit de la CIA. Comme quoi, le sport mène à tout... en l'occurrence en prison : Jerzy Pawlowski fut démasqué en 1975, condamné en 1976 par un tribunal militaire à vingt-cinq ans de prison et tous ses biens furent confisqués. L'affaire fit grand bruit, des dizaines d'escrimeurs polonais furent interrogés, plusieurs officiers supérieurs furent limogés... Finalement, Jerzy Pawlowski sera libéré en 1985, car la guerre froide connaissait une accalmie.

L'escrimeuse refuse de quitter la piste

L'escrimeuse sud-coréenne Shin A-lam s'est rendue célèbre aux JO de Londres, en 2012, à l'issue... d'une défaite. Opposée à l'Allemande Britta Heidemann en demi-finale de la compétition individuelle d'épée, elle fut déclarée battue à la dernière seconde. Or son entraîneur et elle-même estimaient que le temps de l'assaut était écoulé, et que la touche portée par Britta Heidemann ne devait pas être validée, ce qui est sans doute exact. Shin A-lam resta prostrée, en larmes, effondrée, et elle refusa de quitter la piste pendant une heure. Elle s'exécuta finalement, et eut le cran de se présenter pour disputer le match pour la médaille de bronze... qu'elle perdit face à la Chinoise Sun Yujie. La Fédération internationale d'escrime lui décernera une « médaille spéciale », qu'elle refusera.

Football

Les nazis ont-ils fait annuler un match de football ?

Les Jeux de Berlin, en 1936, furent une démonstration de force du régime nazi. Néanmoins, pour duper l'opinion mondiale, tout le monde fut « invité » à respecter la lettre du protocole olympique, donc à ne pas interférer dans les choses sportives. Hitler et Goebbels eux-mêmes se plièrent à cette règle, et ils la firent respecter par leurs troupes. Sauf en une occasion... En effet, durant le tournoi de football, au grand dam d'Hitler, l'Allemagne a été éliminée par la Norvège. Il restait cependant, pour sauver l'honneur des nazis, l'équipe d'Autriche, le pays natal du führer, que le Reich allait annexer deux ans plus tard. En quart de finale, l'Autriche affrontait le Pérou. Grâce à 2 buts de Walter Werginz et Klement Steinmetz, l'équipe autrichienne semblait se diriger vers la victoire. Or les Péruviens réussirent à égaliser. Prolongation. Le Pérou marqua 3 buts, tous refusés par l'arbitre italien ! Mais les Péruviens dominaient le match, et ils inscrivirent 2 nouveaux buts, que l'arbitre accorda. Le Pérou avait gagné 4 buts à 2... mais non, nouveau coup de théâtre : l'arbitre annula le match, car des supporters péruviens seraient entrés sur le terrain une minute avant la fin. Il fut décidé que le match serait rejoué ; le Pérou s'insurgea contre cette injustice et refusa catégoriquement cette mascarade. L'Autriche fut déclarée gagnante par forfait. Bien sûr, ces « supporters » n'étaient pas péruviens... Ces spectateurs auraient été mandatés par les plus hautes autorités nazies pour provoquer l'annulation du match. Cette histoire eut des suites : au Pérou, le consulat allemand fut caillassé et les dockers refusèrent de charger les navires allemands dans le port de Callao.

Quand Tito bat Staline

La « guerre froide olympique », qui opposa les États-Unis à l'URSS, et plus généralement les blocs de l'Ouest et de l'Est durant près d'un demi-siècle, fut largement commentée et analysée. Mais le bloc de l'Est fut moins « homogène » qu'il n'y paraît, et les pays satellites de l'URSS, notamment la Roumanie et la Yougoslavie, se félicitèrent bien souvent d'un succès sportif obtenu aux dépens de l'URSS. Le premier épisode de cette « opposition d'États » se produisit dès l'arrivée de l'URSS aux Jeux, en 1952 à Helsinki, à l'occasion du tournoi de football. En quart de finale, la Yougoslavie affrontait l'URSS : le match se termina sur le score de 5 buts partout ; il fallut donc le rejouer, et la Yougoslavie domina l'URSS (3 buts à 1). Ce succès fut célébré dans la liesse : Tito avait vaincu Staline ! Le maréchal s'en réjouit et ne tiendra nulle rigueur aux footballeurs yougoslaves de leur défaite en finale face aux Hongrois (2 buts à 0).

Quand on tirait au sort pour désigner le vainqueur

Aujourd'hui, en cas de match nul, dans les phases à élimination directe des compétitions, se déroule une séance de tirs au but, à chaque fois qualifiée de « cruelle », surtout par les supporters de l'équipe éliminée. Mais ce ne fut pas toujours le cas, et, en cas de match nul, le dénouement était encore plus cruel, puisque le vainqueur était désigné à pile ou face. Ainsi, en 1960, aux Jeux de Rome, en demi-finale, la rencontre Italie-Yougoslavie se termina par un match nul (1-1). On peut affirmer que le tirage au sort ne fut pas truqué, puisque, à Rome, la pièce donna la qualification à la Yougoslavie. On peut aussi souligner que l’idée des tirs au but est liée aux Jeux Olympiques : c’est un dirigeant israélien qui proposa cette solution après qu’Israël eut été éliminée par la Bulgarie, par tirage au sort, en quart de finale du tournoi olympique de Mexico, en 1968, à l’issue d’un match nul (1-1).

Golf

Elle ne savait pas qu'elle participait aux Jeux

Margaret Abbott fut, en 1900, la première Américaine couronnée championne olympique… sans même le savoir ! De passage en France, Margaret Abbott décida de participer, en compagnie de sa mère, Mary, romancière et journaliste, à une compétition féminine de golf organisée à Compiègne. Elle s'imposa, réussissant à boucler le parcours de 9 trous en 47 coups. Elle ignorait totalement que cette compétition serait « olympique » et qu'elle allait donc devenir, en ce 3 octobre 1900, la première Américaine couronnée championne olympique ! Le label « olympique » fut attribué rétroactivement à certaines épreuves, car, dans le capharnaüm de ces Jeux de Paris, il fut difficile de distinguer ce qui relevait de la compétition sportive de ce qui relevait de la foire-exhibition. À son retour, Margaret Abbott indiqua simplement à ses proches qu'elle avait remporté un tournoi de golf comme il en existe tant. Ainsi, on pense que Margaret Abbott, qui décéda en 1955, ne sut jamais qu'elle avait été championne olympique. En effet, c'est longtemps après sa mort que Paula Welch, professeur à l'université de Floride et spécialiste de l'histoire olympique, exhuma les résultats des Jeux et apporta la preuve définitive que ce simple tournoi de Compiègne faisait bien partie du programme olympique.

Un gai luron cause la surprise

Aux Jeux de Saint Louis, en 1904, sur les 651 participants, 523 étaient américains. Aussi n'est-il pas surprenant que les représentants de l'Oncle Sam aient remporté 79 des 97 médailles d'or attribuées. Pourtant, le tournoi de golf réserva une surprise. La compétition réunissait 70 Américains, 2 Canadiens et 2 Britanniques. Et c'est le Canadien George Seymour Lyon qui l'emporta. La chronique raconte que George Seymour Lyon était un gai luron : lors du dîner de remise des médailles, il alla chercher la sienne en marchant... sur les mains !

Gymnastique

La Fédération allemande suspend son multimédaillé

L'Allemand Alfred Flatow se démultiplia lors des JO d'Athènes, en 1896, participant à toutes les épreuves de gymnastique. Il remporta la compétition aux barres parallèles, à titre individuel et par équipes, la compétition à la barre fixe par équipes (il se classa deuxième à titre individuel). Alfred Flatow fut un des champions les plus médaillés de ces premiers Jeux Olympiques de l'ère moderne. Pourtant, sa patrie ne lui fut guère reconnaissante : la Deutsche Turnerschaft, organe dirigeant de la gymnastique allemande, avait décidé de boycotter ces Jeux ; aussi Alfred Flatow fut suspendu par la Fédération allemande.

Du grimper à la corde aux JO

Le grimper à la corde, fameux standard des cours scolaires d'éducation physique, « torture » de milliers d'écoliers, figura quatre fois (1896, 1904, 1924, 1932) au programme des Jeux Olympiques. En 1896, à Athènes, quatre concurrents étaient en lice, mais seuls deux d'entre eux parvinrent à atteindre le haut de la corde, fixé à 14 mètres ; la victoire revint au Grec Nikólaos Andriakópoulos, qui grimpa les 14 mètres en 23,4 s. En 1904, à Saint Louis, le célèbre Américain George Eyser – le gymnaste à la jambe de bois – s'imposa. En 1924, à Paris, le

Tchécoslovaque Bedřich Šupčík, escaladant la corde de 8 mètres dans un temps de 7,2 secondes, l'emporta. En 1932, à Los Angeles, l'Américain Raymond Bass (6,7 s) s'imposa ; il n'eut pas de successeur.

135 concurrents participent à la seule épreuve de gymnastique

Le programme de gymnastique des Jeux de Paris, en 1900, ne comportait qu'une seule épreuve : le « concours multiple individuel ». Celui-ci comptait 16 exercices (dont le saut en hauteur combiné, le saut en longueur, le saut à la perche, le grimper à la corde lisse ou le lever de pierre) et se déroula à Vincennes les 29 et 30 juillet. Il réunit 135 concurrents, dont 108 Français. La victoire revint logiquement à un Français, Gustave Sandras, qui s'imposa, avec un total de 302 points (sur un maximum de 320 points), devant 17 compatriotes.

Le gymnaste devient chanteur d'opéra

Les sportifs sont souvent des personnages éclectiques. Ainsi de François Bas. Champion de France du concours général de gymnastique en 1899, il se classa deuxième du « concours multiple individuel » de gymnastique aux Jeux Olympiques de Paris, en 1900. Mais François Bas, dit « Noël » Bas car il était né un 25 décembre, se distingua dans un autre domaine : il suivit bientôt des cours au Conservatoire de Paris pour devenir artiste lyrique, et exerça son art comme chanteur d'opéra.

Le triomphe du gymnaste à la jambe de bois

George Eyser est l'une des figures les plus surprenantes de l'olympisme : il ne s'adjugea pas moins de six médailles (dont trois en or) aux Jeux de Saint Louis, en 1904 ; la performance, remarquable en soi, devient exceptionnelle quand on précise que George Eyser était unijambiste. Né en Allemagne, George Eyser partit pour les États-Unis avec ses parents à l'âge de 14 ans. Il pratiqua la gymnastique au Concordia Turnverein de Saint Louis. Hélas ! victime d'un accident de train, il fut amputé de la jambe gauche. Nullement découragé, George Eyser, qui exerçait la profession de comptable, persévéra dans le sport. Il participa donc aux JO de Saint Louis. En clôture de ces Jeux se déroulèrent les compétitions de gymnastique par appareils. George Eyser, efficace, remporta trois médailles d'or (saut de cheval, ex aequo avec son compatriote Anton Heida, barres parallèles, grimper à la corde lisse), deux médailles d'argent (cheval d'arçons, combiné 4 épreuves) et une médaille de bronze (barre fixe).

Le gymnaste devient homme-torpille

L'Italien Alberto Braglia remporta le concours général de gymnastique aux Jeux Olympiques de Londres, en 1908. Cet ancien mitron, qui avait forgé sa musculature en s'entraînant seul dans une grange, imagina que le succès olympique pouvait lui procurer la fortune, et il délaissa son fournil pour monter un spectacle lors duquel il proposait un numéro d'homme-torpille. Ce changement d'orientation professionnelle ne lui valut que des déboires : il se cassa l'épaule et plusieurs côtes ; la Fédération italienne le déclara « professionnel », ce qui lui fermait les portes des Jeux. Néanmoins, il retrouva son statut « amateur » peu avant les Jeux de Stockholm, en 1912. Il put donc participer de nouveau aux compétitions olympiques, et s'adjugea encore deux médailles d'or dans le concours général (à titre individuel et par équipes). Alberto Braglia délaissa cette fois totalement la gymnastique sportive et rejoignit les gens du cirque. Il monta notamment un duo comique qui connut un certain succès, en Europe d'abord, puis aux États-Unis.

Du tumbling aux Jeux Olympiques

Le tumbling est une spectaculaire discipline acrobatique qui voit les gymnastes effectuer des bonds à grande vitesse sur une piste élastique. Ce sport figura une seule fois au programme des Jeux Olympiques, en 1932 à Los Angeles, et il ne fit pas recette, car seulement quatre concurrents participèrent à la compétition. La médaille d'or revint à l'Américain Rowland Wolfe, qui s'imposa devant deux autres Américains, Edwin Gross et William Herrmann ; le Hongrois István Pelle, un gymnaste confirmé qui remporta la médaille d'or au sol et au cheval-d'arçons durant ces Jeux de Los Angeles, prit part à l'épreuve – pour voir, uniquement parce qu'il se trouvait sur place – et se classa quatrième. Plus tard, le CIO envisagea d'inscrire de nouveau le tumbling au programme, mais il renonça rapidement, car, pour compliquer le tout, deux « Fédérations internationales de tumbling » rivales avaient été créées. Rowland Wolfe restera donc l'unique champion olympique de tumbling.

L'incroyable destin d'Ágnes Keleti

Certains destins confinent à la dramaturgie, la petite histoire de chacun s'inscrivant dans les tumultes de la grande Histoire du monde. Ainsi de celui d'Ágnes Keleti. Ágnes Keleti se distingua très jeune par ses qualités de gymnaste et devint championne de Hongrie à 16 ans. Juive, elle échappa à l'Holocauste durant la Seconde Guerre mondiale en se faisant passer pour une chrétienne. Sa sœur et sa mère eurent aussi la vie sauve : comme des milliers de juifs hongrois, elles furent sauvées de la mort par diplomate suédois Raoul Wallenberg, qui, grâce à son statut, délivrait de faux passeports suédois – il sera fait « Juste parmi les nations ». En revanche, le père d'Ágnes mourut à Auschwitz. Après la guerre, Ágnes Keleti continua de briller en gymnastique : elle remporta ainsi quatre médailles (dont une en or) aux Jeux Olympiques d'Helsinki, en 1952. En 1956, aux Jeux de Melbourne, Ágnes Keleti, qui se trouvait à son apogée, s'adjugea cinq médailles (dont trois en or). Ses triomphes durant ces Jeux sont encore plus marquants si on précise qu'elle fut la seule gymnaste à damer le pion aux Soviétiques dans un contexte terrible : au moment même des Jeux de Melbourne, son pays subissait la répression de l'insurrection populaire hongroise par l'Armée rouge ; Ágnes Keleti apprit alors que sa mère avait été tuée lors des affrontements. Pour Ágnes Keleti, la peine était trop forte... À l'issue des Jeux, elle resta en Australie, pays qui lui accorda l'asile politique.

Věra Čáslavská et le Printemps de Prague

Věra Čáslavská est considérée comme l'une des meilleures gymnastes de tous les temps. Surtout, elle reste comme une femme de courage, capable de mettre en péril sa carrière et sa vie pour défendre la liberté. En 1964, elle obtint trois médailles d'or aux Jeux de Tokyo. Elle allait briller aux Jeux de Mexico, en 1968, à l'issue d'un parcours difficile. En effet, en juin 1968, elle signa le *Manifeste des deux mille mots*, demandant une démocratisation immédiate du régime communiste dans son pays. Lorsque les chars soviétiques entrèrent dans Prague, en août, la gymnaste, craignant d'être arrêtée, s'enfuit dans un village perdu des Sudètes. Elle n'obtint l'autorisation de rejoindre la délégation olympique que quelques semaines avant le début des Jeux. À Mexico, le concours général féminin se déroula dans un climat tendu, car Věra Čáslavská se mesurait à plusieurs concurrentes soviétiques, sur fond de répression du Printemps de Prague par l'Armée rouge. Věra Čáslavská fut en permanence soutenue par des spectateurs d'autant plus séduits que, pour son passage au sol, elle avait choisi de se produire au son d'une musique mexicaine (la *Cucaracha* et *Rancho Grande*). Ses prestations se terminèrent sous les ovations, et elle obtint la médaille d'or, devant les Soviétiques Zinaida Voronina et Natalia Kuchinskaya. Věra Čáslavská s'adjugea quatre médailles d'or et deux médailles d'argent durant à Mexico. Mais, en raison de ses convictions politiques, Věra Čáslavská tomba en disgrâce, et les autorités communistes tchécoslovaques lui infligèrent de multiples brimades par la suite.

Un spectateur offre des fleurs à Olga Korbut

À Munich, en 1972, la petite Soviétique Olga Korbut chuta aux barres asymétriques et vit s'envoler ses rêves de victoire dans le concours général féminin de gymnastique. En pleurs, elle fut consolée par un spectateur : celui-ci brava le service de sécurité pour venir lui offrir un bouquet de fleurs séchées. C'était le 30 août, et les agents étaient débonnaires. Le 5 septembre, ce sera le drame… Les Israéliens assassinés par des terroristes palestiniens auront, eux, droits à des couronnes mortuaires.

L'électronique n'avait pas prévu la perfection de Nadia Comaneci

Aux Jeux Olympiques de Montréal, en 1976, pour les compétitions de gymnastique, la société Swiss Timing avait paramétré le panneau électronique lumineux pour inscrire trois chiffres. Or, à l'issue d'une des prestations de la Roumaine Nadia Comaneci, la note suivante s'inscrivit sur le panneau, devant 16 000 spectateurs et 500 millions de téléspectateurs décontenancés : 1.00. En fait, Nadia Comaneci, comme délivrée des lois de la pesanteur, qui avait enchaîné les difficultés les plus audacieuses, avait obtenu la note maximale de 10,00 – jamais attribuée auparavant –, et ce 10,00 avait bloqué le système informatique, lequel n'avait pas été conçu pour cette idéale perfection. À Montréal, Nadia allait obtenir plusieurs fois la note de 10,00. Aux barres asymétriques et à la poutre, elle réussit l'exploit d'obtenir deux fois 10,00, ce qui lui valut à chaque fois un improbable 20 sur 20. Ces parfaites démonstrations, en plus de déjouer l'électronique, ont durablement modifié le visage de la gymnastique féminine. Avant l'irruption de Nadia Comaneci, le succès allait à d'élégantes jeunes femmes à la plastique classique, qui exécutaient avec grâce des exercices convenus – la Tchécoslovaque Věra Čáslavská (1964, 1968), la Soviétique Lyudmila Turishcheva (1972) –, quand d'autres, telle la Soviétique Olga Korbut, tentaient de rivaliser en osant diverses acrobaties, le plus souvent accompagnées d'un inévitable désordre artistique. Nadia Comaneci, frêle jeune fille (1,55 m, 40 kg) de moins de 15 ans, réussit en quelques instants magiques à combiner grâce et difficultés techniques, ouvrant un chapitre de ce sport qui verra désormais le triomphe des « poupées-gymnastes » et connaîtra une médiatisation croissante.

L'incroyable courage de Shun Fujimoto

Le Japonais Shun Fujimoto fit preuve d'un rare courage durant concours général par équipes de gymnastique aux Jeux Olympiques de Montréal, en 1976. Il se brisa le genou pendant l'épreuve au sol, mais il décida de ne pas révéler sa blessure, car il voulait poursuivre la compétition afin de ne pas pénaliser son équipe. Or, à l'issue de son passage aux anneaux, il s'effondra, la rotule brisée et déboîtée, les ligaments de la jambe droite déchirés. Il fallut que l'équipe médicale lui ordonne d'abandonner, car il risquait une infirmité permanente, pour qu'il renonce. Le Japon remporta la médaille d'or, devant l'URSS, battue de 0,4 point. Sans l'obstination de Shun Fujimoto, les Soviétiques se seraient imposés. Quant à Shun Fujimoto, il parvint à se hisser – sans l'aide de personne – sur le podium, afin de recevoir sa médaille d'or et les applaudissements nourris du public canadien admiratif.

Yuri Titov floue Nadia Comaneci

Yuri Titov fut une grande figure de la gymnastique soviétique, puisqu'il remporta huit médailles aux Jeux Olympiques, de 1956 à 1964. Surtout, par la suite, il fut le tout-puissant président de la Fédération internationale de gymnastique de 1976 à 1996. Il se « distingua » notamment en 1980, aux Jeux de Moscou… Pour obtenir la médaille d'or dans le concours général, la Roumaine Nadia Comaneci devait récolter une note de 9,95 à la poutre ; sa prestation fut parfaite et spectaculaire (quatre sauts périlleux et une triple vrille en sortie). Mais, après moult hésitations, le jury, aux ordres de Yuri Titov, ne lui accorda que 9,85. Yelena Davydova (URSS) fut donc sacrée championne olympique. Il est vrai que, à Moscou, une Soviétique devait l'emporter…

Kerri Strug, au-delà de la douleur jusqu'à l'absurde

Avec les Jeux Olympiques d'Atlanta, en 1996, les États-Unis voulaient affirmer leur domination sur le monde, et bien évidemment sur le plan sportif. Cette volonté fut poussée jusqu'à l'extrême lors du concours général féminin de gymnastique par équipes. D'abord, les clameurs des supporters américains perturbèrent la compétition, au point qu'une des participantes dut recommencer son mouvement au sol, car il lui était impossible d'entendre la musique. Ensuite, le dénouement de ce concours fut poignant, notamment pour Kerri Strug. Avant la dernière rotation – les exercices au sol pour la Russie, le saut de cheval pour les États-Unis –, les Américaines avaient une courte avance sur les Russes (0,897 point). Plusieurs Américaines se montrèrent assez médiocres à leur premier passage ; ainsi, Kerri Strug, qui chuta à la réception, obtint la note de 9,162 – surtout, elle s'était brisé la cheville. Malgré la douleur, Kerri Strug demanda à l'entraîneur de l'équipe américaine, Béla Károlyi, si elle devait effectuer son second essai pour assurer la médaille d'or. Béla Károlyi lui répondit par l'affirmative, et ce alors qu'il aurait pourtant fallu un incroyable concours de circonstances pour que les Russes devancent les Américaines. Kerri Strug s'exécuta, boita jusqu'au bout de la piste d'élan pour faire son second saut ; à l'issue de cette tentative réussie (elle obtint la note de 9,712), elle s'effondra sur les genoux, victime d'une entorse latérale au troisième degré. Béla Károlyi la porta sur le podium, jambe bandée, pour qu'elle reçoive sa médaille d'or, puis Kerri Strug fut évacuée vers l'hôpital. Elle devint, pour les uns – dont le président Bill Clinton qui la félicita –, une icône de l'héroïsme sportif, pour les autres, le symbole de l'obéissance inconditionnelle des sportifs à leurs entraîneurs. Toujours est-il que Kerri Strug apparaîtra dans des talk-shows télévisés, fera la une de *Sports Illustrated* et monnayera son image – son portrait figurera sur des boîtes de céréales ! Quant à sa carrière sportive, elle s'acheva sur cette blessure et cette médaille d'or.

Le cheval était trop bas !

En 2000, aux Jeux Olympiques de Sydney, lors du concours général féminin, l'épreuve de saut de cheval fut marquée par de nombreuses contre-performances : l'Américaine Elise Ray faillit manquer l'engin et se réceptionna sur les fesses ; la Russe Svetlana Khorkina, une des grandes favorites, se réceptionna sur les genoux. Alors que la moitié des concurrentes avaient achevé leur prestation, les officiels se rendirent compte d'une énorme bourde : tandis que les destins olympiques se jouent au millimètre ou au millième de seconde, le cheval avait été réglé à une hauteur de 120 centimètres (au lieu des 125 cm réglementaires) ! On proposa aux concurrentes flouées d'effectuer un nouvel essai ; la plupart, dont Svetlana Khorkina – qui entre-temps avait perdu toute chance de médaille d'or en raison d'une performance médiocre aux barres asymétriques –, refusèrent. La Fédération internationale de gymnastique présenta ses excuses, mais cela ne changea pas le classement. Cette erreur eut une autre conséquence : Svetlana Khorkina, âgée de 21 ans et qui pensait prendre sa retraite sportive après ces Jeux de Sydney, décida de poursuivre sa carrière jusqu'aux Jeux d'Athènes, en 2004. En Grèce, elle obtint la médaille d'argent dans le concours général.

Le jury reconnaît une erreur de notation, mais ne modifie pas le classement

Aux Jeux Olympiques d'Athènes, en 2004, l'Américain Paul Hamm obtint la médaille d'or dans le concours général, alors que le Sud-Coréen Yang Tae-young, très déçu, ne récolta que la médaille de bronze. La délégation de Corée du Sud protesta, estimant que Yang Tae-young n'avait pas été noté de manière équitable lors de son passage aux barres parallèles. Le jury de la Fédération internationale de gymnastique reconnut rapidement l'erreur… mais il ne modifia pas le classement, laissant à l'Américain Paul Hamm la médaille d'or et à Yang Tae-young la médaille de bronze.

Haltérophilie

Une étrange épreuve d'haltérophilie

Aux Jeux Olympiques de Saint Louis, en 1904, eut lieu une épreuve d'haltérophilie, baptisée *All-Around Dumbbell Contest*, des plus curieuses : il s'agissait d'une compétition d'haltères ronds. Les concurrents devaient soulever ces haltères ronds de neuf manières différentes, lors d'une exhibition rappelant plus les fêtes foraines que les Jeux. En outre, seulement trois concurrents, tous américains, participèrent à ce *All-Around Dumbbell Contest*, et tous furent donc médaillés ! Oscar Osthoff – par ailleurs médaillé d'argent dans l'épreuve d'haltérophilie classique et médaillé de bronze en tir à la corde – s'imposa, devant Frederick Winters, un inconnu, et Frank Kugler – médaillé d'argent en lutte libre, médaillé de bronze dans l'épreuve d'haltérophilie classique et en tir à la corde.

Un « méchant » de *James Bond* médaillé olympique

Dans *Goldfinger* (1964), troisième opus de la saga des *James Bond*, Oddjob, l'homme de main coréen du « méchant » (Auric Goldfinger), était interprété par Harold Sakata. En réalité, d'origine japonaise, ce dernier se nommait Toshiyuki Sakata, et il avait été médaillé olympique en haltérophilie : aux Jeux de Londres, en 1948, il s'était classé deuxième dans la catégorie des mi-lourds, devancé par un autre Américain, Stanley Stanczyk. Par ailleurs, ce colosse (1,78 m, 129 kg), né à Hawaii, devint une célébrité en tant que catcheur, sous le nom de « Tosh Togo ».

L'haltérophile se rase le crâne pour faire le poids !

Dans de nombreuses disciplines (boxe, judo, haltérophilie, lutte...), les compétitions se déroulent par catégories de poids. Souvent, les concurrents doivent s'astreindre à un régime drastique pour « faire le poids ». Mais, parfois, cela ne suffit pas, et il faut ruser. L'histoire de Charles Vinci en atteste. Selon la Bible hébraïque, Samson tirait sa force de sa chevelure. Quand Dalila lui coupa les tresses, il perdit cette force et tomba aux mains des Philistins. Il faut croire que les nazirs bibliques et les haltérophiles contemporains ne partagent pas de destin commun. En effet, l'Américain Charles Vinci, médaillé d'argent dans la catégorie des poids coq (moins de 56 kg) aux Championnats du monde en 1955, derrière le Soviétique Vladimir Stogov, comptait briller aux Jeux Olympiques de Melbourne, en 1956. Mais, au matin du 23 novembre 1956, jour de la compétition olympique, ses espoirs semblèrent s'envoler : au moment de l'obligatoire pesée, il accusait plus de 56 kg sur la balance. Les juges s'apprêtaient donc à le disqualifier. Vinci ôta tout ce qui pouvait l'être. Peine perdue : 200 grammes encore superflus allaient briser son rêve olympique. Mais, tout d'un coup, il trouva la solution : Charles Vinci sacrifia son épaisse toison noire et se rasa le crâne. Cette idée de génie lui permit de « faire le poids ». Débarrassé de ces 200 grammes et de ses idées noires, ce nouveau chauve conserva sa force, contrairement au Samson de la Bible. Privé de sa chevelure, Charles Vinci réalisa un total de 342,5 kg aux trois mouvements, et il obtint la médaille d'or, devant Vladimir Stogov (337,5 kg).

Le « régime » d'Alexeïev

L'haltérophile soviétique Vassili Alexeïev remporta la médaille d'or dans la catégorie des super-lourds aux Jeux de Munich en 1972, puis aux Jeux de Montréal en 1976. Son poids de forme se situait à 153 kg. Il faut dire que son régime alimentaire était digne de Gargantua… La légende dit que nulle journée ne se passait sans qu'il eût avalé un demi-kilo de caviar.

Naïm Suleymanoglou piège les services secrets bulgares

Naïm Suleymanoglou fut le premier haltérophile à remporter trois médailles d'or consécutivement aux Jeux (1988, 1992, 1996). Surtout, sa trajectoire sort de l'ordinaire. D'abord, ce « petit grand homme » changea trois fois de patronyme. Il vit le jour en Bulgarie, sous le nom de Naïm Suleimanov. Bientôt, les autorités bulgares durcirent le ton avec la minorité turcophone dont il était issu, et son nom de famille fut « bulgarisé » : le futur Hercule de poche devint Naum Shalamanov. C'est sous ce nom qu'il remporta en 1983 son premier titre de champion du monde. En décembre 1986, à l'occasion d'une épreuve de Coupe du monde qui se tenait à Melbourne, il réussit son plus grand exploit : il parvint à déjouer la vigilance des deux agents de Sofia chargés de le surveiller ! Il se réfugia dans l'ambassade de Turquie, puis gagna Ankara, où le Premier ministre turc Turgut Özal l'accueillit en héros. Le voici dès lors doté d'un troisième patronyme : Naïm Suleymanoglou. Comme le veut le règlement, il ne pouvait participer aux Jeux Olympiques de Séoul en 1988 sous les couleurs turques que si la Bulgarie donnait son accord. Surprise : Sofia accepta – on apprendra plus tard que l'État turc avait versé 1 million de dollars à l'État bulgare pour l'amadouer. Naïm Suleymanoglou obtint le premier de ses titres olympiques, devant le Bulgare Stefan Topourov, humilié.

Ils quittent les Jeux de Séoul par peur des contrôles antidopage

Les JO de Séoul, en 1988, restent marqués par les nombreuses affaires de dopage qui touchèrent tous les sports. Bien sûr, la disqualification de Ben Johnson résonna comme un coup de tonnerre. Mais, en haltérophilie, la Bulgarie fut particulièrement mise en cause. Ainsi, Mitko Grablev, vainqueur dans la catégorie des moins de 56 kg, puis Angel Genchev, vainqueur dans la catégorie des moins de 67,5 kg, furent successivement disqualifiés pour dopage au furosémide, un diurétique. L'encadrement bulgare fit part d'une stupéfaction feinte, à la suite de ces deux cas de dopage révélés à deux jours d'intervalle : « Nous réaffirmons notre position ferme en faveur de la poursuite de la lutte contre l'utilisation de substances interdites par les athlètes, et nous condamnons sévèrement ces deux haltérophiles. » Mais, alors que les compétitions n'étaient pas terminées, toute la délégation haltérophilique bulgare quitta précipitamment la Corée du Sud, par peur de nouveaux contrôles positifs.

Mécontent de sa troisième place, il jette sa médaille

Aux Jeux Olympiques de Barcelone, en 1992, dans la catégorie des moins de 82,5 kg, trois haltérophiles, le Grec Pyrros Dimas, le Polonais Krzysztof Siemion et le Russe Ibragim Samadov (représentant la CEI), avaient réussi le même total : 370,0 kg. Dans ce cas, le règlement prévoit que les concurrents sont départagés au « poids de corps ». Le plus léger, Pyrros Dimas, reçut la médaille d'or ; le plus lourd, Ibragim Samadov, reçut la médaille de bronze. Mais, furieux de ce cruel dénouement, Ibragim Samadov refusa de se pencher pour qu'un officiel lui passe sa médaille au cou ; il prit sa médaille dans la main, puis la jeta au sol et quitta les lieux. Bien qu'Ibragim Samadov se soit excusé dès le lendemain, il fut disqualifié par le CIO, et la Fédération internationale d'haltérophilie l'a radié à vie. On note que la médaille de bronze ne fut pas réattribuée au quatrième, le Nord-Coréen Chon Chol-ho, car la « faute » de Samadov n'était pas liée à la compétition sportive elle-même (si Samadov avait été disqualifié pour dopage, Chon Chol-ho aurait hérité de la médaille de bronze).

Deux fois couronné au « poids de corps »

L'haltérophile grec d'origine albanaise Pyrros Dimas fut couronné champion olympique trois fois consécutivement (1992, 1996, 2000). L'exploit est d'importance. En outre, il fut, en 1996, le porte-drapeau de la Grèce lors de la cérémonie d'ouverture des Jeux d'Atlanta, ce qui n'a rien d'anodin quand on connaît les tensions séculaires entre Grecs et Albanais. En 1992 à Barcelone, on l'a vu, il avait été couronné au « poids de corps ». En 2000, à Sydney, sa victoire tint de nouveau à quelques grammes. Tout comme l'Allemand Marc Huster et le Géorgien Giorgi Asanidze, Pyrros Dimas afficha un total de 390 kg. Les trois hommes furent

alors départagés au « poids de corps » : Pyrros Dimas obtint la médaille d'or car il était plus léger que l'Allemand Marc Huster de… 16 grammes (84,06 kg contre 84,22 kg). Giorgi Asanidze, lui, pesait 84,70 kg. Le poids d'une plume pour ces hommes forts.

Première épreuve d'haltérophilie féminine, première dopée !

L'haltérophilie est un sport tristement célèbre pour les nombreux cas de dopage qui le touchent. Cette discipline, jusque-là réservée aux hommes, intégra le programme olympique féminin en 2000, aux Jeux de Sydney. La première épreuve était celle des moins de 48 kg : la Bulgare Izabela Dragneva s'imposa… avant d'être disqualifiée pour dopage ! En matière de dopage, la parité semble donc bien respectée.

Hockey sur gazon

Les Balbir Singh squattent le podium

Certains patronymes sont très communs : Martin en France, Smith en Grande-Bretagne, Chang en Chine… et Singh en Inde. Mais il est rare que trois médaillés olympiques dans le même sport portent les mêmes prénom et nom. Ainsi, trois Balbir Singh furent médaillés olympiques en hockey sur gazon avec l'équipe de l'Inde : Balbir Singh Sr. remporta la médaille d'or en 1948, 1952 et 1956 (il fut par ailleurs le porte-drapeau de la délégation indienne aux Jeux de 1952 et 1956) ; Balbir Singh « Kullar » obtint une médaille de bronze aux Jeux de Mexico en 1968 ; Balbir Singh « Kular » fut lui aussi médaillé de bronze à Mexico en 1968.

Curieuse première pour le hockey sur gazon féminin

Le hockey sur gazon féminin fit son entrée au programme olympique aux Jeux de Moscou, en 1980. Mais il le fit d'une curieuse manière. En effet, les cinq pays qualifiés boycottèrent ces Jeux, pour répondre à l'appel du président des États-Unis Jimmy Carter, et seule l'URSS restait en lice. On repêcha donc cinq nations, dont le Zimbabwe. Bien que ce pays, invité cinq semaines seulement avant le début des compétitions, n'ait réussi à constituer une équipe que le week-end précédant la cérémonie d'ouverture, il remporta la médaille d'or à la surprise générale, devant la Tchécoslovaquie et l'URSS !

Hockey sur glace

Les Canadiens marquent 38 buts en 3 matchs

« La glorieuse incertitude du sport » est une des expressions favorites des chroniqueurs. Pourtant, cette « incertitude » est bien souvent exagérée. Le parcours de l'équipe du Canada lors du tournoi de hockey sur glace des Jeux Olympiques de Saint-Moritz, en 1928, en fournit un bel exemple. Pour commencer, le Canada fut exempté du premier tour de la compétition, et qualifié d'office pour la poule finale. Or, en 3 matchs, les Canadiens inscrivirent 38 buts sans en concéder un seul : le Canada écrasa successivement la Suède (11-0), la Grande-Bretagne (14-0) et la Suisse (13-0).

Une curieuse équipe de Grande-Bretagne obtient l'or en 1936

Le tournoi de hockey sur glace des JO de Garmisch-Partenkirchen, en 1936, réserva une colossale surprise : la Grande-Bretagne, qui avait notamment battu le Canada (2-1), jusque-là invaincu aux Jeux, remporta la médaille d'or. Mais ces hockeyeurs étaient de drôles de citoyens… En effet, John Francis Ahearne, président de la Fédération britannique de hockey sur glace, voulait « monter » une équipe de Grande-Bretagne compétitive. Il trouva la solution : dès 1934, il dressa une liste de joueurs canadiens d'ascendance britannique ; parmi tous ceux qu'il sollicita, neuf acceptèrent de prendre la nationalité britannique. Et ils offrirent donc une médaille d'or à leur patrie d'adoption. Signalons néanmoins que le capitaine, Carl Erhardt, lui, n'était pas né au Canada, mais dans le Kent, en Angleterre... Il fallait sans doute sauver les apparences.

Deux équipes des États-Unis aux Jeux de 1948

Les péripéties olympiques laissent quelques curiosités, et divers conflits naissent parfois au sein d'un même pays. Ainsi, pour les Jeux Olympiques d'hiver de Saint-Moritz, en 1948, deux équipes des États-Unis se rendirent en Suisse afin de participer à la compétition de hockey sur glace : la formation de l'Amateur Athletic Union, présentée par le Comité olympique américain, et l'équipe soutenue par l'Amateur Hockey Association of United States, reconnue par la Ligue internationale de hockey sur glace. Devant cet imbroglio, le CIO envisagea même d'annuler le tournoi olympique de hockey sur glace. Finalement, pour éviter une décision aussi drastique, les joueurs présentés par l'Amateur Hockey Association of United States furent autorisés à participer aux Jeux, avec une réserve : ils ne seraient pas classés et ne pouvaient pas obtenir de médaille ! En se fiant aux résultats, les États-Unis auraient été quatrièmes. Bien sûr, ils n'apparaissent pas dans le classement des Jeux Olympiques, mais ils sont bien quatrièmes du Championnat du monde (les JO faisaient office de Championnat du monde).

Le Printemps de Prague s'invite à Grenoble

Le sport est bien sûr le reflet des tensions du temps. Parfois, une victoire emblématique vaut plus que toutes les médailles. Ainsi, aux Jeux Olympiques de Grenoble, en 1968, l'URSS remporta

le tournoi de hockey sur glace. Néanmoins, le 15 février, les Soviétiques avaient été battus par les Tchécoslovaques (5 buts à 4) ; mais, avec la formule de poule unique du tournoi, la Tchécoslovaquie, pénalisée par une défaite face au Canada (3 buts à 2) et un match nul contre la Suède (2 buts partout), dut se contenter de la médaille d'argent. Peu importe... Aux yeux des Tchécoslovaques, vaincre les Soviétiques dans le contexte du Printemps de Prague était beaucoup plus important que de remporter la médaille d'or.

Le Canada déclare forfait à Sapporo

En 1972, le Canada n'a pas envoyé d'équipe de hockey sur glace aux Jeux Olympiques de Sapporo. Pour la première fois depuis l'introduction du hockey sur glace aux JO en 1920, le Canada était donc absent de la compétition. En effet, les Jeux étaient réservés aux « amateurs », ce qui interdisait au Canada de sélectionner ses meilleurs éléments, lesquels évoluaient dans la National Hockey League (NHL). Or, pour les dirigeants canadiens, les Soviétiques auraient dû également être considérés comme des « professionnels », puisque tous les joueurs étaient fonctionnaires, policiers ou militaires détachés : de ce fait, ils pouvaient se consacrer à plein temps au hockey sur glace. Bien sûr, l'URSS remporta le titre olympique à Sapporo. Mais ce « forfait » aura une suite : en septembre de cette année 1972, les « professionnels » canadiens affronteront les « amateurs » soviétiques à l'occasion d'une « Série du siècle », finalement remportée par les Canadiens, par 4 victoires à 3. Dans l'histoire du hockey sur glace, cette « Série du siècle » tient une place beaucoup plus importante que le tournoi olympique de 1972.

Le « miracle sur glace »

Le 22 février 1980, aux Jeux de Lake Placid, se déroulait le match de hockey sur glace opposant l'URSS aux États-Unis. Aucun chroniqueur sportif sérieux ne pouvait envisager une victoire américaine, pour plusieurs raisons. Tout d'abord, l'URSS dominait le hockey sur glace « amateur » olympique et mondial. Ensuite, les meilleurs hockeyeurs américains évoluant dans la NHL, ils étaient donc « professionnels », ce qui leur fermait la porte des Jeux ; Herb Brooks, le coach de l'équipe, dut donc faire appel à de jeunes joueurs universitaires pour composer sa formation. En fait, Brooks espérait seulement que ses joueurs fissent bonne figure face aux maîtres soviétiques. Durant le premier tiers-temps, la domination soviétique était manifeste, mais elle ne se traduisit pas au score (2-2). Dans le vestiaire, Brooks répéta à ses joueurs sa maxime : « Les grands moments naissent de grandes opportunités ; ce soir, ce moment est le vôtre. » Maltsev redonna l'avantage à l'URSS dans le deuxième tiers-temps (3-2). La dernière période allait donner lieu aux 20 minutes les plus étonnantes de l'histoire du hockey sur glace aux Jeux Olympiques. D'abord, Mark Johnson égalisa (3-3). Puis Mike Eruzione, le capitaine américain, donna l'avantage à son équipe à 10 minutes du terme du match. Enfin, Jim Craig, le gardien de but américain, résista au feu nourri soviétique. Les Américains s'imposèrent contre les Soviétiques

(4-3). Alors que la guerre froide connaissait un moment de haute tension, l'événement prit une importance considérable. Le président Jimmy Carter reçut toute l'équipe à la Maison-Blanche. On inventa outre-Atlantique une expression qui fera florès pour qualifier ce match : « *Miracle on Ice* » (« miracle sur glace »). L'épopée fera dès 1981 l'objet d'un téléfilm (*Miracle on Ice*, avec Karl Malden dans le rôle d'Herb Brooks).

Judo

Tout le Japon en pleurs

En hommage à Jigoro Kano, le fondateur de cet art martial, le CIO avait inscrit le judo au programme des Jeux Olympiques de Tokyo en 1964. Les Japonais s'imposèrent dans les trois catégories de poids : Takehide Nakatani chez les légers ; Isao Okano chez les moyens ; Isao Inokuma chez les lourds. Mais, pour tout le Japon, l'épreuve reine était la compétition « toutes catégories », essence même du judo. En finale, le Japonais Akio Kaminaga se mesurait au Néerlandais Anton Geesink ; il tenta à plusieurs reprises de porter une attaque, mais Geesink ne broncha pas. Et c'est Geesink qui fit subir au Japonais une immobilisation : la salle retint son souffle durant les 30 secondes du calvaire de Kaminaga, qui essaya sans succès de se dégager. Geesink fut champion olympique, et tout un pays pleura de honte. Dès l'année suivante, Akio Kaminaga disparut des tatamis, victime d'un décollement de la rétine et, surtout, d'une blessure d'orgueil impossible à soigner...

Geesink habitait... rue Geesink

À l'issue de sa victoire à Tokyo, en 1964, Anton Geesink connut une immense notoriété. Plus tard, on donna son nom à une rue d'Utrecht... et Anton Geesink habitait dans cette rue, la rue Geesink. Près de là, une statue le représentant fut érigée en son honneur par la Ville en 1995. Geesink était vraiment « chez lui ».

Il offre une médaille d'or à la France par amour pour une Française

Le judoka Angelo Parisi, champion olympique dans la catégorie des poids lourds aux Jeux Olympiques de Moscou en 1980, apporta à la France sa première médaille d'or dans cette discipline. Mais sans une histoire d'amour, cette médaille n'eût pas été française. En effet, Angelo Parisi, né en Italie, émigra en Grande-Bretagne avec ses parents à l'âge de 3 ans. Il reçut la nationalité britannique et remporta une médaille de bronze sous les couleurs de la Grande-Bretagne aux Jeux de Munich, en 1972. Puis il rencontra une jolie Française, qu'il épousa en 1974. Par amour, il choisit de s'installer en France, car sa femme « n'aimait pas trop l'Angleterre ». Devenu français en 1974, il ne fut pas autorisé à participer aux Jeux de Montréal en 1976, la Grande-Bretagne n'ayant pas donné son indispensable accord. Il dut attendre 1980 pour représenter aux Jeux son nouveau pays, la France. En Europe, l'amour abolit bien plus sûrement les frontières que la politique…

Comment la lutte professionnelle tenta de recruter Yamashita

Yasuhiro Yamashita demeure considéré comme le plus brillant judoka poids lourd japonais, et il est une icône au pays du Soleil levant. Il fut notamment champion olympique « toutes catégories » en 1984, aux Jeux de Los Angeles. Yasuhiro Yamashita aurait sans doute été également couronné à Moscou en 1980, mais le Japon décida de boycotter ces Jeux, à l'appel des États-Unis, ce qui rendit Yamashita fou de rage – une rage qu'il exprima publiquement, jusque sur les plateaux des télévisions. Les promoteurs de la lutte professionnelle tentèrent de profiter de sa déception et de sa colère pour le recruter. Alors qu'il ne roulait pas sur l'or, ils lui proposèrent des sommes colossales pour participer à de lucratifs combats calqués sur le catch américain. Il refusa. Ils essayèrent même de soudoyer le grand-père de l'idole pour qu'il fasse fléchir son petit-fils. Mais Yamashita décida de rester judoka.

Un champion olympique forfait pour cause d'embouteillages

Le Géorgien David Khakhaleichvili, champion olympique des poids lourds en 1992 à Barcelone, sous les couleurs de la Communauté des États indépendants, héritière de la défunte URSS, connut une incroyable mésaventure en 1996, aux Jeux d'Atlanta. David Khakhaleichvili ambitionnait légitimement de remporter une seconde médaille d'or olympique. Il semblait le seul combattant capable d'enrayer la montée en puissance du favori, le Français David Douillet. Stupeur : le matin, au moment de l'obligatoire pesée, David Khakhaleichvili manquait à l'appel. En fait, perturbé par l'imprécision du programme quant aux horaires, David Khakhaleichvili était coincé dans les embouteillages. Il fut donc déclaré « forfait ». L'incurie des organisateurs de ces Jeux d'Atlanta, marqués par une pagaille générale, l'a sans doute privé d'une médaille.

David Douillet reçoit la médaille d'or de Sun Fuming

Le 20 juillet 1996, aux Jeux d'Atlanta, le Français David Douillet devenait champion olympique des poids lourds, en battant en finale l'Espagnol Ernesto Pérez. Une légende du judo, le Néerlandais Anton Geesink, lui remit la médaille d'or. Le même jour, côté féminin, la Chinoise Sun Fuming était également devenue championne olympique. Or, dans le désordre organisationnel de ces Jeux, les cérémonies de remise des médailles furent inversées, et Anton Geesink remit à David Douillet la médaille destinée à Sun Fuming. Le Français fut un peu mortifié, et il lui fallut attendre quinze mois pour que l'erreur fût réparée : le 12 octobre 1997, au Palais omnisports de Paris-Bercy, à l'occasion des Championnats du monde durant lesquels David Douillet s'imposa, Anton Geesink remit au Français, amusé, sa « vraie » médaille d'or olympique de 1996. De même, Sun Fuming reçut sa « vraie » médaille d'or – mais elle s'en amusa moins car, durant ces Championnats du monde, elle dut se contenter de la médaille de bronze.

Wojdan Shaherkani autorisée à combattre avec un « voile »

La judokate saoudienne Wojdan Shaherkani se trouva au cœur d'une polémique aux Jeux de Londres, en 2012, dans un contexte international marqué par la montée de l'islamisme. Elle souhaitait combattre en portant le voile islamique. Le CIO finit par céder. Wojdan Shaherkani put donc participer à la compétition, dans la catégorie des plus de 78 kg, avec un « voile » (en fait une sorte de bonnet de bain) sur les cheveux. Mais elle ne resta pas longtemps sur le tatami, car elle fut battue dès le premier tour, la Portoricaine Melissa Mojica lui infligeant un *ippon* après 1 min 22 s de combat. Tout ça pour ça…

Luge et bobsleigh

Des champions olympiques recrutés par une petite annonce

L'équipe des États-Unis remporta l'épreuve de bob à cinq aux Jeux Olympiques de Saint-Moritz, en 1928. Le pilote de cette formation était le tout jeune Billy Fiske, âgé de 16 ans, ce qui n'est pas banal. Mais ce qui est encore plus surprenant, c'est que trois des concurrents américains, Nion Tucker, Geoffrey Mason et Richard Parke, n'étaient jamais montés dans un bobsleigh quelques mois plus tôt : ils avaient été sélectionnés en répondant à une annonce publiée dans l'édition parisienne du *New York Tribune* !

Le boxeur devient bobeur

L'Américain Eddie Eagan remporta une médaille d'or olympique aux Jeux d'été et aux Jeux d'hiver, ce qui constitue un exploit unique. Eddie Eagan connut une enfance difficile, et il conserva de celle-ci une farouche volonté de sortir de la misère. Il devint un bon boxeur amateur et fut sélectionné pour participer aux Jeux d'Anvers, en 1920. Il privilégiait les études par rapport au sport, mais comme les compétitions se déroulaient pendant les vacances universitaires, il put se permettre de gagner l'Europe sans mettre ses études entre parenthèses. Aux Jeux d'Anvers, il obtint la médaille d'or dans la catégorie des mi-lourds. Eddie Eagan choisit de ne pas devenir boxeur professionnel, car il privilégiait toujours les études. Il mit un terme à sa carrière pugilistique après les Jeux de Paris, en 1924. Eddie Eagan conserva néanmoins le goût de la compétition. Aussi, peu avant les Jeux d'hiver de Lake Placid, en 1932, il s'essaya au bobsleigh. Il se distingua rapidement et fut sélectionné pour l'épreuve olympique de bob à quatre. Eddie Eagan et ses coéquipiers, Billy Fiske, Jay O'Brien et Clifford Grey, remportèrent la médaille d'or. Eddie Eagan obtint donc une médaille d'or aux Jeux d'hiver douze ans après en avoir rapporté une des Jeux d'été.

Le bobeur coureur de jupons

Frederick McEvoy, né en Australie, obtint la médaille de bronze dans l'épreuve de bob à quatre avec l'équipage britannique aux JO de Garmisch-Partenkirchen, en 1936. Mais Frederick McEvoy, un play-boy, était aussi connu pour un autre genre de « sport » : la séduction de riches héritières !

En 1940, il épousa Beatrice Cartwright, héritière de Standard Oil ; en 1943, il se maria avec Margaret Wrightsman, la fille du président de Standard Oil of Kansas ; puis il séduisit Barbara Hutton, ex-femme de Cary Grant ; en 1949, il se maria avec Claude Stephanie Filatre, un mannequin français ! Le navire du couple chavira au large des côtes du Maroc en 1951 ; Frederick McEvoy tenta de sauver sa jeune épouse, sans y parvenir. Tous les deux se noyèrent en essayant de regagner la côte.

Le poids des bobeurs allemands provoque un changement de règlement

L'expression « valoir son pesant d'or » irait à merveille aux Allemands Andreas Ostler, Friedrich Kuhn, Lorenz Nieberl et Franz Kemser. Aux Jeux Olympiques d'hiver d'Oslo, en 1952, ils remportèrent la compétition de bob à quatre. Mais, pour nombre d'observateurs, leur victoire n'était due qu'à leur masse. Ces « poids lourds » (472 kg pour les quatre hommes) auraient dévalé de ce seul fait la piste plus rapidement que leurs concurrents... La Fédération internationale s'empara de la question et, pour rendre la compétition plus équitable, elle décida que le poids total d'un équipage ne devait pas excéder 400 kg. Ces quatre hommes furent-ils mis au régime ? On l'ignore, mais, quatre ans plus tard, aux Jeux de Cortina d'Ampezzo, seul Lorenz Nieberl faisait encore partie de l'équipage germanique, lequel ne prit que la sixième place.

Pas de bobsleigh à Squaw Valley

Squaw Valley obtint l'organisation des Jeux Olympiques d'hiver de 1960 à la surprise générale. Cette bourgade s'équipa pour l'occasion, édifiant de multiples infrastructures sportives. Néanmoins, les autorités refusèrent de financer la construction d'une piste de bobsleigh, jugée trop coûteuse. C'est la seule fois où le bobsleigh fut absent aux Jeux d'hiver.

Eugenio Monti critiqué pour son fair-play

Aux Jeux Olympiques d'Innsbruck, en 1964, la compétition de bob à deux s'annonçait très serrée. Les Britanniques Tony Nash et Robin Dixon ainsi que les deux équipages italiens semblaient en mesure de remporter l'épreuve. Mais, durant la première manche, Tony Nash et Robin Dixon endommagèrent l'essieu de leur engin. Ils s'apprêtaient donc à déclarer forfait. Or Eugenio Monti, qui faisait équipe avec Sergio Siorpaes, décida de leur donner une pièce de rechange afin de permettre aux Britanniques d'effectuer leur descente. Et Nash et Dixon remportèrent la médaille d'or, devant les Italiens Sergio Zardini et Romano Bonagura, tandis que Monti et Siorpaes durent se contenter du bronze. Cette attitude chevaleresque fut critiquée par les médias italiens, auxquels Monti répliqua vertement : « Nash n'a pas gagné parce que je lui ai donné un écrou. Il a gagné parce qu'il a effectué la course la plus rapide. » Néanmoins, ce bel exemple de fair-play sera reconnu : en effet, après ces Jeux Olympiques, Eugenio Monti recevra la première médaille Pierre-de-Coubertin du fair-play en récompense de sa sportivité envers ses concurrents britanniques. Eugenio Monti, qui avait déjà participé aux Jeux Olympiques en 1956, devra attendre les Jeux de Grenoble, en 1968, pour enfin remporter une médaille d'or (deux, en fait, puisqu'il s'imposa en bob à deux et en bob à quatre). Il avait alors 40 ans.

Les lugeuses est-allemandes victimes de la guerre froide ?

À Grenoble, en 1968, la compétition féminine de luge fut dominée par les Allemandes de l'Est : Ortrun Enderlein s'imposa devant Anna-Maria Müller. Mais toutes les deux furent disqualifiées pour avoir chauffé illégalement les patins de leur luge. De ce fait, le titre revint à l'Italienne Erika Lechner, les médailles d'argent et de bronze à des Allemandes de l'Ouest. Les responsables de la RDA ont immédiatement prétendu qu'il s'agissait d'une conspiration, destinée à nuire à l'image de la République démocratique allemande, qui faisait son entrée sur la scène olympique cette année-là. Chose étonnante : selon l'analyse des documents de la Stasi saisis après la chute du Mur de Berlin, il semblerait que le jury ait bien été soudoyé par la République fédérale d'Allemagne ; dans les années 2000, plusieurs médias allemands révélèrent qu'Ortrun Enderlein et Anna-Maria Müller avaient bien été victimes d'un complot et qu'elles n'auraient pas dû être disqualifiées !

L'épopée des Rasta Rockett

La Jamaïque est connue pour le reggae et, sur le plan sportif, pour ses célèbres sprinters, tel Usain Bolt. Aucun Jamaïquain n'avait pris part aux Jeux d'hiver avant 1988. Cette année-là, quatre Jamaïquains vont entrer dans l'histoire olympique en participant à l'épreuve de bob à quatre. Deux hommes d'affaires américains, George Fitch et William Maloney, avaient constaté que le « push-car » (une sorte de caisse à savon avec quatre roues, lancée à vive allure dans les pentes de Kingston) – une distraction prisée dans la capitale de l'île – pouvait avoir quelques points communs avec le bobsleigh, la glace en moins. George Fitch et William Maloney eurent alors l'idée saugrenue de monter une équipe jamaïquaine de bobsleigh pour les Jeux d'hiver de Calgary. Les autorités jamaïquaines validèrent le projet ; George Fitch et William Maloney cherchèrent des volontaires, qu'ils eurent le plus grand mal à trouver. Finalement, c'est au sein des forces armées de la Jamaïque qu'ils vont recruter des candidats pour ce sport à risque. Ainsi, Dudley Stokes, un pilote d'hélicoptère, Devon Harris, lieutenant dans l'armée, Michael White, un bon sprinter, et Samuel Clayton, un ingénieur des chemins de fer, furent sélectionnés en octobre 1987 – Samuel Clayton renonça rapidement et fut remplacé par Caswell Allen. Très vite, le public se prit de sympathie pour cette équipe insolite, laquelle ne disposait que de quelques semaines pour s'initier au bobsleigh. Afin de financer les équipements, tout était bon : les futurs « olympiens » iront jusqu'à vendre des T-shirts souvenirs aux spectateurs à Calgary même ! Peu avant la compétition, Caswell Allen se blessa et céda sa place à Chris Stokes, qui n'était venu au Canada que pour encourager son frère, Dudley. Durant les Jeux, les médias nord-américains, qui étaient les premiers à railler leurs contre-performances, firent volte-face et les encouragèrent. Hélas ! dans leur dernière descente, par la faute d'un pilotage approximatif et d'un matériel défaillant, Dudley Stokes perdit le contrôle du bobsleigh dans un virage et l'engin se retourna. C'est à pied que les Jamaïquains franchirent la ligne d'arrivée, sous les applaudissements de la foule. Ils connaîtront cependant une notoriété inattendue, grâce au film de Jon Turteltaub *Rasta Rockett* (1993), qui retrace leur épopée… en prenant quelques libertés avec la vérité.

Père et fils

Aux Jeux Olympiques de Salt Lake City, en 2002, parmi la délégation vénézuélienne figuraient deux lugeurs apparentés : Werner Hoeger et Christopher Hoeger. Originalité : le premier était le père du second. C'est la seule fois dans l'histoire qu'un père et son fils participèrent ensemble à une même épreuve de luge olympique. Le fils se classa trente et unième, le père quarante et unième. Que le fils devançât le père ne provoqua pas de brouille dans cette famille de mormons.

La lugeuse vénézuélienne part en tonneaux

Une des scènes les plus rediffusées lors des bêtisiers télévisés est la descente de l'imposante lugeuse vénézuélienne Iginia Boccalandro (85 kg) lors des JO de Salt Lake City. Après moins de 40 secondes de course, celle que certains chroniqueurs peu charitables surnommeront « la Loutre » perdit le contrôle de son engin dans un virage à droite, heurta la bordure en glace, se retrouva sur le ventre et effectua plusieurs dizaines de mètres sur la glace, dans cette position aussi ridicule qu'inconfortable. Heureusement, dans ce chaos, elle ne se blessa pas. À la suite de cet accident, une polémique débuta : certains estimaient que les Jeux d'hiver ne devraient plus être ouverts aux représentants des pays chauds où, par définition, il est impossible de s'entraîner pour les épreuves de neige et de glace. C'était oublier un peu vite qu'Iginia Boccalandro se préparait depuis 1994 à Salt Lake City, qu'elle avait déjà participé à la compétition de luge aux Jeux d'hiver de Nagano, en 1998, se classant à la vingt-huitième place. La polémique prit rapidement fin, mais les malheurs d'Iginia Boccalandro font régulièrement le bonheur des télévisions...

Lutte

Politesses suédoises

Aux Jeux Olympiques de Londres, en 1908, la finale de la compétition de lutte gréco-romaine, dans la catégorie des poids moyens, opposait les Suédois Frithiof Mårtensson et Mauritz Andersson. Ce dernier fit preuve d'un grand fair-play : il accepta que la finale fût repoussée d'un jour afin de permettre à Mårtensson de se remettre d'une blessure légère. Et Mårtensson remporta la médaille d'or aux dépens d'Andersson. L'histoire ne dit pas si Andersson regretta son beau geste.

Une compétition de lutte sans médaillé d'or

En 1912, aux JO de Stockholm, la finale de la compétition de lutte, dans la catégorie des mi-lourds, opposa le Suédois Anders Ahlgren au Finlandais Ivar Böhling. Après 9 heures de combat, les deux hommes n'avaient pas réussi à se départager. Le jury décida d'interrompre le match et d'attribuer aux deux champions une médaille d'argent. Dans les palmarès, la ligne réservée au médaillé d'or reste donc vierge. N'aurait-il pas mieux valu donner à chacun de ces courageux combattants une médaille d'or ?

Épuisé, le lutteur déclare forfait pour la finale

Toujours aux Jeux Olympiques de Stockholm, en 1912, la demi-finale de la compétition de lutte, dans la catégorie des poids moyens, fut homérique : l'Estonien Martin Klein ne parvint à vaincre le Finlandais Alfred Asikainen qu'après 11 heures 40 minutes d'un combat seulement entrecoupé de pauses toutes les 30 minutes. Mais, épuisé, il ne fut pas en mesure d'affronter en finale le Suédois Claes Johansson, qui reçut la médaille d'or sans combattre. La médaille d'argent de Martin Klein ne serait-elle pas une médaille du courage ?

L'acteur Nat Pendleton fut médaillé olympique

Nat Pendleton est bien connu des amateurs du septième art, puisqu'il tourna dans plus de 100 films. Mais on sait moins qu'il obtint une médaille olympique. Champion de lutte libre, Nat Pendleton s'adjugea en effet la médaille d'argent dans la catégorie des poids lourds aux Jeux d'Anvers, en 1920, battu en finale par le Suisse Robert Roth. Par la suite, il devint lutteur professionnel, ce qui lui valut une belle célébrité aux États-Unis, où ces combats sont très prisés, et de se faire remarquer par Broadway et Hollywood. Dès lors, Nat Pendleton se consacra à sa carrière cinématographique. Parmi ses rôles les plus marquants figurent celui du Grand Sandow, un célèbre lutteur et culturiste allemand devenu vedette de cirque, dans *Le Grand Ziegfeld* de Robert Z. Leonard (1936) ou celui de l'ambulancier Joe Wayman, personnage récurrent de la série *Docteur Kildare* (1938-1943). Il apparaît également dans *Un jour au cirque* des Marx Brothers (1939) ou dans *Le Grand Passage* de King Vidor (1940).

Henri Deglane couronné de façon curieuse

Aux JO de Paris, en 1924, les compétitions de lutte gréco-romaine attirèrent au Vél' d'Hiv' de nombreux spectateurs, souvent assez chauvins, et le jury rendit quelques décisions discutables. Ainsi, chez les poids lourds, la compétition fut émaillée d'incidents. À l'issue du combat opposant le Français Henri Deglane (22 ans) au Suédois Claes Johansson (40 ans), ce dernier fut déclaré vainqueur. Mais la délégation française porta réclamation contre le Suédois pour « tenue incorrecte », et cette réclamation fut entendue par le jury : au terme d'une reprise supplémentaire de 6 minutes, Deglane emporta la décision. Le Suédois protesta énergiquement, mais le jury ne revint pas sur son verdict. Henri Deglane obtint finalement la médaille d'or à l'issue de sa victoire en finale face au Finlandais Edil Rosenqvist.

Le champion olympique connaissait la musique

Le Français Charles Pacôme est essentiellement connu pour ses performances sportives, mais il avait plusieurs cordes à son arc. Fils de Benoni Pacôme, lui-même ancien champion du monde de lutte, Charles Pacôme obtint la médaille d'argent en lutte libre dans la catégorie des poids légers aux Jeux d'Amsterdam, en 1928. Surtout, il devint champion olympique dans la même catégorie aux Jeux de Los Angeles, en 1932, en battant en finale le Hongrois Károly Kárpáti. On peut dire que Charles Pacôme connaissait la musique, car il était premier prix de violon du Conservatoire de Lille. Il mena par ailleurs une brillante carrière de juriste.

On joue l'hymne égyptien pour le Français Émile Poilvé !

Le Français Émile Poilvé fut champion olympique en 1936 à Berlin, à l'issue d'un tournoi marqué par de nombreuses singularités. En effet, Émile Poilvé remporta la médaille d'or, dans la catégorie des poids moyens, en battant en finale l'Américain Richard Voliva. Mais il dut faire preuve de patience, car la compétition se termina à 3 heures du matin. En outre, quand il monta sur le podium, les officiels firent hisser au mât le drapeau turc. Et, en son honneur, ce ne fut pas *La Marseillaise* qui retentit, mais l'hymne égyptien. Il est vrai qu'Émile Poilvé avait battu un Allemand durant sa longue journée olympique…

Geesink privé des Jeux de Rome

Le Néerlandais Anton Geesink s'est rendu célèbre aux Jeux de Tokyo, en 1964, en devenant le premier champion olympique « toutes catégories » de judo. Mais Anton Geesink aurait déjà souhaité participer aux Jeux de Rome en 1960. Le judo n'était pas encore un sport olympique : il s'initia donc à la lutte gréco-romaine et fut retenu dans l'équipe des Pays-Bas pour ces Jeux de Rome. Or, en raison de son statut de professeur de judo, le CIO le considéra comme un « professionnel », et il ne l'autorisa pas à participer à la compétition.

Quand Alexander Medved bat le colosse Chris Taylor

Le Soviétique Alexander Medved remporta trois fois consécutivement la compétition de lutte libre dans la catégorie des poids lourds aux Jeux Olympiques (1964, 1968, 1972). Pourtant, son gabarit n'était pas exceptionnel pour un lutteur poids lourd : il pesait 103 kg au meilleur de sa forme. Il devait donc souvent affronter des adversaires plus massifs. Un de ses combats les plus célèbres demeure celui qui l'opposa à l'Américain Chris Taylor, en demi-finale, lors des Jeux de Munich, en 1972 : Taylor accusait 200 kg sur la balance, mais Medved l'emporta grâce à sa technique hors pair.

Les jumeaux ne voulaient pas combattre l'un contre l'autre

Les Soviétiques Anatoli et Sergueï Beloglazov, frères jumeaux, furent de brillants champions de lutte libre. Mais, dans un sport tel que la lutte libre, il ne peut y avoir qu'un seul vainqueur. Pour éviter de s'affronter, les frères Beloglazov participèrent aux compétitions dans deux catégories différentes : Anatoli chez les poids mouche, Sergueï chez les poids coq. Ainsi, ils devinrent tous les deux champions olympiques, en 1980, à Moscou. Mais leurs chemins finirent par s'éloigner : quand l'URSS décida de boycotter les Jeux de Los Angeles, en 1984, Anatoli abandonna la compétition, alors que Sergueï persévéra et fut une nouvelle fois champion olympique, en 1988, à Séoul.

Mark Schultz déclaré battu mais qualifié

Lors des Jeux Olympiques de Los Angeles, en 1984, un des combats de qualification pour la finale opposait l'Américain Mark Schultz au Turc Resit Karabacak. Ce dernier dut abandonner car il avait le coude cassé. L'équipe turque porta réclamation, Mark Schultz ayant effectué une prise interdite. Le jury se réunit, admit la réclamation, et attribua la victoire à Resit Karabacak. Bien sûr, ce dernier ne fut pas en mesure de continuer la compétition... contrairement à Schultz, déclaré battu mais non pas disqualifié. Et Mark Schultz remporta tous ses autres combats et s'adjugea la médaille d'or !

Kareline dicte sa loi à la Fédération internationale

Après les Jeux Olympiques d'Atlanta, en 1996, la Fédération internationale de lutte décida de modifier les catégories de poids. Ainsi, chez les lourds, elle voulait fixer la limite à 125 kg au lieu de 130 kg. Mais le Russe Alexandre Kareline, champion olympique en 1988, 1992 et 1996, qui pensait prendre sa retraite sportive, fit volte-face. Il posa néanmoins une condition pour continuer à combattre : que la Fédération internationale renonçât à cette modification de poids. Et la Fédération s'exécuta. Kareline poursuivra sa carrière jusqu'en 2000, mais il sera battu par l'Américain Rulon Gardner en finale aux Jeux Olympiques de Sydney.

Les déboires de Rulon Gardner

Sélectionné dans l'équipe américaine de lutte gréco-romaine pour les Jeux Olympiques de Sydney, en 2000, Rulon Gardner, un solide fermier du Wyoming quasi inconnu sur la scène mondiale, causa donc une immense surprise en s'adjugeant la médaille d'or dans la catégorie des moins de 130 kg, à l'issue de sa victoire sur le Russe Alexandre Kareline, considéré comme le plus grand lutteur de tous les temps. Rulon Gardner sera également champion du monde en 2001, avant de multiplier les soucis ; vaincre un demi-dieu du sport doit sans doute contrarier les dieux de l'Olympe ! En 2002, victime d'un accident de motoneige, il chuta dans une rivière glacée. Il passa plusieurs heures dans un abri de fortune, les secouristes le trouvèrent en hypothermie et il fut amputé d'un orteil. En 2007, il survécut à un accident d'avion. Devenu obèse (il pesait plus de 200 kg), il participa en 2011 à une émission de téléréalité, *The Biggest Loser*, où les candidats devaient perdre le plus de poids possible. Rulon Gardner quitta l'émission avant la fin du programme, et on ne sait pas combien de kilos il avait perdus.

Natation et plongeon

Le premier champion olympique de natation ne manquait pas d'humour

Le Hongrois Alfred Hajós remporta la première épreuve de natation de l'histoire des Jeux Olympiques, et son parcours est étonnant. D'abord, il ne se nommait pas Hajós, mais Guttmann. Néanmoins, il choisit de se faire appeler Hajós, qui signifie « marin » en hongrois – peut-être pensait-il que cela favoriserait sa carrière de nageur. On ignore si cela participa à sa réussite, mais ce nom l'identifiait bien comme un Magyar (nous étions à l'époque de l'Empire austro-hongrois). Ensuite, les épreuves de natation des Jeux Olympiques d'Athènes, en 1896, se déroulèrent dans l'eau fraîche (13 °C) et troublée de la baie de Zéa, au Pirée. Aussi, avant de prendre le départ de la course de 1 200 mètres, il se couvrit le corps d'une couche de graisse épaisse de plusieurs millimètres afin de ne pas prendre froid. Est-ce là le secret de sa victoire ? Peut-être. En outre, Alfred Hajós ne manquait pas d'humour : quand il reçut les félicitations du prince Constantin de Grèce, celui-ci lui demanda où il avait appris à nager si bien ; Alfred Hajós lui répondit tout simplement : « Dans l'eau. »

Des citrouilles pour marquer les lignes d'eau

Pour le 100 mètres nage libre des JO d'Athènes, en 1896, les organisateurs firent preuve d'une grande imagination. Un navire transporta les nageurs dans la baie du Pirée, où la ligne de départ était matérialisée par deux bouées. Les nageurs s'élancèrent vers le rivage, où la ligne d'arrivée était marquée par un drapeau rouge. Quant au parcours, il était tracé par une série de citrouilles évidées, lesquelles se balançaient au gré des vagues, ce qui perturba les nageurs. Toujours est-il que le spirituel Hongrois Alfred Hajós s'imposa, en devançant d'un demi-mètre l'Autrichien Otto Herschmann. Les sources indiquent qu'il y eut dix concurrents, mais on ignore leur performance, et même le nom de quatre d'entre eux.

Une épreuve réservée aux marins grecs

En 1896 figurait au programme des Jeux Olympiques d'Athènes une épreuve bien originale et qui ne pouvait pas échapper à un Hellène : le 100 mètres réservé aux représentants de la marine de guerre grecque, dit « 100 mètres pour marins grecs ». Cette compétition ne connut pas un grand succès, puisqu'elle ne réunit que trois concurrents. C'est un certain Ioannis Malokinis qui l'emporta, en 2 min 20,4 s… soit près de 1 minute de plus que le vainqueur du « vrai » 100 mètres, le Hongrois Alfred Hajós (1 min 22,2 s).

Le nageur sort de l'eau car il la trouve trop froide

Le nageur américain Gardner Boyd Williams ne figure pas dans le classement de la course de 1 200 mètres des Jeux Olympiques d'Athènes, en 1896, à laquelle il prit pourtant part. Pétri de froid, Gardner Boyd Williams serait, semble-t-il, ressorti immédiatement de l'eau sans défendre ses chances, en s'écriant « Doux Jésus, il fait froid ! » Il s'agit d'une histoire apocryphe, rapportée par un membre de l'équipe américaine, Tom Curtis. On sait que Gardner Boyd Williams ne fut pas classé, mais la véracité des propos de Tom Curtis demeure sujette à caution.

Une épreuve au milieu de la circulation fluviale

Les compétitions de natation des Jeux de Paris, en 1900, se déroulèrent dans la Seine, entre Courbevoie et le pont d'Asnières. Le 19 août eut lieu la finale de la course de longue distance, le 4 000 mètres. Dans un petit bateau à moteur mécanique avaient pris place le chronométreur et d'autres membres du jury chargés de suivre la course d'un bout à l'autre ; au fur et à mesure de l'arrivée de chacun des nageurs, ceux-ci étaient débarqués et transportés sous la tente de rhabillage, puis ils recevaient des soins indispensables après un pareil effort, prodigués par les Sauveteurs de Courbevoie. Des soins d'autant plus indispensables que le vainqueur, le Britannique John Arthur Jarvis, mit près d'une heure (58 min 24 s), le septième, le Français Ernest Martin, près d'une heure et demie (1 h 26 min 32 s), alors que deux concurrents abandonnèrent. En outre, ces courageux nageurs devaient se méfier de divers pièges : durant la compétition, la navigation fluviale sur la Seine n'avait pas été interrompue ! Pour couronner le tout, le public se passionna bien plus pour la démonstration de plongeon donnée par la Société centrale des exercices sportifs de Suède que pour l'épreuve de natation.

De la natation sauvage

La lecture du règlement en 27 points des compétitions de natation des Jeux de Paris, en 1900, laisse à penser que certains champions de l'époque avaient un tempérament belliqueux, mais que des écarts de conduite étaient tolérés dans certains cas. Ainsi, à l'article 15, il est précisé que, « sous peine de disqualification, les nageurs ne devront pas toucher leur adversaire avec la main ou leur barrer le passage » ; néanmoins, le même article indique « qu'un coup de pied ne pourra être un motif de disqualification ». L'article 16 précise qu'il « sera permis de passer sous un nageur devant soi, mais celui-ci aura le droit d'enfoncer son adversaire s'il remonte à la surface à moins de 1 mètre en avant de lui ». De toute façon, précaution utile, l'article 27 indique que « tous les cas non prévus par le présent règlement seront tranchés sans appel par le jury ».

Charles Devendeville remporte le 60 mètres… sous l'eau

Tout le monde le pense : Jean Boiteux fut, en 1952 aux Jeux d'Helsinki, le premier Français à devenir champion olympique de natation. Or il n'en est rien : il s'agit de Charles Devendeville (ou De Vendeville), couronné aux Jeux de Paris, en 1900. Mais il faut dire qu'il remporta une bien curieuse compétition : le 60 mètres sous l'eau. L'épreuve consistait à nager 60 mètres – ou à défaut le plus loin possible –, en restant le plus longtemps sous l'eau. Nager 1 mètre rapportait 2 points, chaque seconde passée sous l'eau valait 1 point. Charles Devendeville nagea les 60 mètres en restant 1 min 8 s sous l'eau. Il devint donc le premier Français champion olympique de natation. Il devançait un autre Français, André Six : celui-ci avait nagé les 60 mètres en restant 1 min 5 s sous l'eau – on remarque que, comme il fallait rester le plus longtemps possible sous l'eau, nager plus vite constituait un handicap ! Le Danois Peder Lykkeberg se classa troisième : ce dernier resta sous l'eau bien plus longtemps que les deux premiers, mais, ayant perdu ses repères, il nagea presque en rond (il resta sous l'eau durant 1 min 30 s, mais ne parcourut que 28,50 m) ! Cette curieuse discipline, apparue en 1900, disparaîtra aussitôt du programme olympique. Quant à Charles Devendeville, il ne connaîtra pas la gloire sportive, et mourra en septembre 1914, tué comme tant d'autres durant la Grande Guerre.

De la nage avec obstacles !

Parmi les épreuves de natation étranges proposées aux compétiteurs durant les Jeux den 1900, figurait un 200 mètres avec obstacles. Les nageurs devaient se hisser en haut d'un mât, passer sous une rangée de plusieurs barques et au-dessus d'une rangée d'autres barques. L'Australien Frederick Lane s'imposa, en 2 min 38,4 s. Il demeure bien sûr le seul champion olympique de « nage avec obstacles ». Notons que Frederick Lane n'était pas un nageur de second rang, puisque, durant ces Jeux, il gagna le « vrai » 200 mètres, et qu'en 1902 il fut le premier homme à nager le 100 yards en moins de 1 minute.

Les nageurs doivent se remettre à l'eau à cause des juges

Les Jeux Olympiques de Saint Louis, en 1904, furent organisés de manière chaotique. Ainsi, à l'arrivée du 50 yards nage libre, les juges, aussi distraits qu'incompétents, furent incapables de déterminer si la victoire devait être attribuée au Hongrois Zoltán von Halmay ou à l'Américain Scott Leary. En fait, il semblait que Zoltán von Halmay avait gagné, mais un des juges américains pensait que Scott Leary était le vainqueur. En outre, Scott Leary déclara que Zoltán von Halmay l'avait retenu ! Une bagarre générale s'ensuivit. Finalement, les nageurs se remirent à l'eau, et le Hongrois sortit vainqueur de cette nouvelle épreuve.

Le deuxième du 1 500 mètres… bat le record du monde du mile

Le Britannique Henry Taylor fut le meilleur nageur de demi-fond de son temps, et une des vedettes des Jeux de Londres, en 1908 : il remporta les trois épreuves qu'il disputa (400 mètres, 1 500 mètres et relais 4 fois 200 mètres). Le scénario de la finale du 1 500 mètres fut quelque peu surprenant : Thomas Battersby, un autre Britannique, lança la course sur un rythme très élevé ; Taylor s'accrocha, accéléra brutalement à 200 mètres de l'arrivée et, grâce à l'exceptionnelle endurance qu'il avait forgée au cours d'années d'entraînement, il accentua son effort et remporta sa troisième médaille d'or ; Taylor, radieux après ce succès, constata, surpris, que Thomas Battersby n'avait pas coupé son effort et continuait de nager. En fait, Thomas Battersby nagea encore plus de 100 mètres… et s'appropria le record du monde du mile (24 min 33,0 s), une distance prestigieuse pour les Anglais.

Des chaperons pour accompagner des nageuses australiennes

Les femmes furent pour la première fois autorisées à participer à des compétitions olympiques de natation et de plongeon en 1912, aux Jeux de Stockholm. Deux jeunes Australiennes, Fanny Durack (22 ans) et Wilhelmina Wylie (21 ans), se rendirent en Suède. Mais leur participation fit longtemps débat en Australie : ces jeunes filles ne risqueraient-elles pas de céder à des tentations contraires aux bonnes mœurs ? Finalement, on décida que deux chaperons les accompagneraient en Europe afin de veiller sur elles, la sœur aînée de Fanny et le père de Wilhelmina. Et on eut bien raison de les laisser partir : elles prirent les deux premières places de la seule épreuve féminine individuelle, le 100 mètres, Fanny Durack s'imposant devant Wilhelmina Wylie…

Des jupes courtes pour Aileen Riggin

La plongeuse américaine Aileen Riggin remporta sa première médaille d'or olympique à Anvers, en 1920, alors qu'elle n'était âgée que de 14 ans. Mais qu'elle participe aux Jeux n'allait pas de soi car, en ce temps, certains estimaient qu'une activité physique intense pouvait nuire à la santé des adolescentes et même contrarier leur future fertilité. Pour bien lui rappeler qu'elle n'était encore qu'une enfant, on lui donna comme tenues de ville des jupes courtes (jugées appropriées pour des jeunes filles) inélégantes plutôt que les longues jupes à la mode que portaient les femmes de l'équipe américaine. Discrimination, quand tu nous tiens…

Arrêtée pour avoir nagé dans le bassin de Central Park

L'Américaine Ethelda Bleibtrey remporta les trois épreuves (100 mètres, 300 mètres, relais 4 fois 100 mètres) figurant au programme féminin de natation des Jeux d'Anvers, en 1920. Elle s'était déjà distinguée en 1919 : elle avait osé se baigner sans collants, ce qui lui valut une citation à comparaître pour avoir nagé « nue », mais aussi un large soutien ; son action conduira à l'abandon des bas dans la tenue réglementaire des nageuses. Elle refera parler d'elle en 1928 : elle sera arrêtée pour avoir nagé dans le bassin de Central Park lors d'une manifestation revendiquant l'augmentation du nombre de piscines publiques dans la ville de New York.

Johnny Weissmuller falsifia ses papiers pour participer aux Jeux

Le nageur américain Johnny Weissmuller remporta cinq médailles d'or aux Jeux Olympiques (trois en 1924 à Paris, deux en 1928 à Amsterdam), puis il devint mondialement célèbre en interprétant le rôle de Tarzan au cinéma. Pourtant, Johnny Weissmuller n'aurait jamais dû être autorisé à participer aux Jeux au sein de l'équipe américaine. En effet, il était né à Timişoara, en Roumanie, de parents autrichiens qui émigrèrent aux États-Unis quand il n'était âgé que de sept mois. Afin de

« prouver » sa nationalité américaine, Johnny Weissmuller falsifia ses documents d'identité et se fit passer pour son frère cadet, né aux États-Unis. On lui pardonnera cette infraction...

La championne olympique traverse la Manche à la nage

L'Américaine Gertrude Ederle obtint une médaille d'or et deux médailles de bronze aux Jeux de Paris, en 1924 : médaille d'or dans le relais 4 fois 100 mètres ; médaille de bronze sur 100 mètres et sur 400 mètres. Mais sa renommée ne vient pas de ses performances olympiques. Gertrude Ederle voulait relever d'autres défis, rêvant de devenir la première femme à traverser la Manche à la nage. Le 6 août 1926, elle réussit cet exploit que la plupart des connaisseurs de la natation considéraient comme impossible pour une femme. Partie du cap Gris-Nez, près de Calais, elle rejoignit la côte anglaise sur la plage de Kingsdown après avoir nagé durant quelque 14 heures 30 dans une mer agitée. À partir de cette date, Gertrude Ederle connut une gloire que ses médailles olympiques ne lui avaient pas apportée.

La jolie atteinte à la pudeur d'Hilde Schrader

Aux Jeux Olympiques d'Amsterdam, en 1928, la jeune nageuse allemande Hilde Schrader (18 ans) remporta le 200 mètres brasse malgré un aléa amusant. En effet, le bouton de la patte de son maillot avait sauté et elle nagea toute l'épreuve maillot ouvert. À l'arrivée, elle sourit et refit son maillot avant de se hisser sur la plage d'arrivée devant un public surpris mais séduit par sa grâce... Une jolie atteinte à la pudeur qu'on lui pardonnera volontiers.

Dépossédé de sa médaille d'or à la descente du podium

L'Égyptien Farid Simaika remporta la compétition de plongeon au tremplin de 3 mètres lors des JO d'Amsterdam, en 1928. Il devenait le premier Égyptien couronné champion olympique, ce qui constituait une grande fierté pour ce jeune homme vivant aux États-Unis. Il monta sur le podium, en compagnie de ses dauphins ; le drapeau égyptien fut hissé au plus haut des mâts, et l'hymne égyptien fut joué en son honneur. Mais son triomphe fut de courte durée : juste après cette cérémonie, les juges décidèrent, par 5 voix contre 4, que l'Américain Pete Desjardins aurait dû être déclaré vainqueur à la « moyenne générale des 8 sauts » : Farid Simaika dut rendre sa médaille d'or, et reçut une médaille d'argent. Néanmoins, il devint un héros national en Égypte – il sera même invité au mariage du roi Farouk en 1938.

Forfait pour cause de piqûre de moustique

La Néerlandaise Maria Braun remporta la médaille d'or dans le 100 mètres dos et la médaille d'argent dans le 400 mètres nage libre aux Jeux Olympiques d'Amsterdam. Toujours en bonne forme, elle espérait briller de nouveau aux JO, en 1932, à Los Angeles. De fait, elle se qualifia aisément pour les demi-finales du 400 mètres nage libre… auxquelles elle ne fut pas en mesure de participer : elle fut en effet transportée d'urgence à l'hôpital, victime d'un empoisonnement sanguin. Selon la version officielle, cette forte fièvre aurait été provoquée par une piqûre de moustique. Maria Braun demeura sceptique, car elle pensait avoir été victime d'un empoisonnement provoqué par des proches de l'Américaine Helene Madison, sa grande rivale. La thèse de la piqûre de moustique reste la plus plausible, mais, à la suite de cette mésaventure, Maria Braun, âgée 21 ans et qui avait déjà établi six records du monde, décida sur-le-champ de mettre un terme à sa carrière de nageuse.

Eleanor Holm, exclue des Jeux pour conduite dépravée

La nageuse américaine Eleanor Holm remporta le 100 mètres dos aux Jeux de Los Angeles, en 1932. Mais elle se distingua d'une autre manière à l'occasion des Jeux de Berlin, en 1936, auxquels… elle ne participa finalement pas. En effet, durant la traversée de l'Atlantique, elle apprécia sans modération le champagne servi au bar du paquebot. L'intraitable Avery Brundage, président du Comité olympique américain, décida de l'exclure de l'équipe pour ne pas avoir « respecté les règles de l'entraînement ». On ne plaisantait pas avec les bonnes mœurs, surtout pour les dames. Eleanor Holm demeura sur place et elle rendit compte des compétitions pour Associated Press. Il se dit aussi qu'Eleanor Holm profita de son séjour à Berlin pour jouir de la vie en compagnie des dignitaires nazis…

L'ours en peluche de Marjorie Gestring

La plongeuse américaine Marjorie Gestring remporta la compétition au tremplin de 3 mètres aux Jeux Olympiques de Berlin, en 1936. À moins de 14 ans, cette petite Californienne aux cheveux blonds bouclés devint la plus jeune championne olympique de l'histoire. Marjorie Gestring n'était pas encore sortie de l'enfance… Elle n'oubliait jamais d'emporter à la piscine son ours en peluche porte-bonheur. Elle n'aura pas l'occasion d'enrichir son palmarès olympique, car les Jeux seront annulés en 1940 et en 1944. Elle tentera de se qualifier au sein de l'équipe américaine pour les Jeux de Londres en 1948. Mais elle échouera. À 26 ans, sans doute était-elle trop âgée. La chronique ne dit pas si elle avait conservé son ours en peluche porte-bonheur…

Katalin Szöke cache son identité pour participer aux Jeux

La Hongroise Katalin Szöke remporta deux médailles d'or (100 mètres nage libre et relais 4 fois 100 mètres) aux Jeux d'Helsinki, en 1952, auxquels elle ne put participer qu'en masquant sa véritable identité. En effet, elle était la fille de Márton Homonnai, célèbre joueur de water-polo, champion olympique en 1932 et en 1936, mais surtout membre du Parti des Croix fléchées, un mouvement d'extrême droite inféodé aux nazis durant la Seconde Guerre mondiale. Afin de pouvoir intégrer l'équipe de natation de la Hongrie communiste, elle choisit donc de prendre le nom de sa mère. En 1956, elle participa de nouveau aux Jeux Olympiques, à Melbourne. Mais la Hongrie était à feu et à sang à la suite de la répression de l'insurrection populaire par l'Armée rouge soviétique. Katalin Szöke, inquiète pour ses proches, ne réalisa aucune bonne performance. Comme nombre de sportifs hongrois présents aux Jeux de Melbourne, elle se réfugia à l'Ouest, en l'occurrence aux États-Unis.

Le père de Jean Boiteux plonge tout habillé dans la piscine

En 1952, à Helsinki, le Français Jean Boiteux remporta le 400 mètres nage libre devant l'Américain Ford Konno. L'exploit était immense, car – si on excepte la victoire de Charles Devendeville dans un curieux 60 mètres sous l'eau aux Jeux de Paris en 1900 – jamais un Français n'avait été couronné champion olympique en natation. Cette victoire sera la plus médiatisée de ces Jeux, non pas pour l'exploit en lui-même, mais pour une incroyable scène à l'arrivée : Gaston Boiteux, le père du champion, fou de bonheur, plongea tout habillé dans la piscine, béret vissé sur la tête ! Or tous les concurrents n'avaient pas terminé la course, et ce plongeon paternel aurait pu entraîner la disqualification de Jean Boiteux. La photographie de cette scène fit la une de la plupart des quotidiens le lendemain ; plus tard, Coca-Cola demandera à utiliser cette photo pour un de ses spots publicitaires. En fait, ce « plongeon » ne fut pas totalement spontané : Gaston Boiteux avait parié avec un photographe qu'il se jetterait tout habillé dans la piscine si son fils devenait champion olympique. Toujours est-il que ce cliché fera le tour du monde et que la photo sera présentée dans toutes les grandes expositions consacrées aux Jeux Olympiques ; ainsi, à titre d'exemple, le Musée olympique affichera un cliché de cette scène durant l'exposition *Cent Photos pour un siècle de sport*, tenue en 2000.

La saga des Gyarmati

Appartenir à une dynastie facilite bien les choses dans la vie. Le phénomène dynastique semble aussi avoir droit de cité aux JO. Néanmoins, entre génétique et entraînement, il faut aller la décrocher, sa médaille ! Les sagas olympiques familiales sont en fait assez fréquentes. Ainsi des Gyarmati. Dezsö Gyarmati, champion de water-polo hongrois, remporta cinq médailles aux Jeux Olympiques (or en 1952, 1956 et 1964, argent en 1948, bronze en 1960). Il épousa Éva Székely, une nageuse qui s'adjugea la médaille d'or dans le 200 mètres brasse aux Jeux d'Helsinki, en 1952. Leur fille, Andrea Gyarmati, perpétua la tradition sportive familiale : elle décrocha la médaille d'argent dans le 100 mètres dos et la médaille de bronze dans le 100 mètres papillon aux Jeux de Munich, en 1972. On cherche des héritiers, paraît-il...

Quand chronométrage manuel et jugement humain sont contradictoires

Aux Jeux Olympiques de Rome, en 1960, le dénouement de la finale du 100 mètres nage libre s'avéra très confus. L'Américain Lance Larson, bras bien tendus, sembla toucher la plaque de chronométrage le premier, juste devant l'Australien John Devitt. Les photographes se précipitèrent vers Lance Larson, tandis que John Devitt, philosophe, ne semblait pas trop déçu par cette médaille d'argent. Or Hans Runströmer, juge-arbitre en chef, déclara Devitt vainqueur. À l'époque, on se fiait à l'œil pour effectuer le classement. Pourtant, trois juges par ligne d'eau enregistraient, au chronométrage manuel, le temps de chaque concurrent. Pour Larson, les chronomètres indiquaient 55,0 s, 55,1 s et 55,1 s. Pour Devitt, les trois chronomètres indiquaient 55,2 s. Même si le chronométrage manuel n'est pas infaillible, Larson aurait donc dû être déclaré vainqueur. En fait, le doute plane encore aujourd'hui, mais, avec les techniques modernes d'analyse des images, on est quasi certain que Lance Larson avait gagné. Néanmoins, cette injustice présumée eut un prolongement : à partir des Jeux de Tokyo, en 1964, les bassins de natation seront équipés de plaques électroniques sensibles au toucher des concurrents, et le temps mesuré ainsi automatiquement prévaudra sur le jugement humain.

Dawn Fraser vole le drapeau olympique !

L'Australienne Dawn Fraser remporta trois fois consécutivement le 100 mètres nage libre aux Jeux Olympiques (1956, 1960, 1964), ce qui constitue un exploit unique. En 1964, aux Jeux de Tokyo, cette femme au caractère bien trempé et malicieux décida de se moquer de la stricte discipline japonaise : avec quelques autres championnes, elle vola le drapeau olympique qui flottait sur le Palais impérial à Tokyo. Pour cette peccadille, Dawn Fraser fut suspendue dix ans pour « conduite inqualifiable et déshonorante pour l'Australie » par l'Amateur Swimming Union of Australia ! On ne plaisante pas avec l'oriflamme et la bonne conduite... Il semble pourtant que l'empereur du Japon, Hiro-Hito, lui ait offert par la suite ce fameux drapeau.

Donna de Varona, militante de la cause des femmes

La nageuse américaine Donna de Varona remporta deux médailles d'or aux Jeux de Tokyo (400 mètres 4 nages et relais

4 fois 100 mètres). Elle mit alors fin à sa carrière sportive pour devenir journaliste tout en militant pour la cause des femmes. Elle s'engagea en faveur de l'adoption de principes garantissant que personne ne peut, en raison de son sexe, se voir refuser l'accès à un programme éducatif – y compris à un programme sportif – au sein d'une institution d'enseignement recevant une aide directe de l'État fédéral. Ce combat sera gagnant, puisque ces principes seront inscrits en 1972 dans la loi américaine (loi *Title IX*).

La plongeuse se brise l'avant-bras, puis prend sa revanche

L'Américaine Micki King – appréciée par les médias pour ses talents, sa personnalité, mais aussi sa plastique – était une des grandes favorites de l'épreuve de plongeon au tremplin de 3 mètres lors des Jeux Olympiques de Mexico, en 1968. Elle pensait bien tenir une médaille, car, à l'antépénultième passage, elle se trouvait en tête. Mais, à l'avant-dernier plongeon, elle heurta le tremplin et se brisa l'avant-bras. Elle refusa d'abandonner, et se présenta bien pour son dernier plongeon. Hélas ! la douleur était trop vive, et elle ne parvint pas à réaliser des figures de qualité ; elle glissa non pas du tremplin, mais du podium : elle ne se classa que quatrième. Ce ne fut que partie remise, car elle participa encore aux Jeux en 1972, à Munich. Troisième au début de la finale, elle remporta la médaille d'or grâce à son dernier plongeon, et elle voulut que sa revanche fût totale : elle tenta le même demi-saut périlleux avec une torsion qu'en 1968, lorsqu'elle s'était brisé l'avant-bras. Cette fois, elle réussit ce plongeon à la perfection et obtint donc la médaille d'or.

Trop de précision tue la précision

À l'occasion des JO de Munich, en 1972, l'électronique a envahi les enceintes sportives. Ainsi, pour la natation, un détecteur de pression équipait les plots de départ, ce qui permettait de déclencher le chronomètre automatiquement. Huit caméras placées au-dessus des lignes d'eau enregistraient les 2 derniers mètres précédant l'arrivée. Mais, à l'issue du 400 mètres 4 nages, le Suédois Gunnar Larsson et l'Américain Tim McKee réalisèrent le même temps : 4 min 31,98 s. On fit donc parler l'électronique, et Larsson fut déclaré vainqueur pour 2 millièmes de seconde (ce qui représente moins de 1 millimètre). Or il est impossible de départager deux nageurs si proches. Bientôt, les millièmes de seconde ne seront plus pris en compte et, si deux nageurs finissent dans le même centième, ils seront déclarés ex aequo. Tim McKee a donc été privé d'une médaille d'or par un excès de précision.

Rick DeMont dopé sans le savoir

L'Américain Rick DeMont n'apparaît pas sur les palmarès olympiques. Il remporta pourtant le 400 mètres nage libre aux Jeux de Munich, en 1972, devant l'Australien Brad Cooper,

battu pour 1 centième de seconde ! Or, sur les palmarès, le médaillé d'or se nomme Brad Cooper. En effet, Rick DeMont fut déclassé pour dopage (absorption avant l'épreuve d'un médicament contre l'asthme non déclaré par l'encadrement américain). Sans doute plus victime que coupable dans cette affaire, il demeure le premier Américain disqualifié pour dopage aux Jeux… Il aura de nombreux successeurs. En 2001, le Comité olympique américain reconnaîtra définitivement la bonne foi de Rick DeMont concernant le médicament qu'il avait absorbé aux Jeux de Munich, et déclarera qu'il n'aurait pas dû être disqualifié. Néanmoins, le CIO n'acceptera pas de lui réattribuer la médaille d'or.

Mike Bruner invente la mode des crânes rasés chez les nageurs

Le nageur américain Mike Bruner remporta le 200 mètres papillon et le relais 4 fois 200 mètres aux Jeux Olympiques de Montréal, en 1976. Surtout, Mike Bruner inaugura une mode à cette occasion : il fut le premier nageur à se présenter au départ des épreuves le crâne rasé, ce qui permet une meilleure pénétration dans l'eau. Mike Bruner sacrifia donc sa chevelure pour gagner quelques centièmes de seconde, et cette pratique allait faire florès chez les nageurs par la suite. Bien sûr, il gagna aussi un surnom, « Yul », en référence à son quasi-homonyme, le célèbre acteur au crâne chauve Yul Brynner.

Thomas Fahrner « oublie » de devenir champion olympique

En 1984, aux Jeux de Los Angeles, le nageur allemand Thomas Fahrner, « endormi », fut éliminé en demi-finale du 400 mètres nage libre. À l'époque, aux Jeux, on organisait une « finale de consolation » réunissant les nageurs classés de la neuvième à la seizième place durant les demi-finales. Thomas Fahrner remporta cette « finale de consolation » en 3 min 50,91 s, soit un meilleur temps que l'Américain George DiCarlo (3 min 51,23 s), vainqueur de la « vraie » finale !

Greg Louganis : du sang et de l'or

L'Américain Greg Louganis est considéré comme l'un des meilleurs plongeurs de tous les temps, si ce n'est le meilleur. Il obtint quatre médailles d'or et une médaille d'argent aux Jeux, cinq médailles d'or aux Championnats du monde. Séropositif, il est un des porte-parole de la lutte contre le sida et une icône de la culture gay. « Regardez Greg Louganis plonger, vous verrez Mikhaïl Barychnikov en train de danser », disait son entraîneur, Ron O'Brian, au moment des Jeux Olympiques de Séoul, en 1988. Ce « Barychnikov » fit néanmoins un faux pas, et c'est ainsi qu'il est entré dans le foyer des téléspectateurs plus friands de bêtisiers que de performances sportives. En effet, dans la compétition au tremplin de 3 mètres, à son neuvième passage, sa tête heurta le plongeoir, et le sang coula de sa plaie. Cet incident ne le perturba pas plus que ça, et il parviendra à s'adjuger la médaille d'or. En revanche, sa mésaventure déconcentra l'un des concurrents qui plongeaient juste après lui, Kin-Chung Wong (Hong Kong) : sa prestation fut tellement mauvaise qu'il récolta le premier 0 de toute l'histoire olympique !

Une erreur de notation réparée 18 mois plus tard

La lecture du palmarès de la compétition de natation synchronisée des Jeux de Barcelone, en 1992, peut donner mal à la tête. En effet, l'Américaine Kristen Babb-Sprague et la Canadienne Sylvie Fréchette sont toutes les deux médaillées d'or. Cela n'aurait rien de bien original – bien que les cas d'égalité parfaite soient rares en natation synchronisée – si on ne s'attardait pas sur le score : l'Américaine totalise 191,848 points, la Canadienne 191,717 points. En fait, une des juges avait fait une faute de frappe en notant la prestation de

Sylvie Fréchette : elle avait inscrit 8,7 au lieu de 9,7. La juge fit part de son erreur sur-le-champ, mais cette note n'a pas été corrigée, car elle avait déjà été affichée sur les panneaux de résultats. Le Canada porta réclamation auprès du CIO, laquelle réclamation fut entendue en décembre 1993, soit 18 mois après les Jeux de Barcelone. Le CIO décida d'attribuer une médaille d'or à Sylvie Fréchette, sans retirer la sienne à Kristen Babb-Sprague.

L'épopée d'« Éric l'Anguille »

Aux Jeux Olympiques de Sydney, en 2000, les téléspectateurs du monde entier découvrirent les images d'un nageur de Guinée équatoriale, Éric Moussambani, nageant seul dans sa série du 100 mètres et qui semblait plus près de se noyer que de réaliser une bonne performance. En fait, Éric Moussambani n'avait appris à nager que huit mois avant ces Jeux ; il n'avait encore jamais nagé 100 mètres d'affilée de sa vie et n'avait jamais vu de piscine de 50 mètres, son entraînement ayant eu lieu dans une piscine d'hôtel de 20 mètres. Néanmoins, il put participer aux Jeux grâce à une dérogation permettant à des pays en voie de développement, et donc ne disposant pas des coûteux aménagements nécessaires à l'entraînement de sportifs de haut niveau, d'inscrire des concurrents aux Jeux. Il s'alignait dans la première série du 100 mètres, avec deux autres nageurs inexpérimentés, le Nigérien Karim Bare et le Tadjik Farkhod Oripov ; or Karim Bare et Farkhod Oripov furent disqualifiés pour avoir commis un faux départ, et Éric Moussambani nagea donc seul. Sous les applaudissements nourris d'un public aussi enthousiaste que compatissant, il parvint à boucler son 100 mètres en 1 min 52,72 s, soit deux fois plus lentement que les meilleurs concurrents, et en ayant mis 50 secondes de plus que l'avant-dernier, le Bahreïni Dawood Youssef Mohamed Jassim. La presse, qui le surnomma « Éric l'Anguille », et le grand public se prirent d'affection pour ce nageur, bientôt invité à parcourir l'Europe grâce à un sponsor (un fabricant de maillots de bain).

Qui se souvient de Paula Barila Bolopa ?

Éric Moussambani n'était pas le seul nageur de la Guinée équatoriale présent en Australie : il était accompagné de Paula Barila Bolopa, une ancienne footballeuse, qui disputait le 50 mètres. Si Éric Moussambani n'avait appris à nager que huit mois avant les Jeux, Paula Barila Bolopa, elle, ne s'était initiée à la natation qu'un mois et demi avant les Jeux ! Tout comme Éric Moussambani, elle avait obtenu une dérogation pour participer aux Jeux. Elle boucla son 50 mètres en 1 min 3,97 s, soit le temps le plus mauvais jamais enregistré dans cette épreuve lors d'une grande compétition. Sur le moment, le public l'encouragea et les médias se précipitèrent pour l'interviewer. Néanmoins, alors qu'Éric Moussambani allait connaître une réelle notoriété, Paula Barila Bolopa ne connut qu'un petit moment de gloire. Dès après les Jeux, elle reprit son emploi de caissière de supermarché.

Le plongeur chinois tombe du tremplin et la Grèce exulte

Dans l'épreuve de plongeon synchronisé (tremplin de 3 mètres) des Jeux Olympiques d'Athènes, en 2004, la victoire semblait promise aux Chinois Peng Bo et Wang Kenan, les favoris. De fait, les deux Chinois occupaient la tête de l'épreuve avant le dernier plongeon. Mais, stupeur, Wang Kenan tomba du tremplin, et le duo chinois reçut un zéro. Les Grecs Nikólaos Siranídis et Thomás Bímis, seulement quatrièmes avant ce dernier plongeon, profitant en outre des contre-performances des Américains et des Australiens, obtinrent de manière quasi miraculeuse la médaille d'or. Ils offraient à la Grèce sa première médaille d'or de ces Jeux. Elle provoqua l'enthousiasme en Grèce et « lança » vraiment les Jeux d'Athènes sur le plan populaire.

La télévision bouleverse le programme de la natation à Pékin

La chaîne de télévision américaine NBC versa 893 millions de dollars pour diffuser les Jeux de Pékin, en 2008, en exclusivité aux États-Unis. Et pour une telle somme, elle exigea et obtint que le programme des épreuves de natation fût bouleversé : en raison du décalage horaire, les finales eurent lieu non pas en soirée, mais le matin, afin de pouvoir être diffusées en *prime time* aux États-Unis, quitte à faire perdre aux nageurs leurs repères. NBC rentabilisa son investissement, puisque 215 millions de téléspectateurs américains suivirent les Jeux, et la chaîne établit même son record d'audience pour un samedi soir le jour où Michael Phelps remporta sa huitième médaille d'or (plus de 30 millions d'Américains étaient rivés devant leur écran ce soir-là).

Michael Phelps avait peur de l'eau !

Le nageur américain Michael Phelps, on le sait, est le plus titré des champions : il remporta vingt-deux médailles dont dix-huit en or aux JO. Pourtant, sa réussite n'avait rien d'évident : enfant, il avait peur de l'eau ! Le jeune Michael Phelps était en effet un gamin complexé par ses longs bras et ses grandes oreilles. Ses camarades de classe avaient même fait de lui leur tête de Turc. En outre, il devait suivre un traitement au Ritalin destiné à soigner un trouble de l'attention et une hyperactivité. Michael Phelps réussit à surmonter sa phobie aquatique et accepta de nager pour s'affranchir de son traitement. Ainsi naquit un destin. Dans la souffrance naît souvent la gloire...

Dara Torres s'était coupé les ongles...

La nageuse américaine Dara Torres a réussi l'exploit de remporter trois médailles d'argent aux Jeux Olympiques de Pékin, en 2008, à l'âge de 41 ans, dans une discipline qui voit le plus souvent briller des adolescentes. Pourtant, elle pense qu'elle a manqué la médaille d'or dans le 50 mètres en raison... d'une erreur de jeunesse. Battue d'un centième de seconde par l'Allemande Britta Steffen (24,06 s, contre 24,07 s), elle a indiqué que cette défaite était peut-être due au fait que, par coquetterie, elle s'était coupé les ongles le matin. Jamais l'expression « battue d'un ongle » ne fut employée avec autant de justesse !

Il a Laure autour du cou

Aux Jeux de Londres, en 2012, Florent Manaudou parvint à se hisser en finale du 50 mètres nage libre, ce qui constituait déjà une grande performance. France Télévisions avait invité Laure Manaudou à suivre la course en compagnie du journaliste Alexandre Boyon. Florent Manaudou partit en trombe, prit la tête... À mesure que l'incroyable exploit semblait possible, Laure se mit à crier pour encourager son petit frère qui, bien sûr, contrairement aux téléspectateurs, ne pouvait pas l'entendre. Florent Manaudou s'imposa à la surprise générale, et Laure, contrevenant à toutes les règles de sécurité, quitta les gradins de la piscine pour se jeter dans les bras de son petit frère. Le journaliste Alexandre Boyon, inspiré, s'écria : « Il a Laure autour du cou. » Ce bon mot spontané fut repris par la presse... mais un peu trop longtemps au goût du frère et de la sœur : ainsi, en 2014, à l'occasion des Championnats d'Europe de Berlin où Florent Manaudou remporta quatre médailles d'or, *L'Équipe* titra, en une, à l'issue d'une de ses victoires : « L'Or Manaudou ». Ce jour-là, Florent, comprit qu'il resterait toujours le « petit frère » malgré son gabarit de colosse (1,99 m, 100 kg).

Le véritable exploit de Yusra Mardini

Aux Jeux Olympiques de Rio, en 2016, Yusra Mardini fut éliminée dès les séries aussi bien dans le 100 mètres nage libre que dans le 100 mètres papillon. Mais l'exploit était ailleurs. En effet, la jeune fille, passionnée de natation, passait plusieurs heures par jour à s'entraîner dans les bassins de Damas quand éclata la guerre. En 2015, comme des milliers de réfugiés fuyant la guerre, elle traversa la Méditerranée sur une embarcation de fortune afin de rejoindre l'Europe, via l'île grecque de Lesbos. Mais le frêle esquif qui transportait dix-huit passagers tomba en panne, et Yusra Mardini mit à profit ses qualités de nageuse : en compagnie de sa sœur et d'une troisième femme – les seules personnes sachant nager qui se trouvaient à bord –, elle se jeta à l'eau, poussant et tirant l'embarcation durant trois heures jusqu'au rivage de l'île. Yusra Mardini demanda l'asile politique en Allemagne, et la jeune femme, âgée de 18 ans, reprit l'entraînement, car le CIO avait décidé de constituer une équipe de réfugiés autorisés à participer aux Jeux de Rio sous la bannière aux cinq anneaux. Yusra Mardini progressa, gagna sa sélection et réalisa donc son rêve olympique. En 2017, elle fut nommée ambassadrice de bonne volonté par le Haut Commissariat des Nations unies pour les réfugiés.

Un papillon à 1 million de dollars

Le jeune Joseph Schooling (21 ans) a causé la surprise en remportant le 100 mètres papillon aux JO de Rio, en 2016. Il a notamment battu son idole, Michael Phelps. Joseph Schooling

est entré dans l'histoire : il devenait le premier sportif à apporter une médaille d'or à Singapour. Un exploit qui eut son prix. Singapour était en effet le pays le plus généreux pour ses médaillés à Rio, offrant 1 million de dollars pour une médaille d'or. Joseph Schooling a donc à la fois réalisé son rêve et touché le pactole !

Patinage

Madge Syers contourne les règlements et invente une mode

Le patinage artistique fut pour la première fois inscrit au programme olympique aux Jeux (d'été) de Londres, en 1908 ; la Britannique Madge Syers remporta alors la médaille d'or dans la compétition féminine. Auparavant, elle avait provoqué une révolution dans le monde du patinage. En effet, les Championnats du monde furent créés en 1896 et ils étaient, en principe, réservés aux hommes. Or Madge Syers s'aperçut qu'aucun règlement n'interdisait officiellement aux femmes de s'inscrire, et elle participa donc, avec les hommes, aux Championnats du monde en 1902 : vêtue d'une jupe allant jusqu'aux chevilles, elle prit la deuxième place, derrière le Suédois Ulrich Salchow. La Fédération internationale de patinage modifia alors son règlement, interdisant aux femmes de concourir avec les hommes, car « la longueur des jupes empêche les juges de bien voir les pieds des patineuses ». Madge Syers contourna de nouveau la difficulté, et lança une nouvelle mode, en patinant avec une jupe à mi-mollet. En 1906, la Fédération internationale jeta l'éponge et décida donc de créer un Championnat du monde féminin : Madge Syers s'imposa.

Du patinage aux Jeux d'été

Le patinage artistique intégra le programme des Jeux Olympiques d'hiver, en 1924, dès leur première édition, à Chamonix. Mais, auparavant, il figura au programme des JO, qu'on dénommera rétrospectivement « d'été », à Londres en 1908, puis à Anvers en 1920. Notons que, côté masculin, un des plus célèbres champions de ce sport figure au palmarès olympique grâce à cette curiosité : le Suédois Ulrich Salchow – connu pour avoir inventé un saut auquel on a donné son nom, le salchow, lequel demeure un standard des compétitions au XXIe siècle –, qui fut médaillé d'or en 1908.

Une épreuve de patinage annulée à cause de la chaleur

Les Jeux Olympiques d'hiver de Saint-Moritz, en 1928, furent perturbés par la hausse des températures. Ainsi, en patinage de vitesse, le 10 000 mètres fut annulé par le juge-arbitre norvégien car, le vent du sud-ouest ayant porté la température à + 25 °C, la piste commençait de fondre ! Précisons néanmoins que l'Américain Irving Jaffee occupait alors la tête du classement, devant tous les concurrents norvégiens...

Du patinage de vitesse départ groupé

Les compétitions de patinage de vitesse des Jeux d'hiver de Lake Placid, en 1932, ne furent pas organisées selon le format habituel – les concurrents s'élancent deux par deux et se battent avant tout contre le chronomètre –, immuable depuis la fin du XIXe siècle. Les organisateurs décidèrent que les départs seraient donnés en groupe, selon les règles en vigueur en Amérique du Nord. De ce fait, les patineurs américains, habitués à ce règlement et donc très favorisés, remportèrent les quatre médailles d'or (Jack Shea et Irving Jaffee, deux chacun). Ajoutons que le patinage de vitesse départ groupé fera son retour aux Jeux en

2018 à PyeongChang, cette fois pour les besoins des télévisions, toujours en demande d'épreuves spectaculaires. Il ne s'agissait donc pas de se plier à un règlement coréen ; pourtant, la victoire ira au Sud-Coréen Lee Seung-hoon.

Irving Jaffee dut vendre ses médailles pour survivre

Le patineur de vitesse américain Irving Jaffee remporta deux médailles d'or aux Jeux d'hiver de Lake Placid, en 1932 (5 000 et 10 000 mètres). Par la suite, il se produisit à l'occasion de spectacles de patinage pour tenter de gagner sa vie. Mais la Grande Dépression frappait l'Amérique, et, pour survivre, il fut contraint de céder ses médailles olympiques à une société de prêt sur gages, contre une somme de quelque 3 000 dollars… Par la suite, il tenta de racheter ses souvenirs olympiques, mais l'échoppe de prêt sur gages avait fait faillite, et il ne récupéra jamais ses trophées.

Sorcellerie olympique

Il existe une rumeur tenace concernant l'épreuve masculine de patinage artistique des Jeux Olympiques de Lake Placid en 1932. Triple champion olympique en titre (1920, 1924, 1928), le Suédois Gillis Grafström, âgé de 39 ans, semblait en mesure de remporter un nouveau titre. Son principal rival était le jeune Autrichien Karl Schäfer (23 ans). Il se dit que les proches de Karl Schäfer, avec le concours d'un juge, auraient élaboré un stratagème maléfique relevant de la « magie » : peu avant la compétition, ce dernier aurait congratulé le Suédois en se lançant du sel au-dessus de l'épaule gauche, pour lui porter malheur. Or, en exécutant sa première figure, Gillis Grafström chuta, heurta la balustrade et vit s'envoler la médaille d'or, laquelle revint à Karl Schäfer. De la magie noire sur la blanche glace, voilà qui n'est pas banal. Cette anecdote, rapportée par des amis de Karl Schäfer, n'est pas assurément authentique ; ce qui l'est, en revanche, c'est que Gillis Grafström présentera ses excuses pour sa piètre prestation ; il déclarera avoir participé à la compétition – alors qu'il était blessé – uniquement pour faire plaisir au prince héritier de Suède ; il accusera aussi Karl Schäfer d'avoir utilisé un modèle de patins que lui-même avait inventé.

Le podium le plus familial de l'histoire

Le résultat de la compétition de patinage artistique par couple aux Jeux d'hiver d'Oslo, en 1952, mérite une mention particulière : en effet, les Allemands Paul et Ria Falk, un couple marié, s'imposèrent, devant les Américains Peter et Karol Kennedy, frère et sœur, et les Hongrois László et Marianna Nagy, frère et sœur également. Il n'existe pas de podium plus familial…

À Innsbruck, jugement de Salomon et à tiroirs

En 1964, aux Jeux Olympiques d'hiver d'Innsbruck, la compétition de patinage artistique par couple vit la victoire des magnifiques Soviétiques Ludmila Beloussova et Oleg Protopopov, devant les Allemands Marika Kilius et Hans-Jürgen Bäumler, et les Canadiens Debbi Wilkes et Guy Revell. À la quatrième place figuraient les Américains Vivian et Ronald Joseph, frère et sœur, qui patinaient ensemble depuis l'enfance. Or les Allemands Marika Kilius et Hans-Jürgen Bäumler avaient prévu de devenir professionnels après ces Jeux, et ils avaient déjà signé leur contrat. À cette époque où le CIO brocardait le « professionnalisme » et chassait les « fraudeurs », il fut décidé que le contrat signé par le couple allemand était contraire au règlement : Marika Kilius et Hans-Jürgen Bäumler furent disqualifiés et durent rendre leur médaille en 1966. Debbi Wilkes et Guy Revell reçurent une médaille d'argent, et la « médaille en chocolat » de Vivian et Ronald Joseph se transforma en médaille de bronze. Les choses restèrent en l'état jusqu'en 1987 : le CIO accepta alors de requalifier les Allemands, et on leur restitua la médaille d'argent. Pour autant, Debbi Wilkes et Guy Revell conservèrent leur médaille d'argent, Vivian et Ronald Joseph gardèrent leur médaille de bronze. S'ensuivit un pataquès dans le palmarès, et il fallut attendre 2013 pour que le CIO indique officiellement que les Canadiens et les Allemands se partageaient la médaille d'argent, alors que les Américains conservaient leur médaille de bronze.

Terry McDermott et les Beatles

Le patineur de vitesse américain Terry McDermott devint réellement célèbre grâce à une plaisanterie lors d'une émission télévisée. En 1964, il remporta la médaille d'or dans le 500 mètres à Innsbruck. Il fut alors largement sollicité par les médias : d'une part, il devançait le Soviétique Evgueni Grichine, médaillé d'or en 1956 et en 1960, ce qui était important en cette période de guerre froide ; d'autre part, il apportait aux États-Unis leur unique médaille d'or à Innsbruck, évitant une déroute totale. À son retour, il fut invité à participer au *Ed Sullivan Show*, une émission très populaire ; or, le même jour, les autres vedettes du *Show* étaient les Beatles, qui se produisaient pour la première fois aux États-Unis. Coiffeur dans la vie civile, Terry McDermott fit semblant de couper les cheveux de Paul McCartney dans la coulisse. Cette image fit le tour du monde et valut à Terry McDermott une célébrité inattendue.

La petite robe vert anis de Peggy Fleming…

Peggy Fleming illumina par sa grâce les Jeux Olympiques d'hiver de Grenoble, en 1968, dans un contexte difficile pour les sports d'hiver américains. En effet, alors que les États-Unis dominaient le patinage artistique féminin dans les années 1950, une catastrophe aérienne mit fin à cette hégémonie : l'avion qu'empruntait la délégation américaine pour se rendre aux Championnats du monde de Prague, en 1961, s'écrasa près de Bruxelles. Plusieurs champions et championnes américains en devenir trouvèrent la mort, ainsi que l'entraîneur de Peggy Fleming, Bill Kipp. La jeune Peggy Fleming eut alors la lourde tâche de restaurer la suprématie américaine en patinage artistique. Elle connut donc la consécration aux Jeux de Grenoble, obtenant la médaille d'or – pour les États-Unis, il s'agissait de leur unique médaille d'or durant ces Jeux. En outre, les JO d'hiver étaient pour la première fois retransmis en direct et en couleurs à la télévision, ce qui fit beaucoup pour l'image de Peggy Fleming, dont la petite robe vert anis devint célèbre. Elle mit ensuite un terme à sa carrière, et se produisit lors de spectacles sur glace et de shows télévisés.

Lioudmila Smirnova a-t-elle fait le bonheur d'Alexander Zaitsev ?

Lioudmila Smirnova disputait les compétitions de patinage artistique par couple avec son partenaire de toujours, Andrei Suraikin. Ce couple obtint la médaille d'argent aux Jeux Olympiques d'hiver de Sapporo, en 1972, derrière un autre couple soviétique, constitué par Irina Rodnina et Alexeï Oulanov. Or Lioudmila Smirnova tomba amoureuse d'Alexeï Oulanov. Irina Rodnina, courroucée, décida de changer de partenaire, et poursuivit sa carrière avec Alexander Zaitsev : ce couple sera deux fois champion olympique, en 1976 puis en 1980, et six fois champion du monde. Lioudmila Smirnova et Alexeï Oulanov devinrent alors partenaires sur la glace comme dans la vie, et ils furent médaillés d'argent aux Championnats du monde en 1973 et en 1974, devancés à chaque fois par... Irina Rodnina et Alexander Zaitsev. Quant à Andrei Suraikin, sa carrière avait pris fin en 1972.

La victoire de Beatrix Schuba entraîne une modification du règlement

L'Autrichienne Beatrix Schuba remporta la compétition de patinage artistique aux JO de Sapporo, en 1972... ce qui provoqua la modification du règlement. En effet, à l'occasion du programme libre, le public comme les juges s'émerveillèrent devant les prestations de l'Américaine Janet Lynn et de la Canadienne Karen Magnussen. Mais, auparavant, lors des figures imposées, Beatrix Schuba avait réussi à la perfection ces exercices académiques, ce qui lui valut une belle avance et lui permit de remporter la médaille d'or, malgré un programme libre quelconque. À l'époque, les figures imposées – qui n'intéressaient pas grand monde et n'étaient même pas retransmises par les télévisions – comptaient pour 50 % de la note finale. Devant les critiques, la Fédération internationale décida de diminuer l'importance des figures imposées, puis, plus tard, de les supprimer et de les remplacer par le programme court.

Record de talismans

On le sait, les sportifs sont très souvent superstitieux, et nombre d'entre eux ont des « rituels » et des objets porte-bonheur. Mais la patineuse américaine Anne Henning détient une sorte de record à la matière : aux Jeux Olympiques de Sapporo, en 1972, alors âgée de 16 ans, elle ne se séparait jamais d'une poupée, d'un trèfle à quatre feuilles, d'un ornement de Noël et, bien sûr, d'une perle du Japon. Grâce à tous ces talismans, mais aussi et surtout grâce à son talent précoce, elle remporta le 500 mètres devant deux concurrentes soviétiques.

Torvill et Dean financés par la Ville de Nottingham

Les patineurs britanniques Jayne Torvill et Christopher Dean furent champions olympiques de danse sur glace, en 1984, à Sarajevo, en réalisant une prestation parfaite et mémorable sur le *Boléro* de Ravel. Mais, sans la Ville de Nottingham, leur triomphe n'aurait pas été possible. En effet, ils commencèrent à patiner ensemble en 1975, mais tous les deux occupaient un emploi à plein temps : Jayne Torvill travaillait dans une société d'assurances, Christopher Dean au sein de la police de Nottingham. Devenus champions de Grande-Bretagne en 1978, ils reçurent une aide financière généreuse de la part de la Ville de Nottingham. Grâce à cette manne, il leur fut possible de quitter leur emploi, et ils purent se consacrer pleinement au patinage. N'oublions pas que, à l'époque, il fallait être « amateur » pour participer aux Jeux...

On est tous fous de Katarina !

L'Allemande de l'Est Katarina Witt, charmante et charmeuse, fit entrer le patinage artistique féminin dans une nouvelle ère, celle de l'érotisation des compétitions – on garde en mémoire son interprétation enjôleuse de *Carmen* de Bizet aux Jeux de

Calgary, en 1988. Mais Katarina Witt obtint sa première médaille d'or olympique aux Jeux de Sarajevo, en 1984 : elle avait 18 ans, et le monde entier tomba déjà sous son charme, puisqu'elle recevra juste après ces Jeux 35 000 lettres d'amour ! Par ailleurs, pour la garder dans le giron de la RDA, la Stasi ne se contenta pas de l'intimider ; elle lui accorda des avantages inédits : elle offrit à celle qu'on surnommait « le plus beau visage du socialisme » des voitures de luxe, un magnifique appartement et, surtout, elle l'autorisa à voyager à l'étranger assez librement, ce qui constituait bien sûr une exception en RDA. Après la chute du Mur de Berlin, en 1989, on découvrira dans les archives de la Stasi quelque 3 000 pages consacrées à la vie de Katarina Witt, suivie par la police secrète dès l'âge de 8 ans.

Médaillée olympique hiver comme été en 1988

L'Allemande de l'Est Christa Rothenburger réalisa un exploit unique et qui le restera, puisque Jeux d'hiver et Jeux d'été ne se déroulent plus la même année. En effet, il est peu fréquent qu'un champion se distingue à la fois aux Jeux d'été et aux Jeux d'hiver. Mais il est encore plus rare qu'il le fasse durant la même olympiade. C'est l'exploit que réalisa en 1988 Christa Rothenburger. Elle remporta d'abord une médaille d'or (1 000 mètres) et une médaille d'argent (500 mètres) en patinage de vitesse aux Jeux d'hiver de Calgary. Puis elle réussit à convaincre Ernst Luding, son entraîneur et mari – elle venait de l'épouser –, de la laisser se préparer pour disputer la compétition cycliste de vitesse sur piste aux Jeux d'été de Séoul la même année. L'époux se laissa convaincre – par crainte de disputes conjugales ? –, et elle s'adjugea la médaille d'argent en Corée du Sud.

Le chagrin d'Ekaterina Gordeeva

Dès la première adolescence, Ekaterina Gordeeva s'entraînait pour les compétitions de patinage artistique par couple avec Sergueï Grinkov. Le couple russe, qui représentait l'URSS, connut la consécration olympique en 1988, aux Jeux de Calgary, en remportant la médaille d'or. Bientôt, leur partenariat sur la glace se transforma en romance : tombés amoureux, Sergueï et Ekaterina se marièrent en avril 1990. Après plusieurs titres chez les professionnels, Ekaterina Gordeeva et Sergueï Grinkov obtinrent une nouvelle médaille d'or olympique, en 1994 à Lillehammer. Mais, en novembre 1995, ce fut le drame : Sergueï Grinkov décéda des suites d'une crise cardiaque. Ekaterina Gordeeva décida de continuer de patiner, seule. Avec d'autres patineurs, elle organisa le spectacle *Celebration of a Life*, destiné à rendre hommage à Sergueï Grinkov ; la prestation d'Ekaterina Gordeeva, poignante, fit pleurer dans les chaumières – le spectacle était retransmis par la télévision. Ekaterina Gordeeva publia un livre, *My Sergei : a Love Story*, retraçant leur romance. Mais le chagrin n'est pas éternel : en 2002, elle épousa un autre patineur artistique russe, Ilia Kulik, champion olympique en 1998 à Nagano.

Du rififi entre patineuses

Pour les médias, la compétition de patinage artistique des Jeux de Lillehammer, en 1994, devait se résumer à un duel entre les Américaines Nancy Kerrigan et Tonya Harding. Mais, six semaines avant la compétition, Nancy Kerrigan fut agressée par un « commando » et blessée au genou. Ce commando était dirigé par le mari et entraîneur de Tonya Harding. Cette dernière nia toute implication dans cette affaire. Faute de preuves, elle fut autorisée à participer aux Jeux : néanmoins, déconcentrée, Tonya Harding chuta à plusieurs reprises durant le programme libre et ne prit que la huitième place de la compétition remportée par la jeune Ukrainienne Oksana Baïul, surnommée le « Cygne d'Odessa », alors que Nancy Kerrigan, moins grièvement blessée qu'on ne le pensait, obtint la médaille d'argent.

La bonne étoile de Steven Bradbury

En 2002, à Salt Lake City, Steven Bradbury, vainqueur du 1 000 mètres en short-track, devint le premier Australien médaillé d'or à l'occasion des JO d'hiver. Il entrait ainsi dans l'histoire. Mais les conditions rocambolesques de son succès ont fait de lui une vedette mondiale, la vidéo de la finale de cette compétition étant un des standards des bêtisiers à la télévision. Pour commencer, il aurait dû être éliminé en quart de finale : troisième (seuls les deux premiers étaient qualifiés), il fut repêché à la suite de la disqualification, pour « contact illicite », du Canadien Marc Gagnon, initialement deuxième. Puis, en demi-finale, plusieurs de ses concurrents tombèrent lors d'un accrochage, ce qui lui ouvrit la voie de la finale. En finale, alors que ses quatre rivaux (l'Américain Apolo Anton Ohno, le Sud-Coréen Ahn Hyun-soo, le Chinois Li Jiajun, le Canadien Mathieu Turcotte) étaient au coude-à-coude, il naviguait loin derrière, à plusieurs mètres de la tête. Mais, dans le dernier virage, ces quatre hommes se percutèrent, et tous chutèrent sur la glace. Steven Bradbury, largement distancé, put éviter l'accident. Il franchit donc la ligne d'arrivée le premier et obtint la plus inattendue des médailles d'or.

La fin du « Yalta du patinage »

En 2002, aux Jeux d'hiver de Salt Lake City, la compétition de patinage artistique par couple se termina dans la confusion. Le couple russe Elena Berezhnaïa-Anton Sikharulidze fut couronné champion olympique (par 5 voix contre 4), et cela malgré une légère erreur commise lors de l'exécution de leur programme. Les Russes devançaient ainsi les Canadiens Jamie Salé-David Pelletier. Pour les spécialistes, la décision était discutable, mais guère plus scandaleuse que nombre d'autres résultats sujets à controverses par le passé. Mais les médias nord-américains s'emparèrent de l'affaire. Membre du jury, la Française Marie-Reine Le Gougne fut soupçonnée d'avoir subi des « pressions » pour voter en faveur des Russes. Afin que les Jeux retrouvent leur sérénité, Jacques Rogge, président du CIO, décida, sur proposition du président de la Fédération internationale de patinage (ISU) Ottavio Cinquanta, d'attribuer deux médailles d'or. Cette décision discutable et discutée aura le mérite d'obliger l'ISU à réformer complètement le système de notation. Il faut dire que, souvent, les juges rendaient leur verdict en privilégiant la notoriété des patineurs plutôt qu'en notant leur prestation du jour. De plus, un système de « renvoi d'ascenseur », connu sous l'expression « Yalta du patinage », s'était institué, système issu de la rivalité entre blocs de l'Est et de l'Ouest qui avait survécu à la chute du Mur de Berlin. À partir des années 1960, les juges de l'Est s'entendaient pour soutenir leurs représentants. À l'Ouest, on tarda à s'organiser, mais, sous l'impulsion de Carlo Fassi, qui entraîna notamment Peggy Fleming, John Curry et Robin Cousins, les Anglo-Saxons instituèrent à leur tour une « solidarité » autour de leurs représentants. Tout le monde s'arrangeait de la situation : les patineurs de l'Ouest trustaient les titres lors des compétitions individuelles ; ceux de l'Est s'imposaient en couple et en danse.

Zhang Hao balance sa partenaire dans la balustrade

Zhang Hao et Zhang Dan obtinrent la médaille d'argent dans la compétition de patinage artistique par couple aux JO d'hiver de Turin, en 2006. Mais une image reste dans les mémoires… Lors d'un quadruple saut lancé, la frêle Zhang Dan chuta lourdement et heurta la balustrade. Le programme du couple fut interrompu pendant de longues minutes, puis Zhang Dan, groggy, et Zhang Hao reprirent leur programme là où il s'était interrompu. Ce couple apportait à la Chine sa première médaille en patinage artistique dans l'histoire des Jeux. Pour Zhang Dan, ce fut la médaille du courage. Pour d'autres, ce fut une médaille imméritée, certains considérant que les Chinois n'auraient pas dû être autorisés à retourner sur la glace.

Sven Kramer se trompe de couloir

Le Néerlandais Sven Kramer fut, dans les années 2000-2010, un des meilleurs patineurs de vitesse sur les épreuves de longue distance (5 000 et 10 000 mètres). Il compte ainsi quatre médailles d'or olympiques, mais il devrait en posséder une cinquième, sans une incroyable bévue de son entraîneur aux Jeux de Vancouver, en 2010. En effet, déjà médaillé d'or sur 5 000 mètres durant ces Jeux, il réalisa le meilleur temps sur 10 000 mètres. Mais, aux 6 600 mètres, alors qu'il allait prendre le couloir extérieur, son entraîneur, Gerard Kemkers, distrait car il notait les temps de passage sur son calepin, lui indiqua qu'il devait prendre le couloir intérieur. Convaincu qu'il s'agissait de la bonne décision, Sven Kramer s'exécuta ; or, en entendant la réaction du public, il comprit instantanément que « quelque chose clochait ». De fait, Sven Kramer aurait bien dû prendre le couloir extérieur. Il continua sa course, terminée dans le temps remarquable de 12 min 54,50 s ; bien sûr, il fut immédiatement disqualifié, laissant la médaille d'or au Sud-Coréen Lee Seung-hoon (12 min 58,55 s), surpris de cette aubaine !

Kim Boutin doit fermer ses comptes sur les réseaux sociaux

Le chauvinisme est universel, et il provoque toujours les pires débordements. Ainsi, aux Jeux Olympiques d'hiver de PyeongChang, en 2018, le 500 mètres féminin de short-track se termina dans la polémique. L'Italienne Arianna Fontana devança l'idole du pays du Matin calme, Choi Min-jeong, ce qui constituait déjà une déception pour les Sud-Coréens. Pis ! Après examen de la vidéo, le jury disqualifia Choi Min-jeong, qui avait bousculé la Canadienne Kim Boutin. Le jugement était certes discutable, mais pas plus que d'autres décisions. Kim Boutin, initialement quatrième, récolta la médaille de bronze. Une médaille qui allait lui procurer bien des tourments : devant l'accumulation de messages agressifs et haineux, Kim Boutin dut fermer ses comptes sur les réseaux sociaux. Plus grave, elle reçut des menaces de mort, et les autorités lui fournirent une protection policière. Le CIO « invita fermement » le public à célébrer Kim Boutin comme il se doit lors de la cérémonie de remises des médailles. Obéissant, le public sud-coréen applaudit la Canadienne, qui fondit en larmes sur le podium.

Vaincu par un coup de patin

Le short-track est un sport où les chutes sont fréquentes. Néanmoins, la mésaventure du Français Thibaut Fauconnet aux Jeux de PyeongChang, en 2018, sort de l'ordinaire. Dans la finale du 1 500 mètres, alors qu'il se trouvait en quatrième position et semblait bien placé pour aller conquérir une médaille, il fut – involontairement – touché au visage par la lame du patin du Sud-Coréen Hwang Dae-heon, lui occasionnant une coupure au-dessus de la lèvre et provoquant sa chute. La blessure nécessitera des points de suture, ce qui n'est rien en regard de l'immense déception de Thibaut Fauconnet : « À deux tours de l'arrivée, je suis médaillé, et, deux tours après, je suis septième. Je ne fais rien de mal, ma course est parfaite. C'est une soirée presque parfaite. Il manque deux tours et j'y penserai toute ma vie, c'est con », résuma le patineur dijonnais.

Gabriella Papadakis a failli perdre sa robe

Gabriella Papadakis et Guillaume Cizeron briguaient la médaille d'or dans la compétition de danse sur glace des JO de PyeongChang, en 2018. Mais, dès le début du programme court, leurs espoirs s'envolèrent, ou presque, en raison d'un incident incroyable : le tour de cou qui retenait, avec deux fines bretelles, le haut à franges vert et jaune de la patineuse s'est détaché, laissant apparaître une partie de sa poitrine ! Durant toute leur prestation, les patineurs furent inquiets et décontenancés, mais il était impossible d'interrompre leur danse pour rattacher le tour de cou de Gabriella – le couple aurait écopé d'une pénalité de 5 points, rédhibitoire pour la médaille. Durant le *twizzle* (une série de pas tournants), le haut de la robe s'est ouvert, et Gabriella « pria » pour que cette robe ne tombe pas, craignant de finir dénudée devant les téléspectateurs du monde entier. Gabriella Papadakis, en larmes, déclara, à l'issue de cet improbable scénario, qu'elle avait vécu son pire cauchemar : « Le haut de ma robe s'est ouvert, je l'ai senti et j'ai juste continué à patiner, je n'avais pas le choix. J'ai prié pour que ça ne tombe pas... » Le lendemain, Gabriella Papadakis et Guillaume Cizeron obtiendront, à l'issue du programme libre, une magnifique médaille d'argent.

Pentathlon moderne

L’invention « militaire » du pentathlon moderne

Le pentathlon moderne fait partie du programme olympique depuis 1912. Comme beaucoup de nouveautés, sa création est due à Pierre de Coubertin. Mais il trouve son origine dans l’Antiquité, et il est lié au monde militaire. En effet, lors des Jeux Olympiques de la Grèce antique, le pentathlon (ou pentathle), inscrit au programme en 708 avant J.-C., était une compétition très importante. Les concurrents disputaient cinq épreuves : la course du stade (192,27 m), le saut en longueur, le lancer du disque, le lancer du javelot, et enfin la lutte. Pierre de Coubertin eut l’idée de faire renaître cette discipline ; s’il était un pacifiste, il avait forgé son caractère dans le traumatisme de la défaite de 1870, et conservait une admiration pour les militaires du XIXe siècle. Il imagina, en s’inspirant d’un récit du XIXe siècle, les difficultés que rencontrerait un jeune officier de cavalerie pour porter un message derrière les lignes ennemies : parti à cheval, il devrait affronter en duel à l’épée un soldat, puis se servir de son pistolet ; son cheval tué, il poursuivrait sa route en courant, avant de franchir à la nage une rivière pour terminer sa mission. Équitation, escrime, tir, course à pied et natation étaient donc les cinq sports composant le pentathlon moderne. Dans ses *Mémoires olympiques* (1931), Pierre de Coubertin revient sur la genèse du pentathlon moderne tout en déplorant que son idée originelle ait été dévoyée : « Cette fois, la grâce de l'Esprit-Saint sportif éclaira mes collègues [du CIO] et ils acceptèrent une épreuve [le pentathlon moderne] à laquelle j'attachais une grande valeur. Véritable sacrement de l'athlète complet, le pentathlon moderne devait comprendre : une course à pied, une course à cheval, une course de natation, un assaut d'épée et finalement une épreuve de tir à laquelle j'aurais préféré substituer une course à l'aviron, mais cela eût compliqué grandement l'organisation déjà passablement difficile. Le pentathlon moderne a, depuis lors, obtenu un succès croissant sans qu'aient jamais été réalisées mes intentions véritables : parcours inconnus du concurrent, épreuves se succédant presque sans intervalle, chevaux fournis par le pays organisateur et tirés au sort au dernier moment, voilà ce qui devait, à mon sens, donner à l'ensemble un caractère pédagogique de premier ordre. Une opposition de caste s'est perpétuellement dressée à l'encontre de cette manière de voir et elle a fini par amener les organisateurs actuels à l'oubli total du respect des principes posés par le créateur du pentathlon. »

Patton aux JO

George Patton, le général qui s'illustra lors de la Seconde Guerre mondiale, notamment à la tête de la 3e armée des États-Unis, participa aux Jeux Olympiques : en 1912, à Stockholm, il prit la cinquième place du pentathlon moderne. La performance mérite d'être soulignée, car Patton fut le seul « étranger » à s'intercaler entre six Suédois. George Patton aurait pu prétendre à une médaille, mais il échoua en raison d'une contre-performance… dans l'épreuve de tir, ce qui ne manque pas de sel pour un militaire : il rata en effet la cible lors d'un de ses tirs, et ne prit que la vingtième place dans cette compétition. Patton protesta, affirmant que la balle était passée par un trou déjà fait par un autre de ses projectiles, ce qui est peu plausible.

Du pentathlon aux Jeux d'hiver

Le pentathlon moderne est une discipline olympique des Jeux d'été depuis 1912. Or, à l'occasion des Jeux d'hiver de 1948, à Saint-Moritz, fut organisé un « pentathlon d'hiver » (considéré comme sport de démonstration). Les disciplines au programme étaient le ski de fond, le tir, le ski alpin (descente), l'escrime et l'équitation. Par rapport au pentathlon « d'été », le ski de fond et le ski alpin remplaçaient la course à pied et la natation. Ce pentathlon d'hiver vit un triomphe suédois, puisque le Suédois Gustaf Lindh s'imposa devant ses compatriotes William Grut et Bertil Haase. Détail amusant : quelques mois plus tard, William Grut obtiendra la médaille d'or dans le pentathlon moderne des Jeux d'été de Londres.

Le premier champion disqualifié pour dopage aurait bu deux bières

C'est en 1968, aux Jeux Olympiques de Grenoble et de Mexico, que les premiers contrôles antidopage officiels furent instaurés. Et le premier champion contrôlé positif fut le Suédois Hans-Gunnar Liljenwall, un spécialiste du pentathlon moderne, aux Jeux de Mexico. Il fut convaincu de dopage en raison de traces excessives d'alcool dans ses urines. Il déclara avoir bu deux bières afin d'évacuer la tension nerveuse. Hans-Gunnar Liljenwall fut le premier d'une trop longue liste de dopés, et le premier à avancer une explication fumeuse… Sa faute semble pourtant aujourd'hui bien vénielle, à l'heure de l'EPO et de l'hormone de croissance…

L'épée truquée de Boris Onischenko

Le magazine *The Observer* a établi le classement des plus grands tricheurs de l'histoire du sport. À la première place figure le champion soviétique de pentathlon moderne Boris Onischenko. Il a obtenu cette « distinction » pour son comportement aux Jeux de Montréal, en 1976 : lors de la compétition par équipes, il avait truqué le système électrique de son épée. Boris Onischenko avait installé un système équivalant à un interrupteur, placé sous le grip de la poignée, qui lui permettait de faire allumer la table de marque sans exercer de pression sur la pointe de l'arme, et donc sans toucher l'adversaire. L'équipe de Grande-Bretagne remarqua que, dans l'assaut opposant Boris Onischenko à Jim Fox, l'épée du Soviétique avait allumé la table de marque alors que, visiblement, Fox n'avait pas été touché. Elle porta réclamation ; la supercherie fut découverte. L'équipe d'URSS fut disqualifiée ; Boris Onischenko fut mis à la porte de son hôtel par ses propres coéquipiers soviétiques ! Il fut aussitôt banni de la famille olympique. Boris Onischenko, lieutenant-colonel du KGB, sera déchu de son poste par Leonid Brejnev lui-même et, selon certaines sources, envoyé dans un goulag de Sibérie – cette dernière information n'est pas confirmée, mais on a perdu la trace de Boris Onischenko.

Rugby

Supprimé du programme olympique pour cause de chauvinisme

Le rugby, alors sport confidentiel, fit néanmoins partie du programme olympique en 1900, 1908, 1920 et 1924. En 1924, à Paris, trois formations prirent part à la compétition, la France, la Roumanie et les États-Unis. Après que la France (61 points à 3) et les États-Unis (37 points à 0) eurent étrillé la Roumanie, le match décisif opposait, le 18 mai, la France aux États-Unis. Les spectateurs gagnèrent en masse le stade de Colombes : ils furent 20 000. Le XV de France comptait dans ses rangs quelques joueurs de grand talent, tels que le trois-quarts aile Adolphe Jauréguy, le trois-quarts centre André Béhotéguy ou l'arrière René Lasserre. Les États-Unis, pour composer leur équipe, avaient recruté des joueurs de football américain, des costauds qui pour la plupart n'avaient jamais disputé le moindre match de rugby et s'étaient initiés à la va-vite en Angleterre. La rencontre se transforma en affrontement plus que rugueux : Jacques Mortane, journaliste au *Petit Journal illustré*, évoqua « une lugubre et décevante parodie de match ». Henry de Montherlant en fit un compte rendu aussi lyrique que désenchanté : « J'ai assisté à plus de cent cinquante corridas, je n'en ai pas vu une seule où, en une heure et demie, trois hommes aient été emportés sur la civière. Virilité pour une minorité avertie, violence pour la majorité… Les Français, à l'instar de Jauréguy et Vaysse, explosaient sous les charges de ces puissants adversaires que nos joueurs avaient parfaitement sous-estimés. Et ce qui devait arriver arriva, au fur et à mesure que le score gonflait en faveur des adeptes du football américain, dans les tribunes garnies par vingt mille spectateurs : la haine du plus faible contre le plus fort monta. » « C'est ce qu'on peut faire de mieux sans couteaux, ni revolvers », dit Allan Henry Muhr, citoyen des États-Unis mais international français. Les Américains s'imposèrent, 17 points à 3. Au terme du match, les spectateurs envahirent le terrain, les Américains furent insultés, la bannière étoilée fut lacérée. « La France sent renaître en elle une vigoureuse xénophobie », écrivit Montherlant. Ce match violent et, surtout, le chauvinisme du public français eurent une lourde conséquence : le rugby fut rayé du programme olympique pour près d'un siècle ; on ne le reverra aux Jeux qu'en 2016, sous sa forme à sept.

Ski et snowboard

Anders Haugen, quatrième en 1924, médaillé en 1974 !

La compétition de saut à skis des Jeux d'hiver de Chamonix, en 1924, couronna la Norvège. En effet, Jacob Tullin Thams, Narve Bonna et Thorleif Haug, trois Norvégiens, occupèrent les trois places sur le podium, dans cet ordre, l'Américain Anders Haugen se classant quatrième. Or, bien des années plus tard, une erreur de notation fut mise au jour par l'historien du sport norvégien Jakob Vaage, prouvant qu'Anders Haugen aurait dû être classé devant Thorleif Haug. Le CIO rectifia donc le classement... en 1974 ! Anders Haugen fut ainsi médaillé olympique un demi-siècle après la compétition. Âgé de 86 ans, il se rendit en Norvège pour recevoir sa médaille de bronze des mains de la fille de Thorleif Haug. Une jolie histoire olympique...

Une épreuve de patrouille militaire

Le biathlon, discipline mariant ski de fond et tir, a intégré le programme des JO d'hiver en 1960 à Squaw Valley. Mais il avait un ancêtre : la « patrouille militaire ». En effet, aux Jeux Olympiques, en 1924, eut lieu une compétition de « ski militaire » ou « course de la patrouille militaire ». Chaque patrouille comptait quatre membres (un officier, un sous-officier et deux soldats). Les compétiteurs portaient des carabines, sauf l'officier qui avait un pistolet. Ils transportaient tous (hormis l'officier) des sacs à dos qui devaient peser au moins 24 kg. Les équipes devaient accomplir un parcours de ski de fond de 30 kilomètres, et les concurrents tirer 18 balles à 250 mètres sur silhouette. L'équipe de Suisse, qui réussit 8 tirs, s'imposa devant la Finlande, dont les concurrents furent pourtant plus précis au tir (11 tirs réussis), mais moins rapides sur les skis. L'équipe de France, conduite par Camille Mandrillon, adjudant dans les chasseurs alpins et qui avait prononcé le serment des athlètes lors de la cérémonie d'ouverture de ces Jeux, ne se classa que troisième, les Français se montrant assez maladroits au tir (seulement 2 tirs réussis). L'épreuve de patrouille militaire sera encore « sport de démonstration » aux Jeux Olympiques d'hiver en 1928, 1936 et 1948.

Pourquoi le blanc a longtemps été la couleur des skieurs de fond suédois

Le drapeau suédois est bleu avec une croix jaune. Aussi les skieurs de fond suédois portaient traditionnellement une tenue bleue. Or, pour les Jeux de Saint-Moritz en 1928, le skieur de fond Per-Erik Hedlund s'était fait confectionner une tenue blanche, plus légère que la tenue bleue officielle de la délégation suédoise ; mais, comme on ne badine pas avec les couleurs nationales, les dirigeants de l'équipe olympique de Suède menacèrent de l'exclure de la compétition s'il persistait à vouloir skier dans sa tenue blanche ; Per-Erik Hedlund ne plia pas, et il prit le départ du 50 kilomètres avec cette tenue blanche et un bonnet rouge. Finalement, dans cette épreuve rendue très difficile par le soleil qui chauffait et transformait peu à peu la lourde neige en eau boueuse, sa tenue blanche et légère constitua un avantage : il s'imposa avec plus de 13 minutes d'avance sur ses compatriotes Gustaf Jonsson et Volger Andersson. Pour célébrer son exploit, la Suède décida que ses skieurs de fond porteraient désormais une tenue blanche alors que, dans tous les autres sports, les Suédois évoluent avec une tenue bleu et jaune. Cette tradition perdura jusqu'aux années 2000.

Pas de moniteurs de ski aux Jeux de Garmisch-Partenkirchen

Le ski alpin, aujourd'hui discipline reine des Jeux d'hiver, ne fit son entrée au programme olympique qu'en 1936, à Garmisch-Partenkirchen, sous la forme d'un combiné. Mais cette épreuve donna lieu à une polémique : le CIO, considérant les moniteurs de ski comme des « professionnels », leur interdit d'y prendre part. De ce fait, Suisses et Autrichiens la boycottèrent (quelques Autrichiens furent néanmoins au départ, sous les couleurs de l'Allemagne).

Il termine la descente avec près de 18 minutes de retard

À Garmisch-Partenkirchen, en 1936, quatre-vingts concurrents étaient au départ de la descente du combiné alpin, dont quatre Turcs peu expérimentés. Ainsi, alors que le Norvégien Birger Ruud (finalement quatrième du combiné après le slalom) s'imposa en 4 min 47,4 s, le Turc Resat Erces dévala la piste en... 22 min 44,4 s, soit avec près de 18 minutes de retard sur Birger Ruud. Mais, paraît-il, l'essentiel est de participer...

Toni Sailer doit réparer son matériel juste avant la descente

L'Autrichien Toni Sailer, surnommé l'« Éclair noir de Kitz », entra dans la légende du ski alpin en remportant les trois médailles d'or attribuées aux Jeux Olympiques de Cortina d'Ampezzo, en 1956. Il gagna d'abord le slalom géant, en terrassant ses compatriotes Anderl Molterer (deuxième à 6,2 s) et Walter Schuster (troisième à 7,1 s). Puis il gagna le slalom spécial – une épreuve qui dura près de 5 heures (108 concurrents y participaient). Enfin, pour devenir le héros que l'Autriche encore meurtrie par la guerre se cherchait, il lui fallait remporter la descente. Or, un quart d'heure avant d'affronter la pente, Sailer constata qu'une des lanières qui fixent la chaussure au ski s'était rompue ; l'entraîneur de l'équipe italienne, Hans Senger, lui en prêta une. Malgré cette réparation de fortune, l'« Éclair noir de Kitz » prit tous les risques sur la redoutable piste de la Tofane. Il faillit tomber, mais rétablit la situation et s'imposa nettement, devant le Suisse Raymond Fellay (à 3,5 s). Une idole olympique était née grâce au bricolage.

Ils participent au biathlon sans vraiment savoir tirer

En 1960, aux JO d'hiver de Squaw Valley, le biathlon, discipline mariant ski de fond et tir, faisait son entrée au programme. Le Suédois Klas Lestander – un tireur hors pair (il fut le seul à abattre les 20 cibles) – devint le premier champion olympique de la discipline. Les Français Victor Arbez et René Mercier, de bons skieurs de fond, furent inscrits un peu contre leur gré pour participer à cette nouvelle épreuve. Victor Arbez et René Mercier réalisèrent les meilleurs temps de ski, mais ils étaient peu habitués à tirer, notamment avec les armes de guerre fournies par les organisateurs, alors qu'ils s'étaient exercés avec un fusil Remington. René Mercier manqua 15 des 20 cibles et se classa vingt-deuxième. Victor Arbez rata 18 des 20 cibles et fut rejeté à la vingt-cinquième place.

Trois vainqueurs successifs pour le slalom à Grenoble

Le slalom spécial des Jeux de Grenoble, en 1968, se termina dans la confusion. Le Français Jean-Claude Killy, déjà vainqueur de la descente et du slalom géant, ambitionnait de remporter également le slalom spécial, pour réaliser un fabuleux « grand chelem ». À la surprise générale, le Norvégien Håkon Mjøen se trouvait en tête à l'issue des deux manches, privant Killy de son rêve. Mais il fut très vite prouvé que Mjøen avait manqué deux portes, et il fut disqualifié. La victoire revint alors à l'Autrichien

Karl Schranz. Pourtant, ce dernier n'avait pas réussi à terminer la seconde manche ; mais un contrôleur de piste mal placé l'avait gêné, et Schranz avait été autorisé à prendre un nouveau départ. Dernier rebondissement : il s'avéra que, avant l'incident invoqué par Schranz, celui-ci avait manqué deux portes ; il fut lui aussi disqualifié. La délégation autrichienne protesta, les juges de portes témoignèrent, toutes les images furent examinées en détail ; en soirée, vers 19 h 45, le jury d'appel confirma le verdict ; Killy fut déclaré vainqueur.

Des touristes perturbent les courses de ski de fond à Innsbruck

Quand on connaît la rigueur autrichienne, on peut s'étonner des contrôles très aléatoires mis en œuvre le long des pistes de ski de fond aux Jeux Olympiques d'Innsbruck, en 1976. Tout d'abord, dans le 15 kilomètres, le 8 février, le Finlandais Arto Koivisto, qui était en bonne place pour la victoire, eut la désagréable surprise, alors qu'il se trouvait dans une partie descendante, de croiser un touriste qui skiait sur la piste olympique : il se jeta à terre pour éviter la collision ; il parvint à repartir, mais, avec le temps perdu dans l'affaire, il ne fut plus en mesure de lutter pour l'or, et il lui fallut se contenter de la médaille de bronze. Quatre jours plus tard, à l'occasion du relais 4 fois 10 kilomètres, on s'aperçut que la leçon n'avait pas été retenue. En effet, Axel Lesser, deuxième relayeur est-allemand, dépassa son rival suédois et se porta en tête. Dès lors, l'équipe de RDA, championne du monde en 1974, semblait déjà voler vers la victoire. Or, à mi-parcours, Axel Lesser heurta… une touriste qui skiait sur la piste olympique ! Blessé au genou, Axel Lesser ne fut pas en mesure de poursuivre sa course. Cet abandon provoqua de vives réactions est-allemandes.

Le dénouement du 15 kilomètres de ski de fond conduit à changer le règlement

Aux Jeux de Lake Placid, en 1980, le 15 kilomètres de ski de fond donna lieu à une des courses les plus intenses de l'histoire et, surtout, la plus serrée. Le duel entre le Suédois Thomas Wassberg et le Finlandais Juha Mieto restera dans les mémoires, et son dénouement va provoquer un changement de règlement. Juha Mieto s'élançait en cinquante-quatrième position, Thomas Wassberg en soixante-troisième et dernière position. Juha Mieto prit un bon départ, mais Thomas Wassberg, calé dans les pas du meilleur Norvégien, Ove Aunli, qu'il rattrapa au bout de 5 kilomètres, partit encore plus vite. Aux 10 kilomètres, Wassberg comptait 4,8 secondes d'avance sur Mieto. Mieto força l'allure, termina la course en en 41 min 57,64 s, améliorant de 36 secondes la performance du leader provisoire, le Soviétique Nikolaï Zimyatov. Wassberg, qui skiait toujours en compagnie d'Aunli, apprit, à 500 mètres du but, qu'il avait faibli mais comptait toujours 1 seconde d'avance sur Mieto ; il puisa dans ses réserves, et termina la course en 41 min 57,63 s : pour 1 centième de seconde, il s'emparait de la médaille d'or aux dépens de Mieto ! Or, malgré toutes les technologies de pointe, il est impossible, en ski de fond, de départager les concurrents au centième de seconde. Wassberg proposa à Mieto de couper leurs médailles en deux parties, puis de les fondre ensemble en une médaille mixte or-argent. Mieto le remercia poliment, mais il refusa l'idée. Néanmoins, après cet épisode, la Fédération internationale de ski décida que tous les temps des courses de ski de fond seraient désormais arrondis au dixième de seconde le plus proche, et abandonna le chronométrage au centième de seconde.

Disqualification de l'antépénultième

La Mongolie envoya pour la première fois une délégation aux Jeux d'hiver en 1964. La Mongolie sera dès lors régulièrement présente aux Jeux d'hiver, avec des délégations réduites et des ambitions modestes. Ainsi, en 1984, à Sarajevo, quatre skieurs de fond mongols participèrent aux compétitions, bien sûr sans réaliser de grandes performances : le meilleur résultat fut la cinquante-cinquième place obtenue par Luvsandashiin Dorj dans le 30 kilomètres. En outre, l'équipe de Mongolie, classée quinzième (sur 17) dans le relais 4 fois 10 kilomètres, fut privée de cette belle antépénultième place, car un des concurrents, Purejval Batsukh, fut convaincu de dopage aux anabolisants !

On craint qu'un skieur de fond mexicain se soit perdu

Le 50 kilomètres de ski de fond des JO de Calgary, en 1988, fut remporté par le Suédois Gunde Svan, en 2 h 4 min 30,9 s. Le Mongol Battulga Dambajamtsyn se classa soixantième, en 2 h 30 min 33,7 s, bouclant donc le parcours avec presque une demi-heure de retard sur le vainqueur. Mais un concurrent restait encore en piste : le Mexicain Roberto Ado Alvárez-Hojel. Les minutes s'égrenaient, et il n'apparaissait toujours pas. Aussi, les organisateurs, craignant qu'il ne se fût perdu, envoyèrent plusieurs personnes à sa recherche. Le Mexicain ne s'était pas égaré… Il boucla finalement ce 50 kilomètres en 3 h 22 min 25,1 s, arrivant près d'une heure après l'avant-dernier.

« Eddie the Eagle » provoque un changement de règlement

Michael Edwards fut, en 1988 à Calgary, le premier Britannique à participer aux compétitions olympiques de saut à skis. Ses performances s'avérèrent très médiocres : 57,5 points sur le grand tremplin quand l'avant-dernier totalisait 110,8 points ! Le triste spectacle de ce sauteur à skis, bientôt surnommé « Eddie the Eagle », quasi incapable de décoller, courrouça les dirigeants olympiques. Aussi CIO établit-il une règle : *The Eddie the Eagle Rule*. Celle-ci stipule qu'il faut s'être classé au moins une fois dans les trente premiers d'une compétition internationale pour être autorisé à participer aux Jeux. Par ailleurs, l'épopée de Michael Edwards, qui devint une célébrité, fit l'objet d'un film en 2016 : *Eddie the Eagle*, réalisé par Dexter Fletcher.

La « Mama » de « la Bomba »

Le skieur italien Alberto Tomba, surnommé « la Bomba » en raison de son caractère exubérant, remporta trois médailles d'or et deux médailles d'argent aux Jeux Olympiques, dans les épreuves techniques (or en slalom et en slalom géant en 1988 ; or en slalom géant et argent en slalom en 1992 ; argent en slalom en 1994). Mais il ne gagna qu'une seule fois la Coupe du monde (1995), car il refusait de participer aux épreuves de vitesse (descente et super-géant) pour « ne pas faire peur à [sa] mère », selon ses dires. En Italie, la « Mama » peut faire plier la « Bomba ».

Un dépassement en pleine piste dans le slalom géant d'Albertville !

Lors des JO d'Albertville, en 1992, le slalom géant donna lieu à une scène inédite. Les derniers concurrents s'élançaient toutes les 40 secondes. Ainsi, le Libanais Raymond Kayrouz fut le 129e à prendre le départ. Or il se montra fort lent ; aussi, le Marocain El Hassan Mahta, parti en 130e position… le rattrapa et le doubla sur la piste. Finalement, les deux concurrents furent disqualifiés car chacun avait manqué une porte ! Néanmoins, cette scène étonnante provoqua un changement de réglementation : désormais, pour pouvoir participer aux Jeux, un concurrent aura dû réaliser auparavant des performances répondant à des normes minimales de qualification. L'universalité olympique s'en trouva brisée, mais il n'est toujours pas officiellement interdit de doubler un skieur trop lent sur la piste en slalom géant – bien sûr, cela ne se produit plus jamais.

Tae Satoya oublie d'ôter sa casquette

Jamais une Japonaise n'avait été médaillée d'or aux Jeux d'hiver. Tae Satoya brisa cette malédiction en remportant la compétition de ski de bosses aux Jeux Olympiques d'hiver de Nagano, en 1998. Le succès de la jeune Tae Satoya provoqua l'enthousiasme au pays du Soleil levant. Un enthousiasme douché le soir même : sur le podium, Tae Satoya oublia d'ôter sa casquette quand retentit l'hymne national, ce qui provoqua une vague de réprobations au Japon. Le public lui pardonnera rapidement cet oubli, et Tae Satoya deviendra une véritable idole, un statut qui lui vaudra même d'apparaître dans des mangas.

Le vendredi 13 d'Hermann Maier

Les JO de Nagano, en 1998, furent largement perturbés par les caprices de la météo : le journaliste Pierre Fulla, annonçant jour après jour « Ici à Nagano... il ne se passe rien », connaîtra même une inattendue notoriété de ce fait (les Guignols de l'info créeront même sa marionnette). Ainsi, la descente masculine, prévue le 8 février, fut reportée plusieurs fois. Elle eut finalement lieu le 13 février, un vendredi – est-ce bien raisonnable quand on connaît la superstition des sportifs ? En outre, l'une des portes avait été légèrement déplacée. Aussi, le grand favori, l'Autrichien Hermann Maier, dossard numéro 4,

« s'envola » après moins de 20 secondes de course : un virage manqué, et le colosse rebondit dans la neige épaisse ; les trois filets de protection cédèrent. On craignit le pire, mais, quelques secondes après sa chute spectaculaire, le skieur se releva, tout juste contusionné. Trois jours plus tard, malgré cet accident, il se trouva au départ du super-géant, et il remporta la médaille d'or. Grand sentimental, il offrit son bouquet de fleurs du vainqueur à sa petite amie, Petra.

Ross Rebagliati et le cannabis

Le Canadien Ross Rebagliati marqua doublement l'histoire du sport aux Jeux Olympiques de Nagano, en 1998. Cette année-là, le snowboard était pour la première fois inscrit au programme : vainqueur du slalom géant, il inaugura donc le palmarès. Pourtant, sa médaille lui fut immédiatement retirée, après un contrôle positif au cannabis ; mais on la lui rendit dans la foulée, car le cannabis n'était pas une substance formellement interdite par le CIO ! En outre, le cannabis continua de lui réussir : en 2013, il fonda une société de production de cannabis thérapeutique. Par la suite, il milita pour que la consommation de cannabis fût dépénalisée au Canada – ce sera chose faite en octobre 2018.

Le « grab » qui tue de Lindsey Jacobellis

La compétition féminine de snowboardcross des Jeux d'hiver de Turin, en 2006, se termina par un coup de théâtre. L'Américaine Lindsey Jacobellis, largement en tête, décida de « faire le show » – le snowboard est un sport *fun*, ne l'oublions pas. Pour ajouter de l'éclat à son triomphe, elle pimenta son dernier saut d'un « grab », une figure qui consiste à saisir sa planche d'une main, et... elle se cassa la figure, laissant la médaille d'or à la Suissesse Tanja Frieden, toute surprise de ce dénouement.

Échange médaille contre sirop d'érable

À Turin, en 2006, durant la compétition féminine de sprint par équipes en ski de fond, la Canadienne Sara Renner brisa son bâton. L'entraîneur de l'équipe norvégienne, Bjornar Hakensmoen, lui donna un bâton de rechange pour lui permettre de ne pas abandonner. Or le duo canadien, composé de Sara Renner et Beckie Scott, obtint la médaille d'argent, tandis que les Norvégiennes ne se classèrent que quatrièmes. En remerciement et en compensation, Sara Renner offrira une bouteille de vin à Bjornar Hakensmoen, alors qu'un homme d'affaires canadien fera parvenir 8000 cannettes de sirop d'érable au Comité olympique norvégien.

La médaille du courage d'Anja Pärson

Aux Jeux Olympiques de Vancouver, en 2010, à Whistler Creekside, la piste de Franz, théâtre de la descente féminine, était très difficile; de plus, le jour de l'épreuve, cette piste bosselée était verglacée. Aussi, de nombreuses skieuses chutèrent lourdement. Ainsi, la Suédoise Anja Pärson « décolla » sur une bosse et, après un saut de 60 mètres, elle tomba lourdement sur le dos:

elle souffrait de contusions sur la jambe gauche et sur la cuisse. Pourtant, dès le lendemain, elle s'aligna dans le super-combiné, dont elle était une des favorites : elle prit la troisième place de l'épreuve remportée l'Allemande Maria Riesch. Nul doute : pour la skieuse meurtrie dans sa chair, il s'agissait de la « médaille du courage ».

L'injustice faite à Marion Rolland

Les images sont parfois cruelles, surtout quand elles sont diffusées en mondovision. Ainsi, aux Jeux Olympiques de Vancouver, en 2010, la Française Marion Rolland a sans doute fait rire des millions de téléspectateurs à l'occasion de la descente : une faute de carre en ouvrant le portillon, et ce fut la chute. En quelques secondes, quatre années de travail furent réduites à néant ; la vidéo de sa mésaventure fit le tour du monde, et Marion Rolland fut l'objet de nombreuses moqueries. Ce que chacun ignorait, c'est que cette chute ridicule, apparemment bénigne, ne l'était pas : le genou gauche de Marion Rolland avait lâché, et la skieuse souffrait d'une rupture des ligaments croisés. Gravement blessée et profondément vexée, Marion Rolland parvint néanmoins à se reconstruire, et elle prit une éclatante revanche en 2013 : elle remporta la descente des Championnats du monde de Schladming (Autriche).

« La Panthère des neiges »

À Vancouver, en 2010, Kwame Nkrumah-Acheampong devint le premier Ghanéen à participer aux Jeux Olympiques d'hiver. Étudiant en Grande-Bretagne, il y découvrit le ski en travaillant dans la station de ski indoor de Milton Keynes. Kwame Nkrumah-Acheampong aurait déjà pu participer aux Jeux d'hiver en 2006 à Turin, mais, alors qu'il devait disputer une épreuve de qualification, il égara tout son matériel de ski, et dut renoncer aux Jeux. Néanmoins, son épopée attira les sponsors, notamment EasyJet, qui finança dès lors sa préparation. Les médias surnommèrent cet étonnant skieur « la Panthère des neiges ». À l'approche des JO de 2010, il commanda une combinaison de ski tachetée, créée spécialement pour les Jeux, afin de « coller » à son surnom... et de satisfaire son sponsor. Finalement, il se classa avant-dernier du slalom, à plus de 43 secondes du vainqueur, l'Italien Giuliano Razzoli. Néanmoins, il devançait l'Albanais Erjon Tola, qui avait manqué une porte et avait remonté la piste pour franchir ladite porte dans le bon sens. Kwame Nkrumah-Acheampong pouvait donc fièrement déclarer à la presse : « Je ne suis pas dernier, c'est fantastique ! »

Une originale demande en mariage

Aux Jeux d'hiver de Vancouver, en 2010, l'Américain Bill Demong remporta la compétition de combiné nordique au grand tremplin, causant la surprise. Il prit d'abord la sixième place de l'épreuve de saut à skis en bénéficiant d'un avantage certain : tous les grands favoris sautèrent après lui, alors que le vent s'était levé et soufflait en rafale, ce qui leur ôta toute chance de médaille (le Norvégien Magnus Moan fut vingt-huitième, le Français Jason Lamy-Chappuis vingt-neuvième). Puis, dans l'épreuve de ski de fond, Bill Demong dépassa les cinq concurrents qui partaient devant lui, et il s'imposa devant son compatriote Johnny Spillane. Après la cérémonie de remise des médailles, ce dernier lui souffla une idée : demander sa fiancée en mariage. En présence de tous ses coéquipiers et des entraîneurs, au siège de l'équipe américaine à Vancouver, Bill Demong demanda sa main à Katie Koczynski. Ouf ! Elle répondit oui. Ce 28 février 2010 fut réellement un grand jour pour Bill Demong, puisqu'il fut aussi désigné porte-drapeau de l'équipe des États-Unis pour la cérémonie de clôture des Jeux de Vancouver. Bill Demong et Katie Koczynski se marièrent en juillet 2010.

L'épopée des sœurs Dufour-Lapointe

Les exploits familiaux ne sont pas rares aux Jeux Olympiques. Les sœurs Dufour-Lapointe, championnes de ski freestyle, en fournissent un exemple : aux Jeux d'hiver de Sotchi, en 2014, Justine Dufour-Lapointe (20 ans) remporta l'épreuve des bosses, devant Chloé Dufour-Lapointe (23 ans). En outre, une troisième sœur Dufour-Lapointe participait aussi à ces Jeux d'hiver, l'aînée, Maxime (25 ans), qui fut éliminée en demi-finale. Ainsi, la benjamine devança la cadette, alors que l'aînée ne participa même pas à la finale...

Emil Svendsen oublie d'ouvrir le dioptre de sa carabine

Aux Jeux de Sotchi, en 2014, le relais 4 fois 7,5 kilomètres de biathlon masculin se termina par un incroyable retournement de situation. Dernier relayeur norvégien, le double champion olympique Emil Svendsen se présenta en tête pour son ultime tir, mais il oublia d'ouvrir le dioptre de sa carabine et garda donc le viseur obstrué. Déstabilisé, il rata quatre cibles, et laissa filer ses trois rivaux et les médailles.

La jolie bourde de Lara Gut

La Suissesse Lara Gut obtint la médaille de bronze dans la descente à Sotchi, en 2014. Heureuse et généreuse, elle publia un tweet dans lequel elle promettait de mettre rapidement aux enchères son casque sur eBay, au profit d'une association humanitaire. Or, durant les Jeux, les sportifs ont l'interdiction de faire de la publicité sur les réseaux sociaux. Le CIO, inflexible et moins généreux qu'elle, lui rappela le règlement, avec menace de disqualification !

Elle conserve son masque durant la conférence de presse

Le succès de la Tchèque Ester Ledecká dans le super-géant alpin aux Jeux Olympiques d'hiver de PyeongChang, en 2018, constitua une des plus grandes surprises de l'histoire des Jeux. En effet, Ester Ledecká est avant tout une championne de snowboard, et elle ne participait à des épreuves de ski alpin qu'en dilettante. Quand elle prit le départ du super-géant, avec son dossard numéro 26, équipée de skis Atomic que lui avait prêtés l'Américaine Mikaela Shiffrin, chacun félicitait déjà l'Autrichienne Anna Fenninger-Veith pour sa médaille d'or. La surprise fut donc totale quand s'afficha le temps d'Ester Ledecká, qui améliorait la performance de l'Autrichienne d'un centième de seconde ; durant de longues secondes, les bras ballants, la jeune Tchèque fixa le tableau d'affichage, incrédule, pensant à une erreur de chronométrage. Bien sûr, sa victoire fut confirmée… mais son titre aurait pu être remis en cause durant la conférence de presse ! Ester Ledecká se présenta en effet devant les journalistes sans ôter son masque de ski : « Je ne l'enlève pas, car c'est mon sponsor », déclara-t-elle. Or elle se rendit vite compte de son erreur, car le règlement olympique interdit d'afficher ainsi son sponsor personnel. Ester Ledecká rectifia le tir, ajoutant, tout sourire : « Non, en fait, je ne pensais pas être à la conférence de presse et, comme je ne suis pas maquillée, je garde mon masque… » On n'est pas obligé de la croire… Quelques jours plus tard, elle remporta une seconde médaille d'or, dans le slalom géant de snowboard, une épreuve dont elle était la favorite. Une nouvelle fois, elle se présenta devant la presse en portant son masque. Et elle évoqua encore son maquillage : « Il fallait déjà que je me lève tôt. Alors, me lever encore plus tôt pour me maquiller, ça n'aurait pas eu de sens », a-t-elle expliqué. On n'est toujours pas obligé de la croire…

Pierre Vaultier fut-il couronné en 2018 car le jury ignorait le règlement ?

Champion olympique de snowboardcross en 2014 à Sotchi, le Français Pierre Vaultier a réédité son exploit aux Jeux de PyeongChang, en 2018, à l'issue d'un scénario rocambolesque et inédit. En effet, en demi-finale, l'Australien Jarryd Hughes prit une mauvaise ligne dans un virage, ce qui provoqua la chute de tous les concurrents. Pierre Vaultier déchaussa ; il parvint néanmoins à remettre sa fixation, et termina troisième, se qualifiant par miracle pour la finale, qu'il allait remporter haut la main. On peut vraiment parler de « miracle », car, dans le règlement, un point indique que tout concurrent qui déchausse est disqualifié : il n'aurait donc pas dû être autorisé à prendre le départ de la finale. Mais tout le monde ignorait ce point réglementaire… Et un autre article du règlement indique que, une fois le classement validé par le jury, celui-ci est définitif. De ce fait, Pierre Vaultier ne pouvait plus être disqualifié.

La skieuse de fond se trompe de piste à PyeongChang

La dernière épreuve des Jeux Olympiques d'hiver de PyeongChang, en 2018, le 30 kilomètres de ski de fond style

classique féminin, se termina en beauté, puisqu'il vit le triomphe de la Norvégienne Marit Bjørgen, qui s'adjugeait sa quinzième médaille olympique, ce qui constituait le record absolu pour les Jeux d'hiver. Mais il s'acheva aussi par la déconfiture de l'Autrichienne Teresa Stadlober. À 25 ans, cette dernière s'apprêtait à réaliser l'exploit de sa vie : en effet, alors qu'elle n'avait jamais réussi de grande performance aux Jeux ou aux Championnats du monde, elle luttait avec la Finlandaise Krista Pärmäkoski pour conquérir la médaille d'argent ; à 10 kilomètres de l'arrivée, elle accéléra... et se trompa de piste. Quand elle se rendit compte de sa bévue, elle fit bien sûr demi-tour, mais elle avait parcouru de ce fait un demi-kilomètre de plus que ses rivales. De retour sur la bonne piste, elle termina l'épreuve à la neuvième place !

Taekwondo

Le taekwondoïste frappe l'arbitre !

Aux Jeux de Pékin, en 2008, en taekwondo, le combat pour la médaille de bronze dans la catégorie des moins de 80 kg se termina dans la plus grande confusion. Le Cubain Ángel Matos menait 3 points à 2 face au Kazakh Arman Chilmanov. Blessé à un orteil, Ángel Matos se fit soigner. Au bout de la minute réglementaire réservée à l'intervention du médecin, l'arbitre perdit patience et disqualifia le Cubain. Le sang de ce dernier ne fit qu'un tour, et il envoya un coup de pied aussi soudain que violent au visage de l'arbitre. Ángel Matos fut banni à vie de toute compétition internationale pour « violation caractérisée de l'esprit du taekwondo et des Jeux Olympiques ».

La belle histoire d'Ahmad Abughaush

Le sport fournit l'occasion de belles histoires, et celle d'Ahmad Abughaush en est une. Ahmad Abughaush, né en Palestine, dut fuir la guerre alors qu'il était enfant pour gagner un camp de réfugiés en Jordanie en compagnie de ses grands-parents. Et il offrit une grande joie à sa terre d'accueil. En effet, si la Jordanie participe aux JO depuis 1980, ce pays n'avait jamais obtenu de médaille. Aux Jeux de Rio, en 2016, le champion de taekwondo Ahmad Abughaush combla cette lacune en remportant l'or dans la catégorie des moins de 68 kg.

Tennis

La compétition de courte-paume annulée faute de concurrents

Des Championnats de « longue-paume » et de « courte-paume » – le jeu de paume est un ancêtre du tennis – figuraient au programme des Jeux de Paris, en 1900. Il semble que le Championnat de longue-paume, organisé sur le terrain de la Société de longue-paume de Paris, au jardin du Luxembourg, connut un petit succès, puisque les quatre concours réunirent quinze équipes de première catégorie (8 en parties à terrer, 7 en parties à enlever) et quatorze équipes de deuxième catégorie (7 en parties à terrer, 7 en parties à enlever). La Société de longue-paume de Paris domina les compétitions, s'imposant dans la partie à enlever en première catégorie, dans la partie à enlever et dans la partie à terrer en deuxième catégorie ; enfin, la Société des paumistes du Valenciennois remporta la partie à terrer en première catégorie. En revanche, le Championnat de courte-paume, qui devait avoir lieu au Jeu de Paume du jardin des Tuileries, fut annulé, car aucun concurrent ne s'était inscrit ! Néanmoins, les organisateurs de l'Exposition universelle, ne voulant pas « que ce jeu si français ne fût pas encouragé comme les autres », attribuèrent un prix de 300 francs à la Société du Jeu de Paume... lequel ne lui fut remis qu'en 1901.

Pas de duel familial chez les Doherty

À ces mêmes Jeux de Paris, en 1900, l'une des demi-finales de la compétition de tennis devait opposer les Britanniques Hugh Lawrence Doherty et Reginald Doherty. Mais, pour éviter cet affrontement fraternel, l'aîné, Reginald (27 ans), s'effaça devant le cadet, Hugh Lawrence (24 ans), et déclara forfait. Hugh Lawrence défendit donc l'honneur familial en finale. Il le fit avec brio en battant l'Irlandais Harold Mahony. Pour prix de sa victoire, il reçut une petite table à liqueurs. Les frères Doherty trinquèrent sans doute ensemble…

Rescapé du naufrage du *Titanic* et champion olympique

Le tennisman américain Richard Williams, associé à Hazel Hotchkiss, remporta le double mixte aux Jeux Olympiques de Paris, en 1924. Or qu'il pût participer aux Jeux relevait du miracle. En effet, le 12 avril 1912, il figurait parmi les 953 passagers qui embarquèrent à Southampton pour le voyage inaugural du *Titanic*. Le 15 avril, lors du naufrage du paquebot, il parvint à rejoindre à la nage un canot de sauvetage. Les jambes plongées plusieurs heures dans les eaux glacées de l'Atlantique, il survécut jusqu'à l'arrivée du *RMS Carpathia*, un paquebot qui sauvera des passagers. Plus tard, un médecin recommanda l'amputation. Ne voulant pas abandonner sa carrière de tennisman à peine entamée, Richard Williams refusa et parvint à sauver ses jambes. Il rejoua au tennis, remporta les Internationaux des États-Unis en 1914 et en 1916, puis cette médaille d'or olympique.

L'étonnante trajectoire de Jaroslav Drobný

Jaroslav Drobný est connu comme tennisman, pour ses deux victoires dans le tournoi de Wimbledon en 1949 et en 1952.

Mais Jaroslav Drobný était un sportif éclectique et un homme multifacettes. En effet, il eut plusieurs nationalités (tchécoslovaque de 1921 à 1939, puis de 1945 à 1949 ; allemande de 1939 à 1945 en raison de l'annexion de la Tchécoslovaquie par les nazis ; suisse en 1949 au nom du droit d'asile ; égyptienne de 1949 à 1954 ; britannique enfin). Et il ne se distingua pas uniquement sur les courts. En 1948, Jaroslav Drobný obtint la médaille d'argent dans le tournoi de hockey sur glace aux Jeux Olympiques d'hiver de Saint-Moritz au sein de l'équipe de Tchécoslovaquie.

Wimbledon chamboulé en 2012

En 2012, à Londres, les compétitions de tennis se déroulèrent bien sûr à Wimbledon. Néanmoins, pour l'occasion, les installations du vénérable All England Lawn Tennis and Croquet Club se parèrent du violet criard présent partout durant ces Jeux, et la tradition fut fortement bousculée : alors que la tenue blanche est de rigueur pour tous les joueurs durant les Internationaux de Grande-Bretagne, les champions ont joué vêtus d'habits à leurs couleurs nationales ; dans les gradins, les spectateurs ne furent pas obligés de porter des tenues pâles, et sont même venus en nombre avec l'oriflamme de leur pays. Le 5 août (un dimanche !), le court central s'est ainsi transformé en « arène », le public encourageant sans retenue le Britannique Andy Murray durant la finale qui allait le voir battre le Suisse Roger Federer.

Tir

La saga des frères Paine

Les frères Paine, deux Américains, réalisèrent le premier doublé olympique fraternel, en 1896 aux Jeux d'Athènes. Pourtant, seul John Paine devait participer à ces Jeux. Capitaine d'infanterie, John Paine partit pour la Grèce, où il devait prendre part aux compétitions de tir. Il fit escale à Paris afin de rendre visite à son frère aîné, Sumner, qui travaillait en France. John convainquit Sumner de l'accompagner en Grèce, et de s'inscrire également pour participer aux Jeux, au nom du club de tir de Boston dont ils étaient membres. Les frères Paine arrivèrent à Athènes la veille du jour de la compétition de tir au revolver d'ordonnance à 25 mètres, avec dans leurs bagages 3 500 cartouches. Le lendemain, John Paine l'emporta, grâce à un score de 442 points, devant Sumner (380 points). Les frères Paine étaient beaucoup trop forts pour leurs rivaux : le troisième, le Grec Nikólaos Dorákis, ne totalisa que 205 points.

Les spectateurs privés du concours de tir au canon

Dans le cadre de l'Exposition universelle de Paris, en 1900, événement conjoint aux Jeux Olympiques, fut organisé, du 29 juillet au 19 août, sur le polygone de Vincennes, le Concours national de tir au canon. Les organisateurs déplorèrent une décision du ministre de la Guerre : celui-ci indiqua que le public ne pourrait pas assister au Concours. Cette mesure paraît sage, mais elle priva les organisateurs d'une grande partie de leurs recettes (ils comptaient recueillir 7 000 francs pour les entrées du public). Ils envisagèrent même, en juin 1900, de renoncer à organiser le Concours de tir au canon.

Du tir aux pigeons vivants !

Depuis 1920, à l'occasion de la cérémonie d'ouverture des Jeux Olympiques, des colombes ou des pigeons sont lâchés dans le ciel, comme symbole de paix. Mais on avait déjà vu des pigeons aux Jeux… En effet, aux Jeux de Paris, en 1900, il y eut un concours de tir aux pigeons… vivants ! Cette compétition se déroula au Cercle du bois de Boulogne, et le Belge Léon de Lunden, fine gâchette, abattit 21 pigeons vivants en 21 tirs, le score parfait. Il devançait le Français Maurice Faure (20 pigeons abattus). Léon de Lunden n'est pas considéré comme un champion olympique, car l'épreuve ne sera pas reconnue par le CIO. Néanmoins, ce « Concours de tir aux pigeons très aristocratique (Grand Prix de l'Exposition universelle de 1900) », selon la terminologie officielle du programme de l'époque, fut un succès, car 54 tireurs participèrent à la compétition. Pour prix de sa victoire, Léon de Lunden reçut une plaquette en argent et, surtout, la somme de 20 000 francs. On ne sait pas exactement combien de pigeons furent massacrés lors de ce concours, mais on estime qu'ils furent environ 300.

Les pigeons d'argile deviennent des « pies d'argiles »

En 1908, aux Jeux de Londres, la compétition de tir aux pigeons d'argile fut largement perturbée par les conditions météorologiques. Ainsi, un vent violent et une pluie diluvienne provoquèrent l'interruption de l'épreuve. En outre, le stand de tir avait été conçu pour que le soleil de juillet ne gêne pas les

tireurs. Combinaison de tous ces éléments : quand la compétition reprit, la nuit tombait, et, dans la pénombre, les tireurs avaient le plus grand mal à voir les pigeons d'argile ; de ce fait, les cibles furent partiellement peintes en blanc. En fait, les « pigeons », devenus noir et blanc, s'étaient transformés en « pies » ! De plus, dans cet imbroglio, les Canadiens, qui avaient réalisé de mauvais scores et avaient déposé une réclamation, furent autorisés à tirer de nouveau le lendemain. Le Canadien Walter Ewing réussit un magnifique score (27 points), prit la tête et la garda jusqu'au dernier jour. En revanche, le Britannique John Postans, en tête avant cet incident, protesta contre l'avantage accordé aux Canadiens, et il abandonna la compétition.

Le sculpteur savait tirer

Certains personnages font preuve d'un bel éclectisme. Il en est ainsi de l'Américain Walter Winans. En 1908, aux Jeux Olympiques de Londres, Walter Winans remporta la médaille d'or dans la compétition de tir au cerf courant à 100 mètres

– il s'agissait d'un cerf factice, en métal. En 1912, aux JO de Stockholm, il s'adjugea une médaille d'argent par équipes dans cette même compétition. Toujours en 1912, une idée chère à Pierre de Coubertin se concrétisa : des « Concours olympiques d'art et littérature » se tinrent pour la première fois. Et Walter Winans se distingua encore, en remportant le concours de sculpture pour une statuette en bronze baptisée *An American Trotter*.

Oscar Swahn, médaillé olympique à soixante-douze ans

Aujourd'hui, les Jeux Olympiques constituent le plus grand rendez-vous de la jeunesse du monde : c'en est même devenu un slogan. Dans certaines disciplines sportives (natation, gymnastique), il est rare de briller lorsqu'on est âgé de plus de 20 ans. Néanmoins, quelques sports permettent à leurs adeptes de se distinguer plus longtemps. Indiscutablement, le recordman toutes catégories en la matière est le Suédois Oscar Swahn, un spécialiste du tir au cerf courant : il s'adjugea ses premières médailles olympiques à l'âge de 60 ans, à Londres en 1908, la dernière à 72 ans. Oscar Swahn était un passionné de tir et de chasse. Fine gâchette, il traquait cerfs, élans, lièvres, canards et oies sauvages dans les bois et les steppes scandinaves. Membre de l'Association des chasseurs suédois, il fut sélectionné pour participer aux Jeux Olympiques de Londres, en 1908, alors qu'il était déjà âgé de 60 ans. Ce sexagénaire s'adjugea deux médailles d'or, remportant les épreuves de tir au cerf courant coup simple à 100 mètres, à titre individuel et par équipes. En 1912, à Stockholm, il s'adjugea une nouvelle médaille d'or dans la compétition de tir au cerf courant coup simple à 100 mètres par équipes. Après la Première Guerre mondiale, on retrouva Oscar Swahn, aux Jeux d'Anvers, en 1920 : à plus de 72 ans, il obtint la médaille d'argent dans la compétition de tir au cerf courant à deux coups par équipes. Oscar Swahn aurait encore dû participer aux Jeux en 1924, à Paris, pour lesquels il était sélectionné. Mais, malade, il préféra renoncer.

Champion olympique grâce à l'aide de ses rivaux

Guilherme Paraense devint, en 1920 aux Jeux d'Anvers, le premier Brésilien couronné champion olympique : il remporta la médaille d'or dans la compétition de tir au pistolet rapide (il obtint aussi la médaille de bronze dans l'épreuve de tir au pistolet par équipes). La performance de Guilherme Paraense est d'autant plus remarquable que la délégation brésilienne connut de multiples ennuis. Arrivés à Anvers après un long périple, les tireurs brésiliens, dont les équipements sportifs avaient été perdus, ne purent prendre part aux Jeux que grâce aux Américains, qui leur prêtèrent armes et munitions. Un geste de fair-play d'autant plus à souligner que Guilherme Paraense (274 points) s'imposa devant l'Américain Raymond Bracken (272 points).

Károly Takács, amputé et champion olympique

Le Hongrois Károly Takács remporta la compétition de tir au pistolet rapide à 25 mètres aux JO de Londres en 1948, puis aux Jeux d'Helsinki en 1952. L'exploit mérite d'être souligné : il était à l'origine droitier, mais, amputé du bras droit à la suite de l'explosion d'une grenade en 1938, il fut contraint de tirer de la main gauche.

Un champion de tir anticapitaliste

La Corée du Nord participa aux Jeux Olympiques d'été pour première fois en 1972, à Munich. Le premier Nord-Coréen médaillé d'or fut Ri Ho-jun, vainqueur cette année-là de la compétition de tir à la carabine à 50 mètres position couchée. Quand un journaliste lui demanda le secret de sa réussite, il répondit qu'il « s'imaginait en train de tirer sur un capitaliste » ! On ne sait pas si Pyongyang eut vent de cette réponse ;

toujours est-il que Ri Ho-jun sera engagé pour enseigner le tir à Kim Jong-il, le futur numéro un du régime, et qu'il deviendra plus tard son garde du corps.

Le tireur se trompe de cible et trouve l'amour

L'Américain Matt Emmons remporta la compétition de tir à la carabine position couchée à 50 mètres aux JO d'Athènes, en 2004. Il était en lice pour obtenir une seconde médaille d'or, à la carabine à 50 mètres trois positions. Stupeur : en tête avant le dernier tir, il se trompa de cible, ne marqua donc aucun point et termina huitième et dernier d'une épreuve remportée par le Chinois Jia Zhanbo, étonné de cette aubaine ! Cependant Matt Emmons ne perdit pas tout : la Tchèque Kateřina Kůrková, émue, vint le consoler... Et ce fut le début d'une histoire d'amour qui se conclut par un mariage en 2007. Matt Emmons s'adjugea encore une médaille d'argent en 2008 aux Jeux de Pékin, une médaille de bronze en 2012 aux Jeux de Londres. Mais il avait obtenu la plus belle des récompenses en 2004... en se trompant de cible !

Tir à la corde

Un journaliste devient champion olympique par hasard

Il est rare de devenir champion olympique sans être inscrit dans la moindre compétition. C'est pourtant ce qui arriva au journaliste danois Edgar Aaybe en 1900, aux Jeux de Paris. Venu couvrir ces Jeux pour le *Politiken*, il devint champion

olympique par hasard, en remportant la compétition de lutte à la corde (tir à la corde) au sein d'une équipe « mixte ». En effet, les concurrents de la formation des États-Unis se présentèrent à la Croix-Catelan, théâtre de cette épreuve, équipés de chaussures à clous ; leurs rivaux protestèrent contre cet avantage. Les Américains décidèrent dans un premier temps de concourir pieds nus… puis ils déclarèrent forfait car, durant les palabres, trois de leurs représentants étaient entre-temps partis disputer le concours de lancer du marteau. L'équipe américaine fut remplacée au pied levé par une formation scandinave composée de Danois et de Suédois. Edgar Aaybe accepta de figurer dans cette équipe, pour « faire le nombre ». Or cette formation très hétéroclite domina les Français et remporta l'épreuve.

Les bottes des policemen faussent la compétition

Lors de la compétition de tir à la corde des Jeux Olympiques de Londres, en 1908, l'une des équipes représentant la Grande-Bretagne mit en œuvre une étonnante stratégie. En effet, cinq formations étaient inscrites, et, lors de ces Jeux où la rivalité entre Britanniques et Américains atteignit un paroxysme, la formation des États-Unis souhaitait ardemment remporter la médaille d'or ; elle était la favorite car, parmi les huit costauds engagés, elle comptait dans ses rangs certains des meilleurs lanceurs de poids et de marteau du monde, la plupart d'origine irlandaise (ils étaient surnommés « the Irish Whales », « les Baleines irlandaises »), ce qui décuplait leur motivation : Ralph Rose, champion olympique du lancer du poids en 1904 et 1908 ; John Flanagan, champion olympique du lancer du marteau en 1900, 1904 et 1908 ; Matt McGrath, médaillé d'argent dans le concours de lancer du marteau en 1908, qui sera médaillé d'or en 1912 et de nouveau médaillé d'argent en 1920. Or, en quart de finale, lorsque les Américains se présentèrent pour affronter la formation de la Liverpool Police, ils constatèrent que les huit Britanniques étaient chaussés de leurs bottes de service, très lourdes et qui s'enfonçaient dans le sol, ce qui faisait qu'il était quasi impossible de les déstabiliser. Les Américains protestèrent avec vigueur ; mais ils ne furent pas entendus par le jury, et décidèrent donc de déclarer forfait !

Voile

Les premières régates olympiques annulées pour cause de mauvais temps

Les caprices de la météorologie contrarient parfois les compétitions sportives. C'est désormais plus souvent le cas aux Jeux d'hiver, où les reports d'épreuves sont fréquents, qu'aux Jeux d'été. Pourtant, ces caprices météorologiques jouèrent un mauvais tour aux organisateurs des I^{ers} Jeux Olympiques d'Athènes, en 1896. En effet, des compétitions de voile et d'aviron figuraient au programme. Mais celles-ci, prévues dans la rade de Phalère, furent annulées en raison du mauvais temps. Zeus, roi des Olympiens, seigneur des intempéries et des conditions climatiques, était sans doute fâché de voir que de simples mortels organisaient désormais des Jeux Olympiques qui ne lui fussent pas dédiées…

De la voile à moteur !

Le 20 mai 1900, dans le cadre de l'Exposition universelle et des Jeux Olympiques de Paris, se déroula, sur le plan d'eau de Meulan, la régate à la voile de la classe *open*, dite « Concours d'honneur ». Le spectacle promettait d'être somptueux car jamais on n'avait vu sur la Seine une telle flotte : quarante-sept yachts, barrés par des marins de six pays, se trouvaient au départ, à 13 heures, donné par un coup de canon. Le tableau était magnifique, de nombreux photographes amateurs qui garnissaient la berge se hâtaient d'en prendre des clichés, et tout le public était ébloui par ce panorama. Hélas ! il faisait trop beau, le vent était quasi nul – seule soufflait par instant une petite bise capricieuse de nord-est. La flotte eut le plus grand mal à progresser. On pensa un moment annuler la compétition, mais le jury décida de repousser l'heure limite d'arrivée (fixée à 17 heures) jusqu'à 19 heures, car quelques yachts prenaient le virage et, grâce au courant favorable, semblaient pouvoir venir couper la ligne de pointage à temps. Au terme de cette boucle de 11 kilomètres, *Scotia*, barré par le Britannique Lorne Currie, parvint à franchir en tête la ligne d'arrivée après 5 heures 56 minutes et 17 secondes de navigation. Néanmoins, quelques contestations – inévitables dans une course de ce genre, où le manque de vent rendait, dans un espace restreint, la manœuvre difficile – s'ensuivirent avant que le résultat final fût validé, le 28 mai. Or deux yachts, *Mamie*, barré par M. Texier, initialement quatrième, et *Carabinier*, barré par Louis Auguste-Dormeuil, initialement cinquième, furent mis hors course pour « avoir fait usage d'un mode de propulsion autre que la voilure seule » : en fait, ils avaient fait une partie du parcours au moteur !

Des compétitions de voile qui ne font pas recette

Les compétitions de voile des Jeux d'Anvers, en 1920, se déroulèrent au large d'Ostende. Seize épreuves étaient au programme, mais les engagés furent assez peu nombreux. Ainsi, les régates des catégories « 8,5 mètres » et « 9 mètres classe 1907 » furent annulées, car aucun bateau ne s'était inscrit. Dans sept catégories, il n'y avait qu'un bateau, et la médaille d'or fut assez simple à conquérir : la Norvège domina d'autant plus facilement les compétitions que, dans cinq catégories, seul un bateau norvégien s'était inscrit. On note que seule la compétition « 6 mètres classe 1907 » a réuni plus de trois équipages. En outre, alors que toutes les épreuves des Jeux Olympiques doivent se dérouler dans un même pays, les deux dernières régates de la catégorie *dinghy* eurent lieu aux Pays-Bas, car seuls deux équipages néerlandais s'étaient inscrits.

Le triomphe de « Madame de la Mer »

Skipper de l'*Aile-VI* aux Jeux d'Amsterdam, en 1928, la Française Virginie Hériot s'adjugea la médaille d'or dans la classe 8 mètres. Virginie Hériot devint à cette occasion la première femme couronnée championne olympique dans un équipage masculin. Issue d'une famille aisée, passionnée de voile, Virginie Hériot remporta de nombreuses régates et fit beaucoup pour la renommée de l'école de voile française et des chantiers navals français. Véritable « ambassadrice de la marine française », selon la formule du ministre de la Marine Georges Leygues, Virginie Hériot sera faite quartier-maître d'honneur de la Marine. Surnommée « Madame de la Mer » par le poète Rabindranath Tagore, Virginie Hériot décédera en 1932, victime d'une syncope alors qu'elle se trouvait à la barre d'un de ses voiliers.

Constantin II de Grèce fut champion olympique

Constantin II fut, de 1964 à 1973, le sixième et dernier roi des Hellènes, et il demeure officiellement prétendant au trône. Mais celui que les médias appellent, selon le cas et leur couleur politique, « l'ancien roi Constantin » ou « Monsieur Glücksbourg » (en référence à ses origines étrangères) fut durant sa jeunesse un sportif passionné. Ainsi, il fut le porte-drapeau de la Grèce lors de la cérémonie d'ouverture des Jeux Olympiques de Rome, en 1960, et, durant cette édition, il remporta, avec ses coéquipiers Odysséas Eskitzóglou et Geórgios Zaïmis, une médaille d'or en voile, dans la catégorie *Dragon*. On note par ailleurs que Constantin II de Grèce fut un excellent nageur et un karatéka ceinture noire.

Tempête à Pusan

En 1988, lors des JO de Séoul, les compétitions de voile se déroulèrent dans la baie de Pusan. Les conditions météorologiques perturbèrent souvent les régates. Ainsi, dans la cinquième manche de la catégorie *470*, un vent tempétueux de 35 nœuds se leva : Joe Chan et Shaw Her Siew, les concurrents de Singapour, dessalèrent ; blessés et en grande difficulté, ils ne parvinrent pas à remettre leur embarcation à flot. Ils furent secourus par le Canadien Lawrence Lemieux, qui concourrait en *Finn* : il les aida et attendit qu'un bateau de la sécurité vienne les prendre en charge. Lawrence Lemieux reprit alors sa propre course, qu'il termina bien sûr très loin des premiers. De ce fait, le jury le reclassa à la place qu'il occupait au moment de l'incident, c'est-à-dire la deuxième. Néanmoins, une fois tous les résultats additionnés, Lawrence Lemieux ne termina que onzième. Il remporta néanmoins une médaille : le CIO lui décerna la médaille Pierre-de-Coubertin, une distinction créée en 1964 et destinée à récompenser un champion ayant démontré un grand esprit sportif.

Disqualifié pour avoir oublié son gilet de sauvetage

Le Canadien Hank Lammens présente la particularité d'avoir participé à des compétitions de niveau mondial en hockey sur glace et en voile. Il est plus connu pour ses performances de hockeyeur, mais c'est en tant que « marin » qu'il participa aux Jeux, en 1992, à Barcelone. Il disputa l'épreuve de *Finn*, dont il prit la treizième place. Mais il aurait pu espérer mieux car, lors d'une des régates, il fut disqualifié pour une étourderie : à l'arrivée, les officiels inspectèrent son bateau et constatèrent que l'obligatoire gilet de sauvetage ne s'y trouvait pas – ce qui entraîne automatiquement et réglementairement la disqualification du concurrent.

Volley-ball

L'« Ogre » du volley

Le volley-ball fit son entrée au programme olympique en 1964 à Tokyo. Côté féminin, la victoire revint au Japon, devant l'URSS. Ce succès demeure considéré au pays du Soleil levant comme un des plus grands exploits sportifs de l'histoire du Japon. Il faut dire que les Japonaises étaient entraînées par un homme à poigne, Hirobumi Daimatsu. Ancien commandant de l'armée impériale, celui-ci prit en main l'équipe féminine de volley-ball en 1954. Il soumettait ses joueuses à une préparation confinant à la torture : les jeunes femmes, après leur journée de travail de bureau de 8 heures, rejoignaient l'entraînement à 16 h 30 tous les jours, et ne quittaient la salle qu'à minuit ; elles n'avaient droit à une pause que pour le Nouvel An ; elles n'avaient pas de congé pour leurs cycles menstruels. Un des exercices du programme était le *kaiten reeshiibu* (« rotation et réception »), lequel consistait en une manœuvre acrobatique de plongée au sol pour tenter de récupérer le ballon, ce qui provoquait de fréquentes blessures, notamment aux épaules. Ce type d'entraînement, appelé *satsujin taiso* (« formation homicide »), était une forme de torture. Hirobumi Daimatsu a reconnu que ses méthodes d'entraînement étaient cruelles, mais il les justifia, car il les estimait nécessaires pour développer un « esprit de combat » indispensable pour vaincre l'URSS, dont les joueuses présentaient des gabarits plus imposants que les Japonaises. Surnommé l'« Ogre », Hirobumi Daimatsu ne fut jamais critiqué par ses joueuses. La médaille d'or valait sans doute tous ces sacrifices pour l'honneur national.

Des bikinis devant Buckingham Palace

En 2012, pour les Jeux Olympiques de Londres, les organisateurs décidèrent de mettre en valeur le patrimoine historique de la capitale britannique. Ainsi, un terrain de beach-volley (5 000 tonnes de sable) fut implanté sur la grande place de Horse Guards Parade, dans la cité de Westminster. Et le spectacle de championnes de beach-volley en bikini se produisant de nuit au pied de Buckingham Palace fut très inattendu…

Et Pierre de Coubertin fut champion olympique !

Ils sont fous ces champions ! Au fil de ces pages, au fil des anecdotes, vous avez découvert ou redécouvert des personnalités hautes en couleur. Des sportifs et des sportives avant tout, mais pas seulement. Et le plus fou de tous ces personnages ne serait-il pas Pierre de Coubertin lui-même ? Il en fallait de la folie pour imaginer, à la fin du XIXe siècle, faire renaître les Jeux Olympiques de la Grèce antique. Ainsi, quand il en proposa pour la première fois l'idée, en 1892 à la Sorbonne, le baron fut-il brocardé par ses pairs. Il fallait être fou pour persévérer. Pourtant, deux ans plus tard, toujours à la Sorbonne, grâce à sa ténacité et à son incomparable force de persuasion, il parvint à convaincre un aréopage prestigieux de le suivre et de voter le « rétablissement des Jeux Olympiques sur des bases conformes aux nécessités de la vie moderne ».

En outre – encore plus fou ! –, dès la renaissance des Jeux, Pierre de Coubertin se mit en tête de célébrer également le « mariage du muscle et de l'esprit », c'est-à-dire de créer des concours olympiques d'art et littérature (littérature, architecture, sculpture, peinture et musique). Il en proposa l'idée en 1906. Ce mariage allait être consommé en 1912, aux Jeux Olympiques de Stockholm. Mais tout fut compliqué : la Société des arts de Suède comme l'Académie royale des arts de Suède refusèrent que l'on organisât ces épreuves ; le Comité d'organisation des Jeux de Stockholm décida même, en février 1911, d'exclure les concours d'art du programme des Jeux. Mais Coubertin ne rendit pas les armes, et il parvint à ses fins. Néanmoins, en raison de ces contretemps et de l'hostilité suédoise, les concurrents furent peu nombreux : seulement trente-trois artistes et écrivains participèrent à ces compétitions, à ce « pentathlon des muses ». Pour la littérature, le jury attribua la médaille d'or à l'*Ode au sport*, un poème en prose de neuf strophes, texte bilingue français-allemand, signé de MM. Hohrod et Eschbach. Ce texte court mettait en valeur les vertus du sport :

Tu es la Beauté !
Tu es la Justice !
Tu es l'Audace !
Tu es l'Honneur !
Tu es la Joie !
Tu es la Fécondité !
Tu es le Progrès !

Mais personne ne connaissait les lauréats : qui étaient ces MM. Hohrod et Eschbach ? En fait, il s'avéra que MM. Hohrod et Eschbach n'étaient qu'une seule et même personne, et que sous ce double pseudonyme se cachait Pierre de Coubertin lui-même, auteur de ce poème, qui avait souhaité concourir de manière anonyme afin de ne pas influencer le jury. Pierre de Coubertin fut donc le premier médaillé d'or dans la catégorie littérature… Ce livre se referme donc sur cette anecdote savoureuse : le baron de Coubertin fut sacré champion olympique dans ses propres Jeux !

Table

I
Histoire

II
Compétitions

Cet ouvrage a été composé
par Atlant'Communication
au Bernard (Vendée)

Impression réalisée par

NORMANDIE ROTO IMPRESSION S.A.S.
à Lonrai (Orne)

en octobre 2020
pour le compte des Éditions de l'Archipel
département éditorial
de la SAS Écriture-Communication

Imprimé en France
N° d'impression : 2003803
Dépôt légal : novembre 2020